システムズアプローチによる
スクールカウンセリング

システム論からみた学校臨床 [第2版]

吉川 悟・赤津玲子・伊東秀章——編著

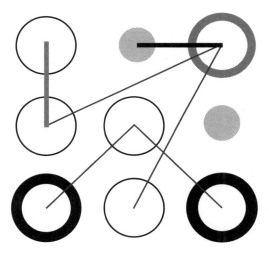

Systems Approach | School Counseling

金剛出版

はじめに

　1999年の『システム論から見た学校臨床』の出版は，1995年より文部科学省（旧文部省）が実施した公立学校でのスクールカウンセラーの配置により，多くの臨床心理士が学校現場を職域とし，活動を始めていたことが契機であった。制度の成立から20年を経過し，臨床心理学の世界でも職能分野の突出した一分野としてスクールカウンセラーの職務についての知見が提示されているが，では，システム論の世界はどのような知見を提供しているか。そう問われれば，それほどの多くの新たな知見を提供してきたわけではない。しかし，システム論を身にまとい，実践の糧としてきたスクールカウンセラーは，学校関係者にいくらか評判が良いようである。それは，「学校組織とうまくつき合えている」からではないかと思う。

　数年前から，いろいろな出版社から「システムズアプローチの立場からの実践的な学校臨床の書籍を」とのお話をいただいた。しかし，どうしても手をつける気にならなかったのは，前述したように新たな知見を提供しているわけではないという思いが強かったからである。それでもどうしてこの書籍に意味があるのかを問い直したとき，やはりそこに心理臨床の世界の矛盾を感じざるを得なかった。臨床心理学の主たる理論や技法は「個人」のために作られたものであって，「学校」という「組織」を対象とした理論や技法は，やはりどこまで行っても邪道と見なされてしまうという矛盾である。

　そして，再度「『学校臨床』の改訂版を」との話が持ち上がり，大学で教鞭を執るようになってからずっと教科書として使い続けていた前書が手に入らないということが続いていたこともあって，ようやく重い腰を上げることになった。

　今回の「改訂版」は，新たな知見を提供するよりも，個人を対象とした臨床心理学の世界では触れられないシステムズアプローチの独自性を，あえてその核に据えることとした。われわれにとっては，昔から持っている当たり前のものである。それは，「学校という組織の理解」「学校内外の人のつながり（連携）」「コンサルテーションや研修」「家族や教員の回復力を意識した面接やコンサルテーション構造」である。それぞれ個人心理学や臨床心理学の世界にはない視点を前提としており，さらに「邪道」とされることを厭わず構成することとした。それは，より多くの現場のスクールカウンセラーの実践に役立つことが必要であると考えたからである。

　また，ベテランだけではなく，中堅から文章のつたなさや実践の整理が未消化のままの初学者に近い者までをあえて著者として選択した。それは，程度はどうあれシステムズアプローチの視点を獲得してスクールカウンセラーとして活動すること

が，結果的にそれぞれの現場で評価されていることを示したいと考えたからである。もちろん中堅以上の著者からは，実践経験の中から実際に必要で重要な知見を提供していただいている。内容や知見への批判は編者の責であり，個々の担当者に批判が向かないことを切望したい。

　本書は，スクールカウンセラーやスクールソーシャルワーカーの立場にある臨床心理士や精神保健福祉士，これから道が拓かれる公認心理師，教育現場の生徒指導や教育相談の担当者から一般の教職員まで，まさに学校現場の臨床活動にかかわるすべての人に薦めたい。システム論という個人心理学にはない視点，その視点による問題解決の方法論，多様な事例での取り組み方のうち，利用可能なものを流用していただければ，理論についての議論は不要だと考えたからである。また，現場の教職員に対するコンサルテーションは，以前にも増して高い要請がある。学校現場で出会う膠着化した事例や複雑な事例，学級崩壊など集団の問題は，教員が抱え込んで燃え尽きてしまわないよう，教員に対するメンタルヘルス活動としても，今後より必要性が高まると考えられる。顕著な効果を得るための一助として活用していただければ幸いである。

　最後に，前著以上にそれぞれの日常の実践からの労作として今回の改訂版が作られたことを再度強調したい。学校システムと良好な関係を持てるスクールカウンセラーが増え，教職員・児童・生徒・保護者がかかえるさまざまな困難と負担を軽減できる学校現場の臨床実践にかかわる職能者が増えることを期待したい。

2019 年 6 月　吉川 悟

初版 (1999 年) への「はじめに」

　ここ数年，スクールカウンセラーや教育関係の相談担当者の間では「学校臨床にはシステムの視点が不可欠である」といわれてきた。しかし，「学校はシステムである」とはわかっていながらも，その中心であるシステム論の説明や理解，アプローチの方法などは具体的に明らかにされないままであった。ここでは「システム論」とできるだけ表記を統一し，共通する基礎的なものごとの認識の仕方を指すものとした。そして，「システム論からみた学校臨床」という標題にあるように，学校というシステムをどのように考えるのか，どのようにアプローチするのか，これまで示されてこなかったことに答えることが本書を企画した目的である。

まず，学校臨床という言葉が注目されるようになったのは，90年代に入ってからであろう。文部省が子ども達の不適応が爆発的に増加する傾向に歯止めをかけるための対策として企画した，スクールカウンセラーの導入からである。スクールカウンセラーとは，学校という組織で相談業務を仕事とする学校臨床心理士の通称のことで，学校システムの特殊性を考慮しながら，心理的援助・心理的サービスという職能を発揮する職務である。

　しかし，学校は教育の専門機関であるため，複雑で重層的な組織や，教育の世界独特の考え方，特殊な考え方・立場を極力排除しようとする排他性など，多様な特性を持つ存在である。そうした学校という組織を理解するには，これまでの個人心理学の視点ではなく，システム論の立場が最も有効である。それは，学校臨床の援助対象者が個々の児童・生徒であったとしても，それが学校臨床であるかぎりは「学校という組織を意識した援助」が不可欠だからである。担任や学年会，教育相談委員会や生徒指導委員会など，学校に相談や援助のための機能や組織が備わっている以上，それらを無視したところで援助活動を展開することはできないからである。それは「組織として」個々の児童・生徒への援助を常に意識することが要求されていることを物語っている。本書の一つの特徴は，このような学校システムとの「より良いおつき合いの仕方」を示唆している。

　もう一つの特徴は，学校臨床における方法論に関することである。他の一般的な臨床とは異なり，学校臨床で最も重視されねばならないのは，児童・生徒への直接的な心理面接ではなく，教職員の児童・生徒・保護者への援助をサポートするためのコンサルテーションである。コンサルテーションとは，相談を担当している専門家（学校では教職員）への援助で，学校システムで行われてきた教職員と児童・生徒・保護者との間で行われる相談活動をより効果的・効率的に行うための援助である。学校臨床の特徴として児童・生徒・保護者などが最初に相談するのは担任などの教職員であり，教職員が相談の矢面に立たされている。このような相談は，学校にとって通常の教育活動の一環と見なされている。したがって，ごく自然に相談を受ける教職員への援助を行う方が，自然で効率的な援助となる。いわば，学校でごく自然に発生する相談を担当する教職員を活性化することが，教育の世界のあり方をそのままにした形での援助となると思われる。

　特に本書では，システム論の考え方によるコンサルテーションだけではなく，システム論を駆使した発展的なシステムズ・コンサルテーションを取り上げている。これは，学校システムなどの組織において発生した問題を容易に解消しうるコンサルテーションである。学校臨床でもすでにそのいくつかが活用され，顕著な改善を

示した事例を中心として，その実体を紹介している。

　本書は，スクールカウンセラーだけでなく，学校にかかわる臨床心理士，教育関係の相談担当者，教職員など，まさに学校臨床にかかわるすべての人に薦めたい。それは，システム論の考え方という，これまでの個人心理学にはない視点を提供しているからである。また，システム論による問題解決の方法論も，それぞれの事例での取り組みから流用していただければ，即座に利用可能である。特にシステムズ・コンサルテーションは，適切な働きかけを行うならば，膠着化した事例や複雑な事例，学級崩壊などの集団での問題などにも顕著な効果が得られる方法である。その意味で，より広範な教育に関連する相談業務に就いている人達に，是非お薦めしたい。

　最後に，本書の内容を依頼した数名の著者は，文字通りシステム論からみた学校臨床に長けた人材である。彼らの労作から，学校システムと良好な関係を持てるスクールカウンセラーが増え，学校臨床でさまざまな困難をかかえる教職員・児童・生徒・保護者の負担が少しでも軽減することを心より祈りたい。

1999 年　吉川 悟

目次 ── システムズアプローチによるスクールカウンセリング

はじめに ……………………………………………………………… 吉川 悟　iii

序章　**システムとコミュニケーション**
　　　学校の「問題」と「解決」を見えるようにする ………… 高橋規子／吉川 悟　003

第I部　学校というシステムに参加する　「ジョイニング」について……019

第1章　学校というシステムの構造
　　　小学校・中学校・高等学校の違い ……………………………… 赤津玲子　021

第2章　ジョイニング
　　　学校というシステムとの関係形成 ………………………………… 吉川 悟　033

　　　CASE　学校の見えないルールの把握 …………………………… 田中智之　049

第3章　ジョイニングの失敗 ……………………………………… 志田 望　055

　　　CASE　教育委員会・臨床心理士会とのおつきあい
　　　　　　　　　　　　　　　　　　　　　　………… 吉川 悟／大平 厚　061

第II部　連携のアレンジ　組織の橋渡し役として……071

第1章　学校における連携
　　　総論 ……………………………………………………………… 村上雅彦　073

　　　CASE　教職員との連携 ……………………………………………… 志田 望　082

第2章　社会資源との連携は柔軟に・したたかに
　　　外部関係機関を見立て，つながる ………………… 黒沢幸子／森 俊夫　089

第3章　医療や行政機関との連携のお作法 ……………………… 吉川 悟　101

第4章　スクールソーシャルワーカーについて …………………… 中野真也　109

　　　CASE　スクールソーシャルワーカーとの連携 ……………… 赤津玲子　118

第Ⅲ部 コンサルテーションと地域援助　カウンセリング以外の仕事......125

第1章　コンサルテーション
相談できるシステムをつくる..金丸慣美／吉川 悟　127

第2章　システムズ・コンサルテーション
より協働的な取り組みをめざして......................................吉川 悟／伊東秀章　138

CASE　システムズ・コンサルテーションの実際........................伊東秀章　151

第3章　集団の問題のとらえ方
学級崩壊を例として..中野真也　159

CASE　学級崩壊への介入..大平 厚　173

第4章　予防を視野に入れた援助
学内での会議と研修..吉川 悟／佐伯ちひろ　180

第Ⅳ部 支援の留意点　システムズアプローチのバリエーション......193

第1章　本人に会わない保護者支援...赤津玲子　195

CASE　本人と面接しない・できないケース...............................大平 厚　204

第2章　本人にしか会えない本人支援..赤津玲子　211

CASE　保護者に会えないケース..渡邊 整　220

第3章　守秘義務と集団守秘..田中智之　227

第4章　心理アセスメントの伝え方
テストの「力」を援助につなぐ..唐津尚子　233

第5章　インターネット環境とSNSを視野に入れる..........大平 厚／吉川 悟　240

第6章　教員のエンパワーメント..廣橋諒一　259

システムズアプローチによる
スクールカウンセリング

システム論からみた学校臨床 [第2版]

序章
システムとコミュニケーション

学校の「問題」と「解決」を見えるようにする

高橋 規子／吉川 悟

はじめに

　心理臨床は，基本的に「個人」を対象とするものと考えられてきた。「問題」とは「個人」に何らかの原因があって発生するものであり，「問題」は「個人」の精神内界，性格，行動傾向，生活環境，対人関係などが変化することにより解決すると考えられてきたのである。精神分析療法，来談者中心療法をはじめ，多くの心理療法がこの考え方に基づく臨床的方法論を展開し，社会的認知を得てきた。そのため一般に「カウンセリング」といえば「個人」が対象であり，「カウンセラー／治療者」と「クライエント／患者」との一対一の関係のなかで，個人の心理について吟味することが「常識」とされてきた。学校臨床の場面をこのような「個人カウンセリング／個人療法」の考え方の延長線上に位置づけるなら，「システム論」という言葉は異質な印象を与えるだろう。しかし，学校とはまぎれもなく「組織」であり，「システム」の考え方が有効に活用されるべき場である。

　学校という「組織」での心理臨床は，従来の個人療法の考え方では対処しきれない。「組織＝システム」とは，単に「個人」が集まっただけのものではあり得ないからである。したがって学校臨床では，「個人療法」にはない「組織」を対象とする考え方と，「組織への働きかけ」を意図した方法論が必要である。これらを包括するものが「システム論」である。

「システム」とは何か

　「システム論」では，「システム」をどのようなものとして捉えるのか。「システ

ム」とは，基本的に何らかのモノの集まりであるが，ただ単に集合しているだけの状態を指すのではなく，集まったモノ同士に何らかの関係が存在している状態，すなわち「秩序を持った集まり」のことを指す。したがって「秩序を持っている」とみなせる集合はすべて「システム」である。「水素分子」であっても，「宇宙」であっても，「人間」であっても，「国家」であっても，「秩序を持った集まり」とみなすならばそれらは同様に「システム」と考えることができる。このように，生物であれ非生物であれ，全く別々の領域に属すると目されてきたことがらに，「システム」として同様の理解を適用することができると考えるのが「一般システム理論（General Systems Theory）」である。「一般システム理論」は，ベルタランフィ（Bertalanffy, L.）により1948年に発表され，さまざまな学問領域に影響を与えた。心理臨床領域もその一つである。

「一般システム理論」を心理臨床に適用するため，「一般システム理論」から生物体にかかわる領域を検討したものがミラー（Miller, J. G.）による「一般生物体システム理論（Living Systems）」である。「生物体システム」としての「人間」において，人間に備わっているさまざまな器官や機能は，神経システム，消化システム，認知システムとみなすことができ，これらは「個人システム」の下位システムと考えられる。さらに神経システムの下位システムとして細胞システム，その下位システムとして分子システム，などが考えられる。一方，「個人システム」の上位システムとして，人間同士が集まった友人システム，家族システムなどの「集団システム」が考えられ，集団が集まった会社システム，学校システム，自治体システムなどはより上位の「機構システム」と呼ばれる。さらに上位のシステムとして国家システムなどの「社会システム」，より上位のシステムとして国際連合システムなどの「超国家システム」が考えられる。

システムというものはこのような階層関係（図1）にあり，あるシステムは，それと同位，上位，下位システムとの相互関係によって存在する。

「学校システム」は「個人システム」「家族システム」の上位システムであり，同時に「社会システム」の下位システムとして位置づけられる。各システムは相互に影響を及ぼし，及ぼされあうことによって存在する。「学校システム」の変化は「社会システム」に影響し，「社会システム」の変化は「個人システム」に影響する。このような相互の影響の中で，各システムはそれぞれの影響に対応して変化しあい，変化しあうことによって各システムは存続していくのである。具体的には，学校全体における「不登校児の増加」は「文部科学省の方針」に影響し，「文部科学省の方針」の変化はひとりの「不登校児」の処遇に影響する，といった相互影響が考えら

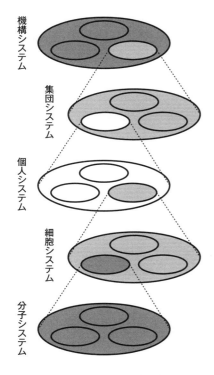

図1 システムの階層関係

れよう。実際，全国的な不登校児の増加の程度に伴い，文部科学省による対応方針が登校優先から登校刺激を与えないことへと変化し，それに伴って「不登校」の位置づけが，特殊な逸脱行為から，どの子どもにも起こりうる事態へと変化し，それに伴って学校の対応も適宜変化してきた経緯は，現場の教師であれば記憶に新しいところであろう。

さて，ある家族Aでは，子どもが日々持ち帰る学校からの連絡帳に目を通すのはもっぱら母親であり，父親は全く関与しない。しかし，学期ごとに子どもが持ち帰る通知票にはまず父親が目を通すことになっている。この家族では日常的な来訪者に応対するのはもっぱら母親であり，父親は全く関与しない。しかし，市議会議員の立候補者が選挙活動のため来訪したのであれば，母親は父親を呼びに行くのである。別の家族Bでは，子どもの連絡帳であれ通知票であれ，母親が目を通し，父親は全く関与しない。しかし，来訪者についてはすべて父親が応対することになっている。この二つの家族それぞれにおいて，「お父さん，お願いします」と声をかけたとする。そのとき，声をかけられた人物に何が期待されているのか，またその人物本人が，何を期待されていると考えるのかは，おのずと異なる。家族Aで声をかけられた人物がおもむろに玄関に出てみると，立っていたのはセールスマンであったとする。彼の反応は「なんでオレが相手をしなくてはならないのか」といったところであろう。あとで妻に文句を言うかもしれない。しかし家族Bでは同様の状況が当然のこととして処理される。このように，システムは外部のシステムからの影響に対して何らかの対応をしなければならないが，その役割はシステムごとの「ルール」によって規定される。

このような「ルール」は，家族メンバーが話し合って「こうしよう」と決定した結果設定されたものではない。むしろ家族メンバーからすれば「自然とそうなっている」と感じられ，意識的な言及がされにくいものほど「システムの機能」と呼ぶにふさわ

しい。「システムの機能」とは，そのシステムの構成要素にとって各状況下で「当然の行為」とされるような類のものであり，そのシステムの「外部」からみれば「家風」や「校風」「社風」「土地柄」といったかたちで認識されるようなものでもある。

「学校システム」とは「子どもの教育」という機能を期待されて構成されているシステムである。「学校システム」はこの機能に伴って構造化されている。「校長」「教頭」「教師」「生徒」などの名称はシステム内部での機能の分担を示すとともに，システム内部の構造を表してもいる。つまり「構造」とは，システム内部での機能的秩序を，時間的に静止させた状態で，抽象的な「関係」として捉えたものであるということができる。すなわち「校長」「教頭」「教師」「生徒」などの個々の役割が元々あって，それらの集まりが「学校」を成立させているのではなく，「学校」に期待される機能が，個々の役割として分担され，構造として規定されるのである。したがって，個々の「学校システム」は，その周辺システムとの相互影響の中で実際にどのような機能を期待されているかによって，同じく「校長」「生徒」と名指される役割であっても，その役割が分担するよう規定される具体的な機能は異なる。例えばある人物が，「教師」として同じように振る舞ったとして，A校では有能な教師と見なされ，B校では無能な教師と見なされるといったことが起こるのはこのためである。ある子どもが転校先で著しい不適応を起こすとすれば，転校先のシステムにおける「生徒」の役割が，元の役割と大きく異なるためであるとも考えられる。「家族システム」の場合と同様，個々の学校システムにおけるこのような機能は，明文化されたルール（校則など）によって生じるのではなく，システム間の相互作用に随時対応する必要性から結果的に生じ，システムの構成メンバー自身には意識されにくいものである。

対人相互作用の結果としての「ルール」

このようなシステム内での「ルール」は，実際にはどのようにして生じるのだろうか。まずは簡便に，2人の人間A，Bによって構成されるシステムを例にとって考えてみよう。

初対面のAとBの間には明確なルールはなく，互いに出会った場の状況にふさわしいと思えるようなやり方で行為することになる。そのような一連の行為のなかで，AはBの行為にちょっとした「不快感」を感じたとする。その後も同様の「不快感」を何度か経験するうち，AはBの行為の一部を「お節介」と感じるようになるかもしれない。Aが「お節介」と感じるようなBの行為が繰り返されるうち，AはBを

「お節介な人」と考えるようになる。すなわち「お節介」な行為の原因を，個人的な資質や性格としてB自身の特徴であると考えるようになる。すると，AはBの行為の一部のみならずB自身に対して否定的な感情を強くし，より一層Bの行為に対する不快感を強化する。すると「お節介」と感じるようなBの行為の範囲が広がり，さらに「お節介」と感じる機会が増加する。するとAはますますBを「お節介な人」と考えるようになり，さらに否定的な感情を強くしていく。

　一方Bは，Aと初めて出会ってからしばらくして，Aの行為にちょっとした「不安感」を感じたとする。その後も同様の「不安感」を何度か経験するうち，BはAの行為の一部を「頼りない」と感じるようになるかもしれない。Bが「頼りない」と感じるようなAの行為が繰り返されるうち，BはAを「頼りない人」と考えるようになる。すなわち「頼りない」行為の原因を，A自身の特徴であると考えるようになる。すると，BはAの行為の一部のみならずA自身に対して否定的な感情を強くし，より一層Aの行為に対する不安感を強化する。すると「頼りない」と感じるようなAの行為の範囲が広がり，さらに「頼りない」と感じる機会が増加する。するとBはますますAを「頼りない人」と考えるようになり，さらに否定的な感情を強くしていく。複数の人間の間の相互作用のなかで，特に何度も繰り返されている相互作用をコミュニケーション・パターンと呼ぶ。この段階でAとBの間には繰り返されるコミュニケーション・パターンが成立している。

　その特定の相互作用のあり方，コミュニケーション・パターンを，これまでわかりやすく「ルール」と呼んできた。すでにできあがっているルールのなかでは，互いに相手に対して「お節介な人」「頼りない人」とレッテルを貼り，それを前提として自らの行為を限定し，そのことが同時に相手の行為を限定するという相互作用が生じている。このときAとBは「共同で」相応の構造と機能を有したシステムを構成している。

　Aの「頼りなさ」はBの「お節介」によって成り立ち，Bの「お節介」はAの「頼りなさ」によって成り立つ。「頼りなさ」や「お節介」はあくまでもAとBの相互作用のなかで成立するルールに基づく行為の傾向であり，AやB自身に備わった性質と考える必要はない。例えば，Bにとって「頼りない」Aが，Aにとって「頼りない」人物Cとの間で，Bに対するのと同様に振る舞うとは限らない。Aにとって Cは「頼りない人」であるから，AがCの世話を焼くこともあるだろう。そのため，CはAを「親切な人」と考えるかもしれないのである。

　このように，システム論では，通常われわれが「性格」や「性質」など個人に内在した特徴と考えているものの多くは，そのシステムのルールと化した相互作用に

よって規定されていると考える。例えば，教師に対して反抗的な行為を繰り返し行う生徒がいるとする。われわれはこのような生徒を「反抗的な子」とみなし，その生徒が「反抗的な性質」をもっているからそのような行為を繰り返すのだと考えることに慣れている。システム論から考えれば，これはそのシステムのルールと化した相互作用の一部である。したがって，当然その行為を結果的に強化するような一連の作用が相互に連鎖的に生じているはずである。

教師側には，「生徒の行為を反抗と感じる→反抗の原因をその生徒に内在する特徴と考える→生徒に対して否定的な感情を強くする」作用が生じているのかもしれない。生徒側には「教師の行為を強制と感じる→強制の原因をその教師に内在する特徴と考える→教師に対して否定的な感情を強くする→ますます教師の行為を強制と感じる」との作用が生じているのかもしれない。これらが相互に作用した結果，例えば「教師／指導を行う→生徒／反抗する→教師／ますます強く指導する→生徒／ますます強く反抗する」パターンが生じ，ルールと化す。ここに至っても，教師も生徒もルールに従って行為しているだけであって，教師自身が「指導的」なわけでもなく生徒自身が「反抗的」なわけでもない。つまり「システムのありかた」のなせる技である。したがってこのパターンを変化させるためには，教師の指導的な性格を治したり，生徒の反抗的な性格を治したりする必要はない。「システムのありかた」，例えばルールを変更すればよいのである。ルールとは相互作用の結果であるから，実際には相互作用を変更することが必要となる。

「相互作用」と「システム」

では，相互作用を変更する，とはどういうことなのだろうか。

「学校システム」を中心にして考えてみよう。「学校システム」とは，「人間関係のネットワーク」であると考えることができる。実際，「学校」には「人間」が存在しているけれども，「人間」が「学校システム」を構成しているのではなく，人間同士の「関係」のネットワークが「学校」というシステムを作り上げている。「関係」は人間同士の相互作用によって生じ，人間同士の相互作用は実際には「コミュニケーション」を通じて行われる。つまり「学校」というシステムは，ある特徴的な（「学校」と名づけられるにふさわしいような）コミュニケーションのネットワークによって成立していると考えることができる。

具体的なコミュニケーションを例にしてみよう。

A「今度の文化祭どうしましょう」
B「そうだな，まず生徒会の方で企画案を出してくれないか」
A「わかりました。室長たちに召集をかけます」
B「ああ，頼む」

　例えば，上記のようなコミュニケーションが成立することそのものが「学校システム」をそれとして成立させている。このようなコミュニケーションのやりとりがこのシステムの一部であり，相互作用そのものである。少し細かく検討してみよう。
　まず，AとBは「ある学校」に属する「生徒」と「先生」であることが推定できる。このことはBがAに対して「出してくれないか」との言い方をしていること（AがBの「後輩教師」であれば「出させてくれないか」になると考えられる），「文化祭」「生徒会」などの「学校文化」独特の言葉がAとBの共通認識の下に使用されていることなどが指標となる。Aの「室長たち」との言葉から複数の「室」が存在すること，「招集をかけます」との言い方からAはそれらを統括する立場であることが推定できる。したがってこのA-Bシステムは「先生－室長代表生徒－室長生徒－一般生徒」の構造を持ち，「室長代表」は「先生」に伺いを立て，「先生」は「室長代表」に指示をし，「室長代表」はそれに基づいて「室長」に指示をする，いわゆる「指令系統」との機能を有し，そのように発達してきている「学校システムの一部」であり，AとBはシステムのルールに準じてコミュニケーションを行い，そのことがまたシステムの秩序を強化する相互作用を生じる。この類のコミュニケーションのネットワークが当該の「学校システム全体」を構成するのである。
　A-Bのやりとりが「ごく自然に」生じるシステムにおいては，例えば

C「お小遣い値上げしてよ」
D「この間上げたばかりじゃないの。いけません」
C「だって足りないんだもん」
D「無駄遣いするからでしょ」

といったコミュニケーションは「成立しない」（ただし「遊び」としてならあり得る）。A-Bシステムと「コミュニケーション」という点では同じであるのに，どうして成立しないのだろうか。A-Bシステムは，このシステムが「ある学校システム」であることが検証された。通常の学校システムは，「お小遣い」を授受するような機能や構造を持ち合わせておらず，そのような発達プロセスを有するものでもない。しかしC-D

システムでは,「お小遣い」の言葉が両者の共通認識の元に使用され, D から C への授受があり, D がその額についての決定権を有するシステムにおいて成立するやりとりである。C-D のようなコミュニケーションが成立するシステムと, A-B のようなコミュニケーションが成立するシステムでは,「システムのありかた」その「ルール」に違いがある。A-B が成立するシステムでは, たとえ C が「お小遣い値上げしてよ」と発言したとしても, D は「何を筋違いなことを言っているんだ」と返答を行うはずであり, C の「だって足りないんだもん」の発言は生じ得ない。

　もう少し現実的な例で考えてみよう。「ある生徒が学校を欠席し続ける」行為が, ある学校システムにとって「問題である」とされたとしよう。そして「担任教師が対応する」行為が生じたとする。このコミュニケーションのネットワークは「担任教師－不登校生徒システム」を形成する。このシステムの「ありかた」によって, 教師と生徒の間で交わす実際のやりとりが規定される。この学校システムが「教師は, 生徒を強く指導する立場であり, 生徒はその指導に従うべきであり, 生徒は登校を優先すべきである」ものであれば, 教師は生徒に「強く登校を迫る」コミュニケーションを行うことになる。一方, 生徒の属する家族システムが,「子どもの問題には母親が対応し, 母親は子どもを擁護するべきである」ものであると,「教師に母親が対応する」「教師－母親システム」が形成される。これらのコミュニケーションのネットワークが「教師－生徒－母親」システムを規定することになる。

　ここで最も予想しやすい事態は,「教師と母親の対立, 生徒のますますの不登校」であろう。もし生徒も母親も, できれば登校したい／させたいのであれば, 現場の教師がこの時点で最も注意すべきは,「教師－生徒－母親」システムの「作り方」である。これまで見てきたように「システムのありかた」はコミュニケーションのネットワークにより規定される。ということは, 当該システムのメンバーたる「教師」が, 自身のコミュニケーションのありかたを変化させることによって, コミュニケーションのネットワークのありかたが変化し, 結果的に「システムのありかた」が変化するのである。

　「そんなうまい具合にいくものか」とお思いだろうか。しかし, 読者は,「システム」とは「作るもの」であると考えたことがあるだろうか。もしかしたら,「システム」とはすでにできあがっているものであり, 個々人のありかたはそのなかで無力であるとお考えではないだろうか。「システム論」からすれば,「個々人のふるまい」こそが「システム」の礎である。「ふるまい」といっても何も大仰なことではない, その時々のふるまい方である。その「ふるまい」によって, 先の例ならば「教師が母親を非難し, 母親が父親に相談し, 父親が校長に現状を訴え, 校長は教師を問いただ

す」といったコミュニケーションのネットワークとなるのか，それとも「教師と母親の間で歩み寄りが成立し，それに沿うかたちで生徒なりに努力する」ネットワークとなるのかが規定されていくのである。

　忘れてはならないことだが，「人間」は，それぞれに「問題」を解決しようと行動している。しかし，そのような個々の人間の「意図」にかかわらず，システムとしてはあたかも「問題」を維持し，より強化するかのように動いていくことがある。「おおごとになった」「こじれた」などと表現される事態は，そのような相互作用のプロセスが延々と展開された結果であり，そのシステムがいわば「問題維持システム」の秩序とルールを有している状態と考えられる。

　「不登校児にはこのように対応すべきである」といった議論や「問題の原因」を個人に帰属することが必ずしも有効な結果を導かない理由がおわかりいただけたのではないだろうか。「対応」も「原因の帰属」も相互作用の結果なのである。「学校システム」や「家族システム」と切り離された「教師」や「生徒」や「保護者」は存在しない。「生徒」や「教師」といった役割は，「個人システム」の一部ではあるが，「個人」そのものではない。誤解を恐れずにあえていうなら，「学校システム」には「勉強させられている人間」「教えさせられている人間」「登校しなくさせられている人間」「登校するよう対応させられている人間」「先生が悪いと言わされている人間」「母親が悪いと言わされている人間」……が存在するだけである。何に「させられているのか」。「学校システム」や「家族システム」の「ありかた」，つまりは実際のコミュニケーションのネットワークによってである。

コミュニケーション論

　では，「システム論」が考える「コミュニケーション」とは，どのようなものなのだろうか。

　通常「コミュニケーション」といえば「会話」を意味するのかもしれない。「会話が困難」な状況はしばしば「コミュニケーションできない」などと表現される。「システム論」では，コミュニケーションをもっと広義に，「情報伝達全般」と定義する。例えば「会話」は，それに使われる言葉の意味だけでなく，その前後関係，話の流れ，その場の状況，表情，態度，間の取り方，音調，言い方，その他諸々の要素が相互に作用しながら，さまざまな「情報」が生み出されると捉え，それら全てを「コミュニケーション」と考える。ここでの「情報」という言葉も，通常の意味合いとは異なる。簡単な例を用いて説明したい。

A「どうして何も言わないんだ」
B「……」
A「黙っていてはわからない。いったいどうしたというんだ」
B「……」

　通常このやりとりは，「コミュニケーションがとれていない」と表現されるようなものと思われる。AはBに一方的に「情報」を提供し，BはAに何の「情報」も提供していない。システム論においては，Bの「……」をコミュニケーションと考える。すなわち「……」を何らかの「情報」と捉える。「……」において「情報」は，「言語」以外の様式を通じて示されている。例えば「表情」という様式である。Bが「……」において「顔面蒼白」なのか，「ニヤニヤしている」のかによって「……」の示す「情報」は異なる。
　「文脈」という情報様式もある。Aの初めの発言「どうして何も言わないんだ」以前に何が話されていたのか，どのような話の流れで「どうして何も言わないんだ」に至ったのかである。例えばBの「万引きが発覚した」直後と，Bが「自殺をほのめかした」直後とではBの「……」によって示される「情報」は異なる。「状況」という情報様式もある。このやりとりがAとBの2人だけで行われている状況と，AとB以外の人物がいるところで行われる状況とでは「……」によって示される「情報」は異なる。「関係性」という情報様式もある。Aが「先生」でBが「生徒」の関係か，Aが「彼氏」でBが「彼女」の関係かによって「……」の示す「情報」は異なる。
　その他さまざまな「様式」が考えられ，実際のコミュニケーションは，これらの「様式」によって示されるさまざまな「情報」を統合し，それに対して相互に何らかの「意味」を推定しあうことで「やりとり」を継続していると考えられる。ここで注意すべき点は，Bの「……」をAが「どのような情報として捉えたのか」によってAのコミュニケーションが変化するということである。Bが「……」とコミュニケーションを行うにあたって，例えば「顔面蒼白」など何らかの「表情」を伴うが，その「表情」をAが「Bがうろたえている」「情報」として捉えるか，「Bが反抗している」「情報」として捉えるかによって，その後のAの「黙っていてはわからない」との発言は，言葉が同じでもその「ニュアンス」は異なるだろう。「うろたえている」と捉えたなら，Aの発言は「なだめるような」，「反抗している」と捉えたなら，Aの発言は「叱責するような」表情と音声を伴うかもしれない。いずれにせよ，前者と後者ではAのコミュニケーションは変化している。われわれが普段何気なく交わしていると考えられている「コミュニケーション」であるが，その実は多様な情報の

複雑な相互作用によって構成されているのである。

　システム論においては，このようなコミュニケーションのありかたの変化がシステムのネットワークの構造・機能などを変更すると考える。「何をどのような情報として提示し，何をどのような情報として受け取るのか」によって，その場のやりとりが変化し，人間同士の関係が変化し，システムのあり方が変化する。「変化の源」は「コミュニケーション」自体にあると考えるのである。

MRIのコミュニケーションの公理

　1950年，文化人類学者ベイトソン（Bateson, G.）は，コミュニケーション，特に統合失調症患者のコミュニケーション研究のためのプロジェクトを結成した。ベイトソンがバリ島を訪れたときに目撃した祭祀におけるコミュニケーションが，統合失調症患者のそれと類似しているとの着想が契機になったといわれている（Bateson, et al., 1956）。

　このプロジェクトの成果は，「二重拘束仮説」と呼ばれる統合失調症患者とその家族のコミュニケーション・パターンについての理論として発表された。その後，この研究はメンタル・リサーチ・インスティテュート（Mental Research Institute: MRI）が引き継ぎ，より一般的な人間同士のコミュニケーションとその影響力に関する理論へと発展した。MRIの理論では，人間同士のコミュニケーションの特質は，五つの暫定的公理に集約されている（Watzlawick, et al., 1967）。この公理を紹介しながら，システム論の考える「コミュニケーション」の側面について整理を行いたい。

公理1｜コミュニケーションをしないことは不可能である

　先の，A「どうして何も言わないんだ」B「……」の例を参照していただきたい。コミュニケーションとは人間同士の情報の交換である。「情報」は言語を媒介とするだけでなく，非言語を媒介としても伝達される。「黙っている」行為は，「黙っている」情報として伝達される。したがって人間はコミュニケーションを「しない」ことは不可能である。なぜなら，「コミュニケーションしない」こと自体が情報として伝達されるからである。「コミュニケーション」をこのレベルで捉えるなら，人間同士の全ての行為は行為者本人の意図にかかわらず「情報」となりうる。単純化すれば，人間同士が相手の存在を認めた瞬間からコミュニケーションが始まっている。例えば彼らが「無関係」であるなら，「無関係」との情報を授受しあうようなコミュニケーションを行い続けることで「無関係の関係」が成り立つのである。

公理 2 | コミュニケーションには「情報」と「情報に関する情報」の二つのレベルがある

「情報に関する情報」はしばしば「メタ・コミュニケーション」と呼ばれる。「メタ」というのは「より上位の階層レベル」といった意味である。「メタ・コミュニケーション」とは「『情報』をどのような意味として受け取るべきかを示す情報」である。先程の例を再び参照しよう。Bの「……」はそれ自体が「黙っている」との情報としてAに伝達されると同時に、Aがその情報をどのような意味合いのものとして受け取るべきかとの情報も伝達されている。例えばBの表情であり、例えば話の文脈である。これらの情報からAはBの「……」を「反抗している」、あるいは「絶望している」などの状態を示すものとして受け取る。つまりBの表情や話の文脈はBが「黙っている」との情報「に関する」情報となる。このようなレベルの情報を「メタ・コミュニケーション」という。もう一つ例をあげよう。

「バカ」と発言することは、それ自体がある「情報」を示す。しかし発言者がどのような表情で発言したのかによって「バカ」という発言の意味は異なる。このときの発言者の「表情」や「言い方」が「情報に関する情報」となる。発言者の表情などは「バカという発言」を「軽蔑として受け取るべき」か「冗談として受け取るべき」かに関する「情報」となる。

公理 3 | 人間関係はコミュニケーション連鎖の「パンクチュエーション」によって規定される

「人間関係」は、コミュニケーションが延々と連鎖することによって成り立ち、「ここでおしまい」ということはない。そのような連鎖のなかで、われわれは自分と他者との関係を規定する。例えば「主導−追従関係」「加害−被害関係」などである。人間間に生起することは本質的にはコミュニケーションの連鎖だけであって、それ自体は「関係」を規定するものではない。コミュニケーションの連鎖を「関係」として規定するものは「パンクチュエーション（Punctuation）」である。「パンクチュエーション」とは、「区切りをつける」という意味である。われわれは、延々と生起するコミュニケーションの連鎖を「区切る」ことによって「関係」をつくりだす。単純な例をあげよう。

Aが「夜中に帰宅する」とのコミュニケーションを行い、Bが「イライラする」とのコミュニケーションを行う連鎖が延々と生じているとする。この連鎖をAは「Bがイライラするから、自分は夜中に帰宅せざるをえない」として認識するかもしれない。しかしBは「Aが夜中に帰宅するから、自分はイライラせざるをえない」と

して認識するかもしれない。このような同じコミュニケーションの連鎖についてのAとBの認識の違いは「パンクチュエーション」の違いとして捉えられる。Aの認識では「Bのコミュニケーションによって，Aのコミュニケーションが生じている」のであり，Bが「加害者」，Aは「被害者」の関係となる。Bの認識では「Aのコミュニケーションによって，Bのコミュニケーションが生じている」のであり，Aが「加害者」，Bは「被害者」の関係となる。実際に起こっているのは，コミュニケーションの連鎖だけである。そこに「ここから始まり，ここで終わる」と「区切り」を持ち込むことによって「関係」が規定される。

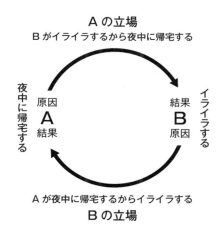

図2　最小単位の円環的因果律のモデル

　なにが「原因」でなにが「結果」なのか。これを追求する考え方を「直線的因果律」と呼ぶ。人間関係の「もつれ」は直線的因果律によるものが多い。従来の心理療法もこの考え方に基づいており，「原因」を究明することが「解決」のために不可欠であるとするのはそのためである。しかし実際に起こっているのはコミュニケーションの連鎖だけである。AはBの原因であり，またBの結果でもある。BはAの原因であり，またAの結果でもある。このような考え方を「円環的因果律」といい，システム論においてはこの思考形態が採用される。（図2）

公理4｜コミュニケーションでは「デジタルモード」と「アナログモード」の両者が使用される

　デジタル時計とアナログ時計の情報伝達様式の違いを考えてみていただきたい。デジタル時計では，アラビア数字と記号とそれらの配列が，時，分，秒などの情報を伝達する。「06：23」であれば6時23分の情報が伝達され，その他の情報とはなりにくい。アナログ時計では，長針と短針の位置関係だけでは時間としての情報は伝達されず，文字盤の向きに依存する。そのため長針と短針が90度の位置関係にあることは，文字盤の向きによって「3時」の情報となったり「6時15分」の情報となったりと，さまざまな情報として伝達される可能性がある。

　このように「デジタルモード」は，文字や記号そのもの，それらの関係によってで

きた単語，一定の単語の並び方によってできた文など「情報」の指す意味が限定され，それがすでに共有されている前提に立って伝達される様式である。一方「アナログモード」は，「情報」そのものの意味が限定されておらず，「情報」が提示される状況に依存するかたちで意味が伝達される様式である。身振りや表情，声の調子，文脈などは，アナログモードのコミュニケーションとして使用される。

　実際のコミュニケーションではこの二つのモードが自由に用いられ，使用するモードの違いによる人間間の対立などはよく見受けられることである。例えば「先生は優秀でいらっしゃる」とのコミュニケーションをデジタルモードの情報として受け取るか，アナログモードの情報として受け取るかによって，受け取り側の意味は異なる。発話側も同様に，「先生は優秀でいらっしゃる」とのコミュニケーションをデジタルモードの情報として伝えるのか，アナログモードの情報として伝えるのかによって，自身の発言に対する意味づけは異なってくる。両者の意味づけが食い違い続けることにより，しばしば対立関係という人間関係がつくられていくことがある。

公理5｜すべてのコミュニケーションは「対称的」または「相補的」の いずれかである

　「対称的交流」とは，互いに同様のコミュニケーションをしあうことを指す。一方が積極的態度を示し他方も積極的態度を示す，一方が消極的態度を示し他方も消極的態度を示すなどの交流パターンである。典型的には「怒鳴り合い」「慰め合い」「競争」「議論」などが上げられる。

　「相補的交流」とは，互いに相対するコミュニケーションをしあうことを指す。一方が積極的態度を示し他方が消極的態度を示す，一方が支配的態度を示し他方が依存的態度を示すなどの交流パターンである。典型的には「亭主関白」「いじめ」「師弟関係」「漫才コンビ」などが挙げられる。

　実際のコミュニケーションの交流ではこの二つのパターンは自由に用いられるが，どちらかのパターンの出現頻度の増大は，人間関係を「対称的関係」「相補的関係」へと規定していく。すると，互いにその相手とのその関係があたかも「役割」であるかのように互いのコミュニケーションが限定され，そのことがさらに「関係」を維持し，強化していくのである。

　システム論では，コミュニケーションをこのように理解し，活用する。人間のあらゆる行為はコミュニケーションである。例えば「学校での子どもの不適応」はコミュニケーションであり，学校システムの人間関係のネットワークの情報処理の方法に基づいて決定された役割を示すものと考える。したがってシステム論では，「問題解

決」のためには「問題」とされる個人の「役割」を必要としないネットワークを形成するよう，機能・構造などを変更することを目標として相互作用を行うことが有効であると考える。

「問題解決」についてのシステム論の視点

　このような相互作用を実際に行うためには，「問題」あるいは「解決」についての一般的な理解とシステム論による理解の違いを明確にする必要がある。
　例えば一般的な心理臨床は，「問題」とは何らかの「原因」により生じるものであるから，真の「原因」を究明し，それを除去すれば「解決」が得られるという「直線的因果律」に基づいている。個人の精神内界の「病理」を「原因」とする，親子・夫婦関係の不備を「原因」とするなど，因果の帰属のさせ方は立場によってさまざまであるが，いずれにせよ「解決」のためには問題の原因を究明することが不可欠であることが前提である。しかしシステム論においては「直線的因果律」は成立しない。先述のMRIの第三公理にあるように，何が「問題」で，何が「原因」かは，規定する側の見方次第だからである。「真の原因究明」が原理的に不可能である以上，「問題解決」にあたって必要な事柄とはならない。このことは，システム論が「問題解決」についての従来にない視点を有していることを示している。
　システム論の臨床上の適用を担ってきた家族療法において，この「従来にない視点」が実際の臨床場面においてどのように反映されるべきかについての検討がなされてきた。
　初期の家族療法では，個人に病理があり，個人に問題の原因があると考える代わりに，「家族システム」に病理がある，「家族システム」に問題の原因があると考えていた。したがって治療者が，「家族システムの機能不全」を発見し，「家族システム内の病理的な相互作用」を改善することで解決が得られるものと考えたのである。おわかりのように，この考え方は「直線的因果律」を何ら超えるものではない。やがてこの矛盾は，「治療者」という立場の人間がシステムの外側に位置づけられることから生じることが理解された。つまり「家族システム」をあたかも「治療者」の観察対象であるかのように位置づけたことに矛盾があった。実際にはこのようなことはありえない。
　「治療者」は「家族」を観察することはできない。なぜなら必ず対面するからである。対面する以上，そこには必ずコミュニケーションが生じる。MRIの第一公理のとおり「コミュニケーションをしないことは不可能である」。もはや「治療者」は，

まるで自身がそこに存在しないかのように「家族システム」を語ることは不可能である。相談活動が開始された瞬間,「治療者」はシステムの一部となり,「治療システム」が形成される。「治療者」は決してその外側に立つことはできない。ここに,「客観的立場」から「原因を発見」したり,「問題を特定」したりできる人間は存在しない。生じているのは,治療者も家族も,全員が全員を観察し合い,相互に作用し続け,コミュニケーションし続けることだけである。

　この理解を前提に,家族療法は「コミュニケーションそのものがシステムをつくる」「コミュニケーションが問題を構成する」との考え方に至った。すなわち「『これがこのように問題である』と語る」コミュニケーションそのものが「問題」を構成し,そのようなコミュニケーションネットワークが「問題を解決しようとするシステム」を作り上げる。「治療システム」とはその一部である。すると「解決」とは,「『これがこのように問題である』と語らない」コミュニケーションのネットワークが構成されることであり,「治療システム」のコミュニケーションが「問題について語る」コミュニケーションから,「問題について語らない」コミュニケーションへと変化していくことが問題解決につながるのである。これこそ従来の心理臨床にはなかった視点であり,システム論の考えを十分に適用した,有効な問題解決を可能にするものである。

文献

Bateson, G., Jackson, D., Haley, J., Weakland, J.（1956）. Toward a Theory of Schizophrenia. Behavioral Science, 1-4.（佐伯泰樹,佐藤良明,高橋和久訳（1986）. 分裂病の理論化に向けて——ダブルバインド仮説の試み. 精神の生態学,思索社,pp. 295-329)

Bertalanffy, L. V.（1968）. General Systems Theory: Foundations, Development, Applications. George Braziller.（長野敬,他訳（1973）. 一般システム理論——その基礎・発展・応用. みすず書房)

Watzlawick, P., Bavelzs, J.B., Jackson, D.D.（1967）. Pragmatics of Human Communication. Norton.（山本和郎監訳（1998）. 人間コミュニケーションの語用論——相互作用パターン,病理とパラドックスの研究. 二瓶社)

吉川悟（1993）. 家族療法——システムズアプローチのものの見方. ミネルヴァ書房.

遊佐安一郎（1984）. 家族療法入門——システムズアプローチの理論と実際. 星和書店.

第 I 部

学校という
システムに参加する

「ジョイニング」について

　スクールカウンセラーにとって，学校との関係をどのように構築するかは死活問題といっても過言ではない。学校の中で発揮できる職能は，学校というシステムにどのように「入れてもらえるか」によって大きく異なるからである。ここでは，システムズアプローチの特徴である「ジョイニング」という集団との関係構築のテクニックを拡大解釈し，学校というシステムとどのように「おつきあい」しようとすることが有効か，理論的な側面と具体的な留意事項について示すこととした。

第Ⅰ部 学校というシステムに参加する――「ジョイニング」について

第1章
学校というシステムの構造

小学校・中学校・高等学校の違い

赤津 玲子

はじめに

　スクールカウンセラーの配置は中学校から始まった。その後、小学校や高等学校にも配置されるようになり、スクールカウンセラーの立場から学校システムの違いに改めて気づくことが多い。例えば「中1ギャップ」の問題がある。中1ギャップとは、小学校6年生が中学校1年生になるとき、小学校から中学校への進学において、新しい環境での学習や生活に適応できず、不登校などの問題行動につながっていく事態であるとされている（文部科学省, 2012）。そのため小中学校間連携や義務教育の小中一貫校化の必要性が声高に指摘されてきたが、今後は「高1ギャップ」も問題として捉えられるようになるかもしれない。個人の発達段階には、このような学校システムが環境要因となり大きな影響を与えることは明らかである。

　学校システムが変わることによる区切りは、大人になるための段階的な儀式として社会や家族に根づいているように見える。入学式や卒業式を迎えることは、子どもやその家族、教員にとって自分たちを振り返る機会となっている。また、中1ギャップと表現されるように、子どもにとっては大きな段差と感じられるかもしれないが、所属集団が変わることでさまざまな可能性やチャンスが生まれることもある。例えば、小さな集団の中で気の合う仲間関係が作れなかった子どもが、多くの子どもたちと知り合うことで特定の親しい友人を作ることができるかもしれない。ギャップは解消しなくてはならないものではなく、ギャップが大きいと感じられるのであれば、それを理解することで小さく感じられるような支援の試みが大切である。ギャップを大きいと感じるか小さいと感じるかには個人差があるだろう。学校現場でその個人差を痛切に感じているのはスクールカウンセラーであると思われる。ギャップを有効

活用して適応していった生徒たちではなく，ギャップにつまずいた生徒たちと出会っているからである。そのため，ここでは小学校，中学校，高等学校のシステムの違いが生徒たちに与えている影響をについて考えたい。

本章では，スクールカウンセラーが活動する上で知っておきたい学校システムについて，小学校，中学校，高等学校の違いに焦点を当てる。まず各学校の目的について明確にし，システム間の違いについて表にまとめた。それらを参考に，学校システムが小学校から中学校，中学校から高等学校へと変わることによって，子どもや保護者，教員らに与える影響について考える。

学校の目標

学校現場が準拠する教育法規は主に教育基本法と学校教育法である。学校教育法によって定められている学校は，幼稚園，小学校，中学校，義務教育学校，高等学校，中等教育学校，特別支援学校，大学，高等専門学校の9種である。このうち小学校と中学校が義務教育に当たる。義務教育学校と中等教育学校は耳慣れないかもしれないが，わかりやすく言うと義務教育学校は小中一貫，中等教育学校は中高一貫校を指す。では，学校教育法における小学校，中学校，高等学校の目標を見てみよう。

小学校の目標は，基礎的な学習能力の取得と体験学習の促進である。人間相互の関係への理解，日常生活で遭遇することがらの理解と技能を養うことが掲げられている。中学校は，小学校における教育基礎の上に，義務教育として行われる普通教育を施すことを目的とするとされている。小学校と中学校は教育目標が異なり，小学校は基礎的な学習能力を取得することが目標であるが，そのための学習の仕方が体験学習を主としており，全般的に人育てというところに重点を置いている。それに対して中学校は普通教育を目標としている。高等学校の目標は，国家及び社会の形成者として必要な資質を養うこと，専門的な知識の獲得，進路決定，社会貢献などが掲げられている。

小学校の校時表には，「朝の読書タイム」や「マラソンタイム」が設けられていたり，「たんぽぽタイム」など，学校独自のネーミングで何らかの活動をする時間が記されていて，読書や音楽など学校を挙げて取り組む活動が一目でわかるようになっている。それに対して中学校，高校は，授業時間以外には昼食，昼休み，清掃，部活動，進路指導など，どの中学校や高校でも共通する活動に絞られている。

小学校は「人育て」，つまり人をはぐくむ場であると考えることができる。人とつながることを学び，共に体験することによって他者を理解することを学ぶ。それに

表 1　学校の目的と目標

小学校は，心身の発達に応じて，義務教育として行われる普通教育のうち基礎的なものを施すことを目的とする（第 17 条）
小学校の目標｜学校内外の社会生活の経験に基き，人間相互の関係について，正しい理解と共同，自主及び自律の精神を養うこと。郷土及び国家の現状と伝統について，正しい理解に導き，進んで国際協調の精神を養うこと。日常生活に必要な衣，食，住，産業等について，基礎的な理解と技能を養うこと。日常生活に必要な国語を，正しく理解し，使用する能力を養うこと。日常生活に必要な数量的な関係を，正しく理解し，処理する能力を養うこと。日常生活における自然現象を科学的に観察し，処理する能力を養うこと。健康，安全で幸福な生活のために必要な習慣を養い，心身の調和的発達を図ること。生活を明るく豊かにする音楽，美術，文芸等について，基礎的な理解と技能を養うこと。
中学校は，小学校における教育基礎の上に，心身の発達に応じて，中等普通教育を施すことを目的とする（第 35 条）
中学校の目標｜小学校における教育の目標をなお充分に達成して，国家及び社会の形成者として必要な資質を養うこと。社会に必要な職業についての基礎的な知識と技能，勤労を重んずる態度及び個性に応じて将来の進路を選択する能力を養うこと。学校内外における社会的活動を促進し，その感情を正しく導き，公正な判断力を養うこと。
高等学校は，中学校における教育の基礎の上に，心身の発達に応じて，高等普通教育及び専門教育を施すことを目的とする（第 41 条）
高等学校の目標｜中学校における教育の成果をさらに発展拡充させて，国家及び社会の有為な形成者として必要な資質を養うこと。社会において果たさなければならない使命の自覚に基き，個性に応じて将来の進路を決定させ，一般的な教養を高め，専門的な技能に習熟させること。社会について，広く深い理解と健全な批判力を養い，個性の確立に努めること。
中等教育学校は，小学校における教育の基礎の上に，心身の発達に応じて，中等普通教育並びに高等普通教育及び専門教育を一貫して施すことを目的とする（第 51 条の 2）
中等教育学校の目標｜国家及び社会の有為な形成者として必要な資質を養うこと。社会において果たさなければならない使命の自覚に基づき，個性に応じて将来の進路を決定させ，一般的な教養を高め，専門的な技能に習熟させること。社会について，広く深い理解と健全な批判力を養い，個性の確立に努めること。

対して中学校では，人材育成の基礎となる知識を獲得する。小学校から中学校への進学の意味は，制服や校則に象徴的に表現されているともいえる。社会の枠組みに参入する準備として，さまざまな規則が敷かれているのである。このような仕組みが子どもに対してある程度の緊張感を強いているように見える。そのため，支援を前提として考えると，このような緊張感を感じているのは本人だけではないと伝えることが大切である。本人だけが孤立感を高めたり，排除された感じを持たないような声掛けが求められる。高等学校は専門的な知識を学ぶための場所であるが，現状では人間関係を学ぶ場所になっている部分があるように見える。背伸びをしたい年代と考えると，できていないところや欠けているところを指摘するだけではなく，それと合わせて本人の長所に注目し支援していくことが有効である。

表2　学校システムの違い

	小学校	中学校	高等学校
児童・生徒の年齢	6〜12歳	12〜15歳	15〜18歳
在籍年数	6年間	3年間	3年間
校時表	学校の特色が見える	一般用語	一般用語
授業時間	45分程度	50分程度	50分程度
学習内容	基礎教育	普通教育	専門教育
授業形式	体験学習が多い	講義形式が多いがアクティブ・ラーニングを取り入れ始めている	講義形式が多いがアクティブ・ラーニングを取り入れ始めている
学力	ばらつきがある	ばらつきがある	ある程度そろっている
テスト	学期を通して時期が決まっていない	定期試験など	定期試験、大学受験の模試など
授業の進め方	学年である程度そろえる	教科担当教員による	教科担当教員による
担任がクラスで過ごす時間	ほとんどの時間を過ごす	学活など特定の時間	学活など特定の時間
担任の忙しさ	本人や保護者対応	部活動の有無に影響される、進路相談	部活動の有無に影響される、進路相談
部活動の形式	全員参加	全員参加	希望者のみ
部活動の頻度	週に1回程度	ほぼ毎日だが規制されつつある	ほぼ毎日だが規制されつつある
学級成員の編成	1年生のみ35名基準	他校からの生徒と再編成，40名基準	他校からの生徒と再編成，40名基準
友人関係の範囲	地域密着	学区が広くなる	さまざまな地域に広がる
保護者の影響	保護者の顔が見える	保護者の顔が見えにくい	保護者の顔がほとんど見えない
スマートフォン	家庭環境や習い事の有無などによる	持っている生徒が増えつつある	ほとんどの生徒が持っている

授業

　小学校の授業では，例えば担任からノートを開くよう指示され，黒板やホワイトボードに書かれた今日の目標を赤線で囲んで書くよう指示され，担任が書いた板書を写し，指示された課題に取り組む。児童間の学力のばらつきが大きく，担任の悩みの種となりがちであるが，担任は児童の能力レベルをある程度で区切らなければならない。そのため，できない児童には居残りで教えたり，学力レベル維持のために宿題を多く課すこともある。児童は自主的に学習の仕方を学ぶよりも，担任から

指示されたことをこなすことによって学力を身につけていく。

　中学校になると学習内容が基礎教育から普通教育に変わり，教科数が小学校より増加するため，生徒は授業が難しくなったと感じて当然である。また，学習の仕方を学んでいないため，授業で学んだことをどのように身につけていくのか戸惑う。中学校では小学校で担任から指示されていた「学び方それ自体」を学ばなければならない。また新しい教科内容に戸惑うと同時に，さまざまな教員が異なる教え方をすることに生徒は驚くであろう。講義形式の授業が多く，授業時間が長くなれば，緊張して落ち着かない中学1年生はかなりの集中力を要する。その疲れは，見えないかもしれないが相当なものと考えられる。ただし，近年アクティブ・ラーニング（主体的・対話的な深い学び）が進められていることから，今後はさまざまな授業形式が取り入れられるようである。

　高等学校になると，授業内容は専門教育となりさらに難しくなる。教科は細分化され選択制となる。義務教育ではないが高校への進学率は高く，進学は当然のように感じられている。そのため，大学進学を希望する生徒以外は，自主的な学習意欲を維持するのが難しく，学ぶ意味を見いだせないこともある。

　授業に関連して，「テスト」の実施形式がある。小学校では，単元や学期の終わりに随時テストが実施されるが，勉強が追いつかない児童については，担任の裁量で実施が考慮される場合がある。中学校になると定期考査形式となるため，中学校1年時の1学期の最初のテストはかなりの緊張を強いられるだろう。高等学校になると，大学進学を目標とした生徒にとって定期考査はかなりの負荷となるが，進学しない生徒にとっては高校卒業のための一つの関門となる。

　また宿題について，小学校では担任が全ての宿題をコントロールし，量の多少は担任によって異なるが一定に保たれている。中学校では教科ごとに担当教員が授業を進めるために，配布プリントの種類も量も増える。教材や資料が増えるために，自己管理の重要性が増すことが指摘されている（石川，2015；柴田，2015）。

　中学に進学した生徒にとって，クラス内での友人関係や教員らとの関係が一番気になることである。そこに多大なエネルギーを取られながら，授業の内容と形式が変わることは大きな負担になる。本人を焦らせないことが大切であるが，保護者や教員は生活面や学習面に注意を向けやすい。まずは夏休みまでの短期目標を立てるなど，遠い将来ではなく近い目標を設定することで見通しをつける。将来の目標は本人の焦りを増し，やる気をなくさせることが多い。まずは生徒が安心することが，学習の内容と形式の変化への困惑を乗り越えることにつながる。高等学校では，前述のように学習にどの程度の比重を置くかは生徒によってさまざまである。卒業が

目的であれば、最低限の単位取得を前提にした支援の必要があるだろう。

教員−本人の関係

　教室に担任の席があり、常に担任が教室にいる小学校は、児童との物理的距離が近く、交流も多く、児童の情報をキャッチしやすい。共有する時間が長いために心理的距離も近く、児童にとって担任は教室の守り人のような安心できる存在で、教室のもめ事はすぐに担任に伝わり収拾することができる。

　中学校になると、生徒は担任と時間的・空間的に分離され、必要に応じて、例えば「休み時間」に「職員室」で話すようになる。共有する時間も少なくなり、生徒は小学校に比べて担任と心理的距離が遠くなったと感じるだろう。一方で、教科担当教員や部活動・委員会活動で、担任以外の多様な教員と出会うことになる。中学生に「どの先生が一番話しやすいか」聞くと、担任以上に他の教員の名前が挙がることが多い。理由は「しつこくないところ」や「話、聞いてくれるから」など、さまざまな答えが返ってきて興味深い。生徒にも教員にも相性があり、個人の発達段階から考えると、自分や他者のことを考え始める時期に、担任だけではなくさまざまな教員と話すことはよい機会になる。

　高等学校になると、担任との距離はますます遠くなるが、一方で非常に親しくなれる教員との出会いが増える可能性がある。小学生にとって、担任や教員は「先生」であり、学校生活に登場する主要な大人である。しかし中学校以上になると、生徒の間で教員にあだ名をつけたり噂話をしたりすることが増えるだろう。そのような行為には、この時期の大人ぶったふるまいの側面もある。生徒はさまざまな教員がいることを認識し、教員を「先生」という以上に一人の人として捉えるようになり、一人の教員のなかにさまざまな側面があることを理解する。このような見方ができるようになることも、本人の成長である。担任だけでなく、さまざまな教員と話をすることで本人の視野が広がる。高等学校では、気の合わない教員とでもうまくつき合うことも必要になる。友人関係だけではなく、多様な教員とのコミュニケーションも社会性を育むだろう。

クラスの友人関係

　小学校では、児童は同級生の家を知っており、保護者も顔見知りのことが多い。そのため、習い事やスポーツなどの活動の送迎を地域の保護者が協力しながら行う

など，保護者同士のつき合いに影響された友人関係が発生する。子どもが友だちの家に行って遊び，保護者同士が挨拶をしたりお礼を述べたり／述べなかったりなど，良くも悪くも必然的に保護者同士のやりとりが発生する。子ども自身にコミュニケーションスキルが十分になくても，保護者同士の顔の見えるつき合いのなかで，誰かがいてくれるような環境が比較的整いやすい。

　中学校は複数の小学校から進学した生徒たちで構成されることから，小学校ごとの地域性や教室内での割合などが友人関係形成に大きく影響する。学級のなかに特定の小学校卒業者の占める割合が多いと，学級の雰囲気に影響することがある。学区が広がるために保護者同士の交流は減り，生徒の友人関係づくりに保護者の影響が及ばなくなる。個人の発達段階で考えると，自分がどう見られているのか，他人はどう思っているのかが気になる時期であり，クラスで自分がどのようにみられているのか気になって仕方がない。同じ小学校から進学した友人との関係も，他校からの生徒が入った集団になれば変化するのが当然である。本人は納得できずに苛立ちや不安の元になることがある。小学校時代の教室での立ち位置を確保したい，もっと積極的な自分になりたいなど，さまざまな気持ちが教室での本人の適応に影響する。

　高等学校になると学区がなくなるために，これまで以上に多様な友人と出会う可能性が高くなる。電車やバスなど通学手段が増え，それも友人関係に影響する。不適応を感じている生徒にとっては，友人間の相互作用が生じやすい教室移動や枠組みの緩い教科の授業などが大きな負担となる。友人関係のトラブルによる心理的な負荷は，うつ状態などさまざまな症状に結びつく可能性がある。

　中学校に進学した生徒にとって，教室での人間関係は何よりも優先される死活問題である。ここで自分の居場所を作れないと気持ちが落ち着かない。自分なりに試行錯誤していても友人らの様子が気になり，うまくいった実感を持てないことが多い。そのため，生徒が教室での人間関係について感じていることには，「新しい集団に入ったのだから当然である」という枠組みを提示し，新しい環境への適応は，本人の能力と関係なく誰にとっても難しいと伝えることが重要である。そして本人なりの努力で具体的にできているところを見つけて，肯定することが支援として有効である。

　本人なりに努力したが諦めたという「決断ができた」枠組みや，人間関係において「成長した」枠組みは，さまざまにアレンジして活用することができる。高等学校の教室の人間関係は，組織に所属する大人顔負けに多様である。この人間関係づくりの山を越えるためには，ある程度目標があった方がよい場合がある。例えば，教

室での人間関係以上に親しい関係があるならば、そちらを大事にして教室は無難にやり過ごすなどである。教室での不適応は学習面に影響を及ぼすことが多く、義務教育ではないことを考えると、本人の将来の目標に合わせた多様な支援の方向が考えられる。

部活動

　小学校の部活動は、週に1日ほどで比較的楽しみやすい、参加優先の活動である。バドミントンやサッカーなどの一般的な運動部に加えて、手芸や読書などの文化部、地域の特徴を生かした太鼓や踊りなどの部活動もある。中学校になると、活動の種類が広がり、運動部などは毎日練習する場合が多い。先輩後輩の上下関係が明確になり、先輩の強引な指示にとまどったり、先輩から気に入られた場合とそうでない場合の差が明らかになることもある。平日遅くまでの活動や土日の活動は、慣れない中学校生活のリズムを崩す場合がある。中学校の部活動は基本的に任意であるが、暗黙に必ず参加しなければならない中学校が多いようである。さらに、顧問の指導が厳しい、先輩との関係がうまくいかないなどの理由で退部したい場合に、顧問や担任への相談など、手続きがハードルとなって辞めにくいことがある。また、生徒にとって部活動がどの程度負荷になっているかを保護者が把握するのが難しいことがある。保護者自身がかつて部活動に取り組んだ経験があり、場合によっては現在もその活動を続けていて、部活動から得たものが大きいと感じている場合などは、家族のなかでも本人が辞めることに否定的な意味が発生することがある。「一旦始めたことを安易にやめることを親として許可するか」という枠組みもある。高等学校になると、部活動はほぼ個人の自由参加となるが、辞める辞めないの逡巡は中学校と同じように本人を苦しめることがある。退部届の提出の仕方について学校ごとの決まりがあり、顧問や担任との関係のハードルとなってしまったり、友人関係に影響したりすることもある。スポーツ推薦による私学への入学の場合は、部活を辞めるという選択が非常に難しくなることがある。土日の練習や試合が日常生活の大きな部分を占めるため、部活以外の友人関係づくりに影響を及ぼすこともある。

　部活動については、中学生や高校生からの相談はかなり多い。部活動が学校生活に支障があるほどの負荷となっているなら辞めることになるが、その負荷の度合いと実際に支障が出ている度合いをアセスメントする必要がある。登校に支障が出ているのであれば早急な解決が求められる。また、退部が本人の努力不足やスキル不足の結果と意味づけられることにならないよう配慮し、辞め方や援助の求め方からも

学ぶものがあると伝えることが重要である。

インターネットとのつき合い

　小学校ではパソコンの授業が行われているが，情報機器の操作は就学前の家庭環境などで個人差が大きいと感じる。小学生は，対人コミュニケーションよりも動画視聴とゲームでパソコン・タブレット・スマートフォンなどを利用することが多い（内閣府，2017）。動画視聴の多さは，YouTuber が小学生のなりたい職業の上位であることにも表れている。また保護者がゲーム世代であり，一昔前の家庭用ゲーム機にとどまらず，インターネット回線を利用したオンラインゲームを利用することに慣れている。なかでも，他のオンライン上のプレイヤーと一緒に行うソーシャルゲームは，家庭用ゲーム機でもパソコンでもスマートフォンでも接続できるため著しく普及している。例えば，夕食後に父親，母親，子どもが，それぞれ他人であるプレイヤーと一緒にゲームに熱中していることが少なくない。そのためか，子どもがソーシャルゲーム内でさまざまな他人とつながることについて保護者にあまり抵抗がないように見えることがある。また，保護者自身がゲームや SNS や動画視聴で日常生活のストレスを発散していると言われることもある。

　小学生が遊びでインターネットを活用しているのに対して，中学生になると自分のスマートフォンをもつ生徒が増えることから，ゲームや動画視聴と同じくらいコミュニケーションのためにインターネットを使うようになる（内閣府，2017）。コミュニケーションというのは，SNS（LINE や Twitter や Instagram など）である。中学校へのスマートフォンの持ち込みはおおむね禁止されているが，塾や習い事での保護者との連絡用として外出時に携帯している生徒が多く，スマートフォンを持っている生徒と持っていない生徒の差が明確になり，それが友人関係に影響することがある。

　高校になると通学距離が遠く，通学手段が多様になり，ほとんどの生徒がスマートフォンを持ち，学校に持参する生徒がほとんどである。コミュニケーションのための使用が最も多くなるため，必然的にトラブルが多くなる。グループラインから急に外される，裏ラインで悪口を言われる，深夜のラインに応じないと何を言われるかわからない，ツイートの強制など，些細なトラブルを含めると枚挙にいとまがない。クラスで作るグループラインはいじめのきっかけになる場合も多い。顔を知らない他者とのコミュニケーションで犯罪に巻き込まれ，事件となることも多くなってきた。このような事態に対応しようと，小学校からスマートフォンやインターネットとのつき合い方を教える試みがなされている。

小学生では，深夜に及ぶゲームや動画視聴が遅刻や不登校につながることがあり，保護者のコントロールが重要になる。インターネット依存の問題が指摘されているが，保護者がゲーム世代，インターネット世代であるために，インターネットに依存する状態が普通になりつつある。とはいえ保護者のインターネット依存を非難するよりも，小学生であれば，保護者が子どもをコントロールする方法について，個々の家庭環境に合わせて一緒に検討する必要がある。中学生以上であれば，生徒がインターネットとのつき合い方を自分なりに決めていく支援が必要になる。その際には，本人なりのインターネットとの距離の取り方，トラブル回避の仕方などを一緒に作り上げることが大切である。高校生であれば，さらに事件や事故に巻き込まれないための予防策が有効である。

保護者および保護者-担任関係

　学区が狭いことから，小学校では保護者同士の，また保護者と担任や他の教員との物理的・心理的距離が近い。遠距離通学で保護者が送迎している場合も，保護者同士で送迎し合ったりと情報交換が頻繁である。通信手段にはLINEが利用されることが多く，グループラインが作られていると学校の状況が瞬く間に回覧されたり，保護者同士のトラブルとなることもある。PTA活動が活発であったり，地域の関連行事が多い土地では，役員選出が保護者の負担になったり，会議が深夜におよんで家庭に影響することがある。

　小学校では，子どもの急な発熱，けがなどの身体的な不調を担任が保護者に報告する機会が多く，些細なことでも担任が家庭訪問をする頻度が多いため，担任は，祖父母や他人の同居，住環境など家庭環境の情報を多く入手できる。また，体調不良の子どもに保護者がつき添って登校することも多いので，学校全体で子どもや保護者の情報を共有する機会がある。きょうだいがいるとなおさらである。

　中学校になると学区が広くなり，子ども同士が保護者なしでつきあうようになるため，保護者同士が交流する機会は減り，保護者に学校の情報が入りにくくなる。不登校生徒への対応などのために担任による家庭訪問は行われるが，頻度は担任の裁量による。一方で，非行など反社会的行動によって保護者が学校に呼び出されることがある。

　高等学校になると，子どもの大学進学を視野に入れている保護者とそうでない保護者の違いが明確になる。成績が芳しくなく留年の可能性を担任から伝えられて保護者が学校を訪れたり，進路について三者懇談で話し合うことになる。

特殊な場合を除いて，保護者の不安は小学校が一番高く，高校になるにしたがって低くなる傾向がある。小学校には，担任も学校も保護者の不安に応えようとする体制があり，保護者への情報提供や学内での情報共有が積極的に行われ，保護者が入手する情報も多い。きょうだいの存在による学年を超えた情報共有も大きい。一方で，関係が近いがために保護者は学校に要求しやすくなり，クレームが増える。そのため，子どものためにも保護者支援が重要であり，保護者－担任関係が子どもへの支援に直結することが多い。クレームを訴える保護者に批判的になりがちな事態でも，担任へのコンサルテーションでその労をねぎらったり，保護者への肯定的な枠組みを教員らで共有することも支援として重要である。中学校になると，子どもの能力や将来について保護者がある程度見通しを立てるようになるため，子どもに過度に期待する保護者と放任になる保護者が明確になってくる。保護者が学校に行く頻度は小学校に比べて極端に少なくなり，本人の発達の影響が大きく，何らかの問題が生じると，担任はまず本人と話すことで解決しようと試みる。担任が保護者と話すのは，個人懇談以外では問題が起こってからになりがちであるため，保護者との関係づくりから始めなければならないことが多い。

高等学校になると，「義務教育ではない」という枠組みは生徒より保護者の方が強いため，子どもの不適応状態には，「やめたいなら自分で決めて働きなさい」となったり，「理解できない」という反応になる。理屈をこねる子どもに匙を投げ，扱いあぐねている保護者が多くなる。不適応状態は進級・卒業単位との戦いになるため，本人の状態や家庭状況をアセスメントしながら多様な選択肢を提案することが大切である。

おわりに

小学校・中学校・高等学校の学校システムの違いについて述べ，それらが子ども，保護者，担任らに与える影響について検討してきた。学校システムは環境によって異なるため，各学校によってそれぞれ個別性がありここで述べたことがすべてではない。

人は相対的に物事をとらえる。つまり，その前にあったこととの比較によって現在の状態をとらえる。中学校をどうとらえるかは小学校との比較においてである。高等学校をどうとらえるかも中学校との比較においてである。そのような比較が本人の現在の学校生活に対する考え方や感じ方に影響を与えるため，支援者も学校システムの違いを認識することが重要になる。

小学校から中学校，中学校から高等学校と環境が変わるとき，その変化は決して否定的なものばかりではない。それらをどのように糧とするかは，支援の仕方を模索するなかで検討しなければならない課題である。学校システムにおいては，不適応状態の原因を個人の特性に帰属しても，必要な支援にはつながらない。個人のおかれた環境の違いを把握した上で，個別的な支援方法を模索したい。

文献

文部科学省（2012）．小中連携，一貫教育に関する主な意見等の整理（骨子案）．[http://www.mext.go.jp/b_menu/shingi/chukyo/chukyo3/045/houkoku/1325182.htm]
内閣府（2017）．平成28年度青少年のインターネット利用環境実態調査．[http://www.mext.go.jp/b_menu/shingi/chousa/shotou/066/shiryo/attach/1369895.htm]
柴田恵津子（2015）．不登校と発達上の課題——事例から．子どもの心と学校臨床, 12, 45-53.
石川悦子（2015）．特集に当たって．子どもの心と学校臨床, 12, 3-10.

第Ⅰ部 学校というシステムに参加する――「ジョイニング」について

第2章

ジョイニング

学校というシステムとの関係形成

吉川 悟

はじめに

　一般的に，「個人」は「学校」に大きな影響を与えることなどできないと考えられがちである。その最たる理由は，学校が大きくつかみどころのない組織に見えるからである。巨大な恐竜を前に，人が自分との比較でその巨大さに圧倒される感覚と似たようなものがあるかもしれない。単身で学校を訪れたスクールカウンセラーが組織に立ち向かわなければならないと考えれば，尻込みしたくなるのは当然である。

　しかし，臨床の世界の歴史を振り返ってみれば，このような事態と同様の現象を確認できる。1950年代に幾人かの臨床家が，個人ではなく家族を相談の対象としたとき，家族という組織のつかみどころのなさに呆れてしまったと言われている。しかし1950年代の終わりには，そのつかみどころのない家族へのアプローチが，システム論的家族療法やシステムズアプローチの視点に絞りこまれ，今では家族のどこをどのように見れば大きな影響を与えることができるかがはっきりしている。

　同様に，学校に影響を与えることの難しさは，「学校をシステムとして見るための視点」の不足にあり，その視点さえはっきりすれば，治療的な接近方法を応用することはそれほど難しいものではない。むしろ，組織が組織としての体制を保つために用いる方法を踏まえて観察しアプローチするならば，学校という巨大に思える組織もそれほど複雑怪奇なものではなくなるのである。

　そこで，学校をどのような視点で捉えれば，これまでの「組織へのアプローチの難しさ」が打破できるかについて述べる。組織に飲み込まれず，かつ孤立しないための「組織との関係作り」，つまり「ジョイニング」である。

基本的なテクニック

ジョイニングとは

　人間関係が介在する場においては、その関係のあり方がその後の役割を決定する。例えば、道ばたで人に時間を聞く場合にも、その聞き方によって印象は変わる。笑顔で「すみません、今何時でしょう？」と尋ねられた場合と、目も合わせず「時計ある？　何時？」と尋ねられた場合では印象は大きく違う。その印象が引き続き「話したい人」と「話したくない人」の区別を発生させる。「話したい」人と話す方が、気分がいいのは当然のことである。

　心理臨床の世界では、人間同士の関係作りの方法がさまざまに探究されてきた。例えば「共感」であったり「傾聴」であったり、アプローチの違いによって使われる言葉は異なっていても、おおむね類似した対人関係を深めるための特徴を含んでいる。二者関係において形成すべき関係はラポールと呼ばれ、関係形成の目標となっている。このような考え方に基づいて、学校職員との関係作りに成功を収めることもできるかもしれない。しかし、結果的に学校のなかで一部の教職員のみと偏った関係を作ってしまい、その関係に終始してしまうことも起こりかねない。集団との人間関係は、個々人との人間関係の総和ではない。

　例えば、あるスクールカウンセラーが教育相談担当者と良好な関係形成ができたとしても、その教育相談担当者が学校組織のなかで「浮いて」いたり、孤立しているような状態であれば、結果的にスクールカウンセラーも同様の憂き目にあってしまうことになりかねない。かといって、この担当者を避けたり対立的に振る舞えば他の教職員と良好な関係が築けるわけでもない。一方で、ある教師と良好な関係を築くことによって、それ以後、自分の発言が学校組織において効果的になることがある。誰でもよいわけではなく、「その人」が学校組織のなかで何らかの意味ある存在だったため、有効な関係となったのである。

　このように、個人との関係の作り方と、集団との関係の作り方は基本的に異なるものとなる。特に、システム論で用いられる集団に対する接近方法は、「ジョイニング（joining）」と呼ばれる。ジョイニングは、「集団に対する関係形成の目的だけに行う方法論」とでも考えればよいかもしれない（東，1993）。個々人との内面的で深い関係形成ではなく、表面的であっても集団・組織との良好な関係作りの方法である（吉川，1993）。

　ジョイニングは、サルバドール・ミニューチン（Minuchin, S.）らが開発した構造的家族療法（structural family therapy）において概念化された（Minuchin, 1974）。英語では

join + ing であり，「ある対象システムに適応すること」+「継続的なかかわり方として」という意味になる。join には「受け入れてもらう」「参加する」などの意味がある。つまり，対象となる組織，学校システムに「受け入れてもらい」「参加する」のである。ジョイニングは関係形成の技術として理解されがちだが，テクニックとして理解するだけではそれほど効果的ではない。ジョイニングの下位カテゴリーである「アコモデーション」「トラッキング」などを，ごく自然な動きとして展開できるように頭と体を切り替える必要がある。

学校システムへのアコモデーション

アコモデーション（accommodation）は「適合」という意味で，治療者が対象となるシステムの価値観や考え方，集団内での役割に合わせることだと考えればよい。家族療法では，家族システムの考え方や価値観などに治療者が積極的に適合するように振る舞うことである。

学校システムの場合，職員の役割や立場がその名称によってある程度決まっている。「管理職」と「教職員」は役割や立場が異なり，「教育相談委員会のメンバー」と「学務委員会のメンバー」は立場が異なる。スクールカウンセラーがどの委員会のどの部門に配置されるかによって，その動きに対する期待も変わる。

学校システムを相手にする場合，この役割や立場を理解することが非常に重要である。例えば，学校長と生徒指導担当者の役割の違いを見逃せば，そこで学校とのジョイニングは失敗に終わる。学校というシステムは役割に基づいて動く。したがって，例えばスクールカウンセラーが個々人の特徴をもとに客観的に判断したつもりであっても，結果的にその判断が正しいか否かは，その組織が以後動きやすいかどうか，つまりその組織によって判断されるのである。

またそれぞれの学校システムで，組織上の役割を事前に理解しておくことはもちろん必要であるが，それが実際にどのように担われているかを把握する必要がある。例えば，すべてを把握していないと気がすまない学校長や生徒指導担当者がいる場合と，組織全体をまとめるように振る舞う学校長や生徒指導担当者がいる組織では，まったく違った接近方法を考える必要がある。

学校システムへのトラッキング

トラッキング（tracking）は「追跡する」という意味で，治療者が対象となるシステムのスポークスマン的役割の人物の振る舞いについていったり，物事の決定の際のそれぞれの言動にあわせて振る舞うことである。家族であれば，家族の外交窓口的

な役割の家族メンバーの言動やコミュニケーション・パターンに溶け込むような流れのなかで行動することを示す。家族の役割に応じた動きにアコモデーションしながら、その内容に対しても合わせて振る舞う作業であり、本人が意識していないコミュニケーション・パターンに対して追跡的な行動をとることを指す。学校システムでは、担任を中心とした教育相談の構造が一般的で、その役割にアコモデーションしながら、それぞれの担任のコミュニケーションに適合してスクールカウンセラーがトラッキングし、コミュニケーションをつないでいくことになる。

学校システムにおいては、スクールカウンセラーとの接点役となる教職員がおり、その教職員のトラッキングを通じて他の教職員との関係を作ることが基本となる。別の教職員とのかかわりのきっかけは、この仲介者が何らかの接点を作ることであり、その仲介者が接点を作らないのであれば、「スクールカウンセラーが独自に接点を作ることを許されたルール」であると理解すればよい。対象となるシステムによってそのルールが決定されているため、当然スクールカウンセラーが期待するようなつながりが持てない場合も少なくない。業務として学校システムとの関係作りをしなければならないのであれば、相手のルールを把握し従うことが重要である。

学校システムは、物事の決定の方法に二重性がみられる。「建前上の役割に準じた動き」と「実質的な問題処理のための動き」という二重性であり、二種類のルールを使い分けている。学校システムとしてのルールが肩書きに応じた建前上の動きであり、学校システムのサブシステムとしての委員会や任意の教職員集団などに規定されたルールが問題処理のための動きである。こうしたシステムの二重性を意識しながらそのルールをトラッキングすること、そして何層にもわたるこれらのサブシステムの動きを把握しながらトラッキングすることが重要である。

学校システムとのジョイニング

学校のルールをどのように見抜くか

学校システムとのジョイニングを行うためには、学校がシステムとしてどのような動き方をしているのかを知らなければならない。「学校」と総称されるシステムでも、それぞれの学校が同様に機能していることはあり得ない。したがって、「その学校」のシステムのあり方を知ることから始めなければならない。

一般的に学校とスクールカウンセラーとの最初の接点は電話によって始まる。「仕事の打ち合わせのために来校して欲しい」と電話がかかってくる。事務的にこの要請に応対することもできるが、この接触には学校システムの非常に多くの情報が存

在している。すでに学校のルールが提示されているのである。

　スクールカウンセラーに連絡を取る係が誰であるか。これはすでに学校システム内で決定され，ある先生が「連絡の窓口」という役割を担っていることになる。この窓口の役割は，学校のなかで教育相談に関連する立場か，対外的な人事にかかわる管理的な立場か。スクールカウンセラーとすでに何らかのつながりがある人物に役割が限定されていることもある。そしてこの担当者が全権を委任されスケジュールを調整しようとしているか，一方的にスケジュールを押しつけてくるかなど，その内容によっても学校がどのようにスクールカウンセラーを位置づけようとしているか，その一端が見える。

　この段階では，想像力をたくましくするのがよい。「たぶん，この電話の何日か前に会議があって，そこに誰と誰が集まって，誰かが今回の件について大筋の説明をし，話し合いの後に，結果としてこの先生が連絡係としての役割を持つことになったのだろう」と，非現実的でも幻想的でも構わないので，想像力を駆使して予測をたてる。これが「仮説設定」である。予測は外れてもかまわないが，学校をシステムとして捉えるための基本となる足場が必要である。そして実際に会って，この「仮説」を裏づけるような役割行動があるかどうかを検証することになる。

　より具体的に学校のルールが見えるのは，打ち合わせの当日である。どんなふうに招かれるのか，どの部屋に，誰が，どのように案内していくのか，その場に誰が登場するのか，話題に何が選ばれ，どの程度会話の主導権を預けようとしてくるのか。これらが全て，その学校システムが示すルールであり，役割であり，コミュニケーション・パターンである。ここで先の仮説の検証を行う。

　例えば，玄関先まで校長が出迎えに来てくれるのか，自分で来賓玄関を探して職員室に顔を見せ，廊下で待たされるのか。これが教職員以外の人間を受け入れる場合のその学校のルールとなっているはずである。一般的には，職員室で声をかければ，電話をしてきた担当者か事務員のいずれかが，予定されていた部屋に案内しようとする。そこは校長室かもしれないし相談室かもしれない。どこに案内されるかによって，その学校のスクールカウンセラーに対する期待や要望の一端が見えるはずである。ここで，決して見くびってしまってはならない。これは肝に銘じておくべきである。仰々しく奉るような応対であっても，あくまでも「面会の儀式」であり，それをそのままこの学校の日常的なルールとして理解することは避けるべきである。むしろ，特別の儀式において割り振られた役割行動だと考えるべきである。

　儀礼的な対応が基本だが，ジョイニングに徹することが不可欠である。面前の人物の役職，誰がどのような役割を担っているかについて把握しないで面談を続ける

ことは，まさに自殺行為である。また「観察すること」ばかりに力を入れるのではなく，「観察されていること」を忘れてはならない。来校したスクールカウンセラーの力量を試す係が決まっていることは少ないにしても，このスクールカウンセラーが教職員とどのような関係を作ろうとしているかを教職員は観察している。そして，「学校システムにとって都合のよいスクールカウンセラーである」と思えるような情報をあれこれ提出することで，学校システムから安心を引き出すこと，いわば「良好な関係を保とうとしていると観察されるように振る舞う」ことがジョイニングだといっても過言ではない。

　契約概念があいまいな日本文化では，この段階でのスクールカウンセラーの評価は，まず対人的な信頼関係を作ろうとしているかどうかで決まる。しかし，あいまいといっても，ある程度の契約内容が初回の段階で決定されることになる。「来校頻度」「業務内容」「時間拘束」「就業場所と範囲」「報酬」などである。これらについては，実は学校システムですでに大筋が決定済みであることを了解しておくべきである。学校システムで最も簡便な役割決定の方法は，階層性に基づく決定プロセスである。「会議で決まったこと」がすでに大筋の決定事項である。

　それを前提に，学校側の要求をまず傾聴することが基本となる。細部の確認は不可欠であるが，学校側の具体的な要求内容とその理由について把握する必要がある。実際にはその学校としての決定事項と，より上位の，教育委員会などの規定に準じた決定事項が複雑にかかわっており，それぞれに理由があるが，重要なことは，その学校としての決定事項がその学校の要求内容を物語っているということである。

　ここで学校の要請を事後検討するのは，「話し合い」という建前を壊すことになる。したがって，学校の決定事項と要求内容に対して，スクールカウンセラーは即座に自分の力量の検討を行い，提示すべきである。できれば，事前に対応について自分なりの可能性をいくつか検討しておくべきである。間違っても達成困難なことを引き受けるべきではないし，必要以上に遠慮して無能な振る舞いをすべきでもない。はっきりと学校の要求とその目標がどのようなものかを聞き出し，それに準じて修正を行うべきところは修正を要求すべきであろう。

　初回段階の学校システムは，基本的に儀礼的なルールを提示している。学校システムのルールの全てはまだ見えない。したがって，この段階は学校システムが主導しており，「スクールカウンセラーとの面談」という状況において誰がどのようにふるまうかにあわせて，儀礼的な範囲で対応することがジョイニングの基本姿勢となる。

学校の実務的なルールをどう把握するか

　さて，ひとたび大筋の決定がなされれば，それに準じてさまざまな行動が要請されることになる。いつ・どこに・どれだけいることが基本ルールであったか，それを把握しておかなければ，即座にルール違反の「扱いにくいスクールカウンセラー」のラベルを貼られることになる。初回の面談は儀礼的な要素が濃いが，実質的な学校システムのルールは業務に就いてから明らかになる。コンサルテーションの事例を誰がどのように決定してどのようにスクールカウンセラーに割り振っているか，初回の面談で大筋のルールが示されてはいるが，実質的にどのような手続きをとっているかは，業務に就いてからでないとわからない。

窓口担当者とのジョイニング

　窓口担当者は，教育相談担当や生徒指導担当であることが多い。スクールカウンセラーの業務内容からいえばこれらの担当者が一般的であるが，なかには学校保健委員長や養護教諭，人権・同和教育担当などである場合もある。そして，この担当者がスクールカウンセラーと学校システムとの橋渡しをする。この担当者が全ての決定事項を把握しているはずであるとしても，実質的に他の管理職など関連する教職員がこの役割を補足しようと動いている場合も少なくない。それをまず把握することである。そして，スクールカウンセラーとの窓口的役割をこの担当者が担っている以上，この担当者が全ての交渉の窓口であると理解してよい。この担当者を通じて学校システムと交渉することが今後の基本ルールとなる。

　まず，この窓口担当者の癖をつかむことが仕事のはじまりである。交渉や要請の癖を早々に把握しないと，初期段階から仕事が混乱してしまう。「……していただきたいんですが……」と語尾を濁すのか，「……して下さい」と語尾を強くするのか，「……しようと思うのですが，どうでしょう」と投げかけるのか，交渉や要請はその担当者の基本的な対人関係の持ち方が顕著に表れる部分であり，それを把握しておかないと以後の仕事が困難になる。また，スクールカウンセラーからの要望への回答も，「それについては考えておきます」と先送りになるか，「では……にします」と即断即決か，「決められないので，担当者と相談します」と保留するか，これらも担当者の権限を示し，学校システムのなかで担当者がどのような位置づけになっているかを顕著に示す指標となる。

　先送りや保留が基本であっても，この担当者との関係を良好にすることが不可欠である。いくらこの担当者に権限がないといっても，学校というシステムのなかではこの担当者が窓口の役割をするよう決められている以上，そのルールを無視して頭越しの交渉をすることは，組織のルールを無視することにつながり，結果的に学

校システムにとって危険な存在と位置づけられることになりかねない。最悪の場合，この担当者の何気ないスクールカウンセラーに関する愚痴が，その学校でのスクールカウンセラーの評価を固定することさえ少なくない。

　もしもこの担当者がスクールカウンセラーの専門業務の内容を誤解しているようなことがあれば，その誤解が，学校システムのどのルールに準じているかを把握すべきである。その担当者の誤解を解こうとしても無意味な交渉にしかならない。そのような場合，担当者に期待できるのは，学校と話すための「電話の交換台」としての役割である。

各教職員とのジョイニング

　この担当者との関係作りができた段階で，他の教職員との接点を作る必要が生じる。スクールカウンセラーとしての仕事をやりやすくするためには，学年主任や各委員会の長がこの窓口担当者とどのような関係を保っているかを把握することが次の課題となる。窓口担当者が学校の全てのことを把握しているとは考えにくい。それが学校長であれば別であるが，一般の教職員のなかから担当者が決定されたのであれば，その担当者に全権委任であっても，担当者の決定が学校システムのルールに抵触する可能性は少なくない。それを回避するために，学校システムはある程度物事の決定の権限を分散している。それを顕著にあらわしているのが各種の委員会や学年会などである。

　各委員会には，学校特有のものもあるが，一般的にほぼ同様の組織が作られている。学校が「教育」という目的を持つ共通のシステムである以上，学校システムが持つべき機能は類似している。この組織図を手に入れられれば，その学校の基本的な組織のあり方と役割分担をある程度把握できる。しかし，組織図は図式として理念的なものであって，スクールカウンセラーが対応しなければならないのは実際の組織のあり方である。

　組織の実際を把握するためには，窓口担当者と他の委員会の接点となるような話題を設定し，「委員会の担当者は誰か」，そして「委員会の目的は何か」などの情報を窓口担当者から聞き出すようにすればよい。そして，担当責任者（実質であって名称上の責任者ではない）と窓口担当者とスクールカウンセラーが日常的な場面のなかで話せるような機会を作るために，窓口担当者に質問を投げかけることである。例えば，人権・同和教育担当者が誰かを聞き出し，「この学区で特別に同和教育の推進活動を行っているところがありますか，もしくは，今年度特別な計画などはありますか」と質問してみれば，「その担当者に聞いておきます」や「その担当者に聞いてみましょうか」との返答を得ることとなる。そこで，「他にもいろいろお聞きしたいので，後

でご紹介いただけますか」と依頼すれば，職員室などで窓口担当者がその担当者をスクールカウンセラーに紹介する段階を経るであろう。そして，面前で教職員がやり取りする場面に遭遇すれば，そこでのやり取りが人権・同和教育担当者との無理のない接点作りとなる。このようなやりとりを繰り返すことによって，外部からやってきたスクールカウンセラーは，窓口担当者を介して（窓口担当者の頭越しにではなく）学校システムにおいて特定の役割を持つ教職員との接点を作ることができる。

　このような接点の作り方は，学校システムのルールに準じたジョイニングとなる。各種委員会や学年会には，形式的な階層性＝肩書きと実際の能力による階層性が併存している。この二重のルールにジョイニングするためには，この二重性がはっきり表れるような接近方法を採らなければならない。窓口担当者を介して各種委員会の責任者と接点を作り，その委員会の実質的な機能について質問を投げかけることによって，その委員会の二重性がすみやかに理解できるようになる。

　例えば，中学校や高校は教科担任制となっているため，各教科単位に委員会が存在している。しかし，その委員会の長は，必ずしもその委員会での実力や影響力を物語るものではない。定期試験の問題が誰の意見によって作成される傾向があるか，授業の内容について，その進度や教科書の選定の検討委員が誰であるかなど，委員会にとって重要と思われる役割を持つ者がその委員会の実質的な実務決定権を持っている。肩書き上の長は単に判子を押したり，他の教職員に委員会の議事を報告するだけの存在かもしれない。肩書き上の責任者をないがしろにしてはならないが，実質的な決定権がない責任者に決定を迫っても業務が滞る。組織の実質的な階層性を把握したら，スクールカウンセラーはその学校の「決定のされ方を決定するルール」を尊重する姿勢を維持する。その姿勢自体が組織へのジョイニングとなる。

　このようなアプローチによって各教職員とのジョイニングを繰り返すわけであるが，これは時間をかけて行えばよい。当然スクールカウンセラーの業務から生じる教職員との接点がこれらに先行することが多い。しかし，コンサルテーション業務に携わる場合であっても，窓口担当者を介して各教職員を紹介してもらう手続きが，最も学校システムとのジョイニングを効果的にすることは間違いない。

　スクールカウンセラーの業務は「教職員と良好な関係を作る」ことではなく，あくまでも「コンサルテーションや相談業務を遂行する」ことである。スクールカウンセラーの目的は，学校システムのなかの問題解決の指針，あるいは落としどころを見つけることである。しかしその学校システムの特性を効率的に把握するためには，やはりこのような地道な関係形成が必要だと思われる。

生きている学校システムへのジョイニング

　学校システムへのジョイニングは，これで充分というものはありえない。学校がシステムである限り，スクールカウンセラーの本来の業務であるコンサルテーションや相談活動においても，ジョイニングで明らかになったその学校システムの機能にそった振る舞いをする必要がある。例えば，学年全体でチーム体制を作った方がよい事例に遭遇した場合，担任がその学年でどのような立場にあるか，学年主任が担任とどのような関係で接触することが多いか，学年主任が管理職からどのような評価を受けているかなど，その事例ごとに考慮を必要とする。教職員集団には固有のルールがあり，そのルールに従って日常の教育活動がなされているからである。

　上記のようなチーム体制の構築は，コンサルテーションで扱うべきスクールカウンセラーの業務である。学級崩壊など，教育の保障そのものに関連する相談内容においては，児童・生徒の教育を受ける権利を保障するため，担任だけではなく，学年や教科単位で，また管理職も協力して学級経営にかかわりを持ち始める。教職員間の連携であるが，このことが有効な問題解決につながるのであればよいが，意図とはまったく反対に担任の自責の念を助長するように機能することが多い。

　例えば「善意によるアドバイス」は，日頃明確にされない教職員間のルールを表面化させるものであることが多く，そこには感情的なもつれを誘発する因子がさまざまに存在している。つまり連携においては，明確にされない学校システムのルールが感情的に表面化し，方針の検討が感情的な視点からなされかねない。コンサルテーションではこのような視点を分離すべきであるが，その場合も学校システムのルールに抵触してはならない。教育の現場において，善意に基づく行為であることを誤解されることは感情的な反発を生むため，必ず善意を意図した行為は善意として受け止めることから始めなければならない。

　それ以外のコンサルテーション業務や相談業務でも，やはり学校システムのルールに抵触する可能性があれば，慎重に対処を考えるべきである。たとえスクールカウンセラーが学校システム全体のルールを変えようと意図して介入したとしても，たいていは個別の相談ケースに拘束された対応となっているため，「スクールカウンセラーは考え方が甘い」という評価を助長することにつながる。場合によってはその事例での目的達成を諦めなければならなくなることもある。

　また，ジョイニングによって理解した学校システムのルールは時間経過とともに変化していくため，その機能の変化を追跡し修正を加える必要がある。たとえば，新学期に他校から赴任してきた教職員を含む学校システムにジョイニングしたとして，赴任してきた教職員は，その時点ではこの学校システムに溶け込むために，あ

えてほかの教職員と歩調を合わせる振りをしていた可能性がある。「振り」というと誤解を招くが，最初は誰がどのような動き方をするのかよくわからないのはスクールカウンセラーも教職員も同様で，そのような状況では周囲の教職員の動きに合わせて動く傾向があるが，時間が経過するにつれて，発言の仕方や行動にその教職員なりのやり方や他校での経験が持ち込まれ，学校システムのルールに影響を与え始める。ルールは日々再構築されており，理解とジョイニングの更新を忘れば業務にかかわる大きな変化を見逃すことになる。やはり慎重なジョイニングを欠かすわけにはいかない。

学校システムは常に変化・変貌を続けるものである。教職員だけでなく，児童・生徒もその変化に影響を与える。学校システムは生きているシステムであり，スクールカウンセラーもその変化と無縁でいることは許されない。

役割を明らかにするための話題設定

学校システムとのジョイニングを行うための最大の武器は，「話題」である。かつて学校に通ったわれわれの経験から想像する学校の機能は全体の一部でしかないが，学校の機能の全体を正確に推論し列挙することにはあまり意味がない。スクールカウンセラーが業務遂行上必要なその学校の機能とルールを把握する近道は，教職員間の実際の相互関係を観察する機会を得ることであり，その方法が「話題設定」である。

「話題設定」とは，「回答の範囲を明確に限定する質問」である。たとえば，高校生レポーターがインタビューの相手に「どうですか？」と質問したりする。これは質問ではないし，聞かれた側が最も困る質問である。この場合，回答する側が状況＝話題を判断し回答しなければならない。訓練されたアナウンサーや芸能レポーターは，「○○は××ですが，今のお考えをお聞かせください」と質問する。これは，「○○は××であるという前提について自分の考えを述べよ」と質問する側が話題を設定し，答える側の回答を限定する質問であり，一般的には答えやすい質問となる。

「話題設定」とは，前提を明確に示すことである。学校システムの実際の相互関係を再現するためには，たとえば生徒指導担当者に「この学校の生徒指導の規定はどうなっていますか」と質問し，「喫煙についての処分や指導の具体的な指針はありますか」とつなげば，答えやすい内容の話題となる。もちろん理科委員会の委員長に同様に尋ねても「わかりません」と回答されるし，そう回答される文脈ができている。理想はどうあれ，学校システムの一員であっても全てのルールを把握しているわけではなく，自分が活動する委員会やそれに関連した規定以外は知らないことがほとんどである。したがって，まずは役割とつながりのある話題を提示する。

ある役割の概要は各委員レベルでも把握しているが，過去の具体例や複雑な案件の処理経験は，それを担った人でないと即答はできない。担当者の役割の概要を把握するような話題設定をした後に，少し複雑な内容の質問をしてみると，その担当者のその役割に関する実力が計れる。たとえば生徒指導担当者と指導要綱についての話題を重ねながら，「ところで，現在の指導方針はいつ頃から明確化されるようになったのですか？」と尋ねてみればよい。その規定の歴史的背景や，その規定に至る学校が辿ってきた経緯について把握している担当者は優秀である。役割の概要について質問し，徐々に突っ込んだ質問によってその担当者の影響力を把握していく。その担当者が答えられない場合，誰なら知っていると答えたり，別の担当者に話題を振ったりと，それがまさに日常的なそのサブシステムの問題処理のルールを示すことになる。スクールカウンセラーは，その流れに合わせて再びジョイニングを続ければよい。その委員会というサブシステム内の機能へのジョイニングである。

　重要なのはルールの存在を知ることであり，ルールについて判断することではない。間違っても学校内のルールについて自分の判断を述べるような暴挙はしてはならない。ジョイニングはあくまでもシステムに接近する方法であって，システムを評価することが目的ではなく，システムに接近する際に良し悪しを持ち込んではならない。その学校が変化を求めてスクールカウンセラーを招聘し，学校の運営に対するスクールカウンセラーの意見を求めている場合以外は，特に学校システムと関係を作り始めたばかりのうちは，学校組織のあり方への評価をコメントするのは避けるべきである。

　また，話題設定で重要なのはその「内容」ではない。「重要な話題」を設定する必要はなく，その話題が「誰にどのように引き継がれていったか」が重要である。ジョイニングの一環として話題設定する際に，スクールカウンセラーが配慮すべきはその話題のつながりである。つまり，ある学校システムが「スクールカウンセラーの質問という問題」を解消していく過程が，続くジョイニングのために必要な情報を提供してくれるのである。学校システムへのジョイニングが成功するか否かは「内容」より「状況」を重視できるかにかかっている。

学校システムの特性へのジョイニングと介入

学校＝教育システムの特性

　学校という組織は，「教育」を目的としたシステムである。一方，多くのスクールカウンセラーは「心理臨床」の世界に属しており，「教育」の世界をあまりにも知らな

い。「心理臨床」の専門性は学校というシステムにそのまま持ち込むことはできない。
　ジョイニングとは，いわば「郷に入らば，郷に従え」ということである。心理臨床の世界の常識は，一般社会の常識とずいぶん異なる特殊なものである。また，教育の世界の常識も同様に特殊である。
　例えば，教育の世界の暴力事件は，児童・生徒間であれ，児童・生徒と教職員間であれ，直接社会的な事件として扱われることはまずあり得ない。こうした事件を教育の文脈に位置づけようという意図が働く。一般社会では暴行や恐喝とみなされる事件が起きても，そもそも義務教育期間であれば放校処分など存在しないし，警察などの公的問題処理機関も介入しない。学校に可能なのは「さらなる教育」であり，暴力事件も教育問題の一環として処理しようとする。
　これは教育以外の世界から見るとやはり特殊である。仮にスクールカウンセラーが，面談中に児童・生徒から暴行された場合，教職員と同様の判断基準が適用されることとなる。一般社会の常識を持ち出して，スクールカウンセラーが「被害を訴える」ことは，「教育」を目的に活動が編成されている学校という場においては，やはり特異な行動として受け取られる。スクールカウンセラーも学校職員の一員である以上「教育」の世界のルールに準じた言動を期待される。
　また，例えば不登校のコンサルテーションや相談において，「登校を促す」という意見は議論を呼ぶものとなりかねない。教育の世界は児童・生徒の人権と主体性を一般社会よりも慎重に扱う。不登校の児童・生徒に登校を促すことは，「本人の意図に反する行為の強要」と受け取られ，結果的に「教育理念に反する行為」と理解されることも少なくない。他方，「登校を促さない」という意見も議論となることがある。教育の世界の現場主義的な発想では，「登校は教育の一環である」という風潮がある。登校を促さないのは教育の放棄であり，「登校を促す」ことが「教育的な解決策」として暗黙の前提となっていることがある。児童・生徒の人権と主体性の尊重と，登校を促し「児童・生徒の教育を受ける権利を保証すること」は，どちらも学校システムの目的である教育のルールなのである。
　こういった矛盾は学校システムがかかえる矛盾のほんの一部である。外部の視点からは矛盾しているように見えるが，教育という目標の純粋さや清廉潔白さと，学校システムのときに矛盾をはらむ実際の動きは併存しており，その社会的存在意義に応じた特殊性と，組織の機能性のための便宜からくる特殊性が混在している。その是非を問うことはスクールカウンセラーに求められていることではないが，こうした学校システムという社会システムの特性と，こうした特性がそれぞれの学校において，またはその学校のサブシステムにおいて決定の指針として位置づけられてい

ることを理解しておく必要がある。

　さらに，人が関わるシステムである以上，学校システムにおいて教育という主要な目標以外の価値観で動く者もおり，「組織の人間関係」として学校現場にもさまざまな立場に裏づけられた視点が混在している。スクールカウンセラーが対応するのはそのような世界である。再度強調しておけば，スクールカウンセラーのよってたつ「心理臨床の世界」も特殊な世界であり，内部に矛盾を抱えている。それぞれに矛盾を抱えた二つの世界を股に掛けねばならないスクールカウンセラーは，まさに自己と組織のそれぞれの矛盾を内包できるように振る舞わなければならないのである。

「神話」をどう扱うか

　各学校はその学校システムの歴史的経緯によって拘束されている。拘束といえばおおげさかもしれないが，たとえばその地域の名門校であったこと，その地域の特定の活動の拠点であったこと，著名人を輩出したこと，地域から学校に特定の要望が続いてきたことなど，さまざまな歴史的経緯が学校の決定に影響を与える「神話」を構成している。

　肯定的な神話は公表され，常に参照される「伝統」となる傾向があり，否定的な神話は公開されず，教職員のなかで密かに伝承され続ける。それゆえ否定的な神話をスクールカウンセラーが把握するのは困難である。神話は学校システムのルールにその影響を残していることがある。校歌や校則のなかに残されているかもしれないし，各種の学校行事のなかに溶け込んで，学校の文化になっているものもある。特定の場面で学校長はじめ管理職だけが想起する神話もある。こうした神話が学校システムのなかで大きな影響力を持つことがある。

　こうした神話には，積極的に利用可能なものもある。肯定的な神話は学校システムとのジョイニングの話題設定として利用できる。こうした肯定的で公開できる神話は，学校の特徴として一貫して語られることが多く，聞き逃してはならない。神話の全体像を把握しようと努め，積極的に傾聴すること自体が学校システムへのジョイニングとなる。こうした肯定的な神話は教職員にも共有されており，その学校の「誇り」として位置づけられていることが多いからである。

　一部の否定的な神話は，形骸化しても学校システムのルールを拘束し続けることがある。学校システムもその神話が形骸化して意味がないことを認識しており，一部の教職員を密かに結びつけるだけのものになっていることがある。いずれは形骸化した神話によって拘束されたルールを再検討することもあるだろうが，スクールカウンセラーの立場でそれを指摘したり，改変を迫ることは避けるべきである。神

話が有用か無用かは短時間では見極められず，日々の学校システムの動きにおいては意味がないように見えて，スクールカウンセラーが知らない特定の状況では重要になることがある。

学校システムの神話に対して，スクールカウンセラーは尊重が基本であり，業務上の介入が神話に抵触する場合は慎重に検討する必要がある。心理臨床の世界のことを考えてみればよい。自らが属する心理臨床の伝統を「非現実的」と否定されれば，そういった意見も頭では理解できたとしても感情的なしこりは残るのである。

学校システムにスクールカウンセラーを位置づける

さて，日本では「スクールカウンセラー」の導入によって，ようやく人々が日常的に心理臨床家と接する機会が設けられたと言っても過言ではない。しかし欧米のように長い歴史を経て心理臨床家が社会的に認知されてきたわけではなく，「スクールカウンセラー」は知っていても，教師や医師や弁護士のように役割をイメージできる人は少ない。スクールカウンセラーの役割が社会的にも専門的にもまだまだ明確でない以上，まず現段階ではそれぞれが学校システムのなかで試行錯誤を繰り返していく必要がある。

学校システムがさまざまなルールを持つのは，社会集団としてさまざまな機能を満たす必要があるためである。たとえば学校システムには，教育相談という心理臨床家の専門領域に類似する機能がある。現在の社会情勢では，たとえば企業は社員の福利厚生業務を社内で行うのではなく外注し始めている。主要な業務に資源を集中し，福利厚生は専門家に外注することで充実を図る意図がある。スクールカウンセラーの導入も，ある意味で複数の機能を抱えもっていた学校システムのスリム化の傾向を示している。

しかし一方で，学校システムは排他的なシステムでもある。排他的というより，むしろ慎重すぎる組織と言った方が正確である。それは「教育」という目標に付随する特殊な価値観や文化など，学校システム内部で蓄積してきたノウハウを外部の者が共有するのは難しいという自覚が，学校システムにもあるからである。

学校の世界に敵対するスクールカウンセラーは生き残れるはずもない。スクールカウンセラーが学校の「敵」とみなされることがあるとすれば，多くの場合「組織とのつきあい方を知らない」からではないかと思われる。伝統的に組織よりも個人を重視するという一面は，心理臨床という特殊な世界の最大のウィークポイントである。しかし，時代はそんなわがままを許さない状態であり，学校システムと上手に

つきあえる心理臨床家が必要とされている。

　そのためにもまず必要なことは，学校がシステムとして成立しているという視点を持ち，学校組織へのジョイニングによって学校システムに参加し，スクールカウンセラーに対する過小・過剰な期待のそれぞれを払拭して，期待と実際の業務が呼応するような適切な関係を築くことである。そういった地道な作業を通して，学校という空間における心理臨床家の位置を明確にしていく必要がある。

文献

東豊（1993）．セラピスト入門——システムズアプローチへの招待．日本評論社．
Minuchin, S.(1974). Family and Family Therapy.（山根常男監訳（1984）．家族と家族療法，誠信書房）
吉川悟（1993）．家族療法——システムズアプローチの〈ものの見方〉．ミネルヴァ書房．

第Ⅰ部 学校というシステムに参加する──「ジョイニング」について

CASE

学校の見えないルールの把握

田中 智之

はじめに

　システムズアプローチでは，互いに関連し合うある秩序を持ったまとまりをシステムとして捉える。例えば，主に血縁関係などを基本とした複数の個人の集まりを家族システムと呼び，一つのまとまりを持つシステムとして捉える。この家族システムは，さらにまとまりを細分化して捉えることが可能であり，例えば，家族システム内の兄弟姉妹間の子どもとしてのまとまりを一つのシステムとして捉えることも，夫婦をひとまとまりとして夫婦システムと捉えることもできる。このようにあるシステム内にはいくつものシステムが存在し，そのシステムを包括する複数のシステムがある。ある秩序を持ったまとまりであるシステムは，階層的に無数に規定することが可能である。

　スクールカウンセラーが勤務する学校もまた，システムとして捉えることができる。学校全体を一つの組織システムとして見ることも可能であるし，各学年を一つのシステムとして捉えることもできる。システムズアプローチでは，システムにアクセスする際にジョイニングという技法を用いる。システムはある秩序を持ったまとまりであるから，外からそのなかに入るには，その秩序に合わせた振る舞いが必要であり，システムに「入れてもらう」ためには，複数を対象とした関係性構築の方法論であるジョイニングを用いることとなる。学校がさまざまなシステムからなる一つの組織であるからには，学校現場に出向くスクールカウンセラーは，学校組織へのジョイニングが不可欠である。学校へのジョイニングは，学校に最初にアクセスするときから，勤務校が決まり，担当者に初めて連絡を取り，勤務日程を調整する段階から始まっている。電話に出る人物は誰か，スクールカウンセラーとして自己紹

介すると，誰に・どんなふうにつながれるのかなど，外からの来談者や訪問者への具体的な対応や，その流れが学校の暗黙のルールとなっているかなど，これら基本的な学校のルールを注意して観察する必要がある。また，学校システムには相談業務に関わる問題解決のシステムも存在しており，これらは実際にケースを担当した際に明らかになることが多い。いずれにせよ，校内のメンバーと関わりながら，明示されたルールと同時に暗黙のルールを把握することが，ジョイニングを行ううえでもまた学校の一員として動いていくためにも必要となる。

本項では事例をもとに，学校組織へのジョイニングの観点から考察してみたい。

事例 A

事例 A は，スクールカウンセラーが勤務しはじめてすぐに関わることになった不登校のケースである。母親からの依頼によってカウンセリングが急遽設定された。主訴は娘の不登校についてである。IP（中学 2 年女子）は 4 月の新学期に仲の良かった友人とクラス替えで同じクラスになれず，クラスでの緊張感が高まったことをきっかけに学校に行けなくなり，始業式に出席して以来 4 月は全欠状態となっていた。母親も当初は，そのうち学校に行き始めるだろうと見守っていたが，一週間が過ぎても IP が動き出せないことから登校を促したところ，腹痛・頭痛を訴えるようになり，それでも無理に行かせようとした結果，IP が嘔吐するなどしたため医療機関を受診した。精神的な要因が大きいと言われ，本人のカウンセリングを勧められたが IP が頑なに嫌がったため，どうしてよいかわからなくなった母親が，養護教諭を通じてスクールカウンセリングを申し込んだ。

初回面接で，母親は自身の対応を責めていた。スクールカウンセラーは母親の対応をそうせざるを得なかったとリフレイミングし，今後対応を検討していくことを決めた。IP は朝は時間通りに起きられず，頭痛と腹痛を訴え，布団から出ることができない。そのまま昼をむかえ腹痛はマシにはなるものの，学校に行けなかった罪悪感が募り，夜に翌日の登校について考えるも，クラスのことを考えると不安が高まり，なかなか寝つけず，午前 2 時から 3 時まで起きていることもしばしば。母親は登校については本人に任せており，朝起こす以外は特に働きかけていない。小学校高学年の頃にも夏休み明けに一週間ほど休んだことがあり，そのときには，友人が家まで迎えに来てくれて登校することができたとのこと。母親は，今回もクラスの友人が本人に声をかけてくれないかと話した。

スクールカウンセラーと母親は，まず生活習慣を整えることから取りかかることを

決め，ここから最低一週間は休みを取って，IPの生活習慣を整えることとした。そのうえでクラスの友人が声をかけてくれるかどうか，スクールカウンセラーが確認しておくこととした。

母親面接の後，スクールカウンセラーはコーディネーターである養護教諭から「担任と話してもらえましたか？」と聞かれたため，直接担任と相談してよいか確認したところ，母親面接のことはスクールカウンセラーから話があると事前に伝えてあるとのことだった。担任にケースの詳細を報告すると，担任曰くクラスにIPが知っている顔が何人かおり，その生徒に声をかけてもらえそうか担任から確認を取ってみるとのことだった。また，一週間休みを取ることに担任は賛成だが，学年主任にも確認を取るとのことであった。恐らく問題ないが，学年主任も了解の場合は，担任からIPの家に電話で伝えてもらうことになった。

2回目の母親面接で，IPは一週間休みを取ったことで学校について考えることが減り，寝つきが少しよくなって，だいたい決まった時間に起きることができていたとのこと。顔見知りの友人から声をかけてもらうことも決まったため，母親とどのタイミングで声をかけてもらうか相談し，以前と同じく前日の夕方と翌日の朝に誘ってもらうことにした。

その後，何回か友人に誘われ登校できたIPは，クラスにもしだいに慣れ始めた。

小考察

事例Aでは，ケースへの関わりから見えてくる学校組織のさまざまなルールがあった。まず，この学校では，ケースの報告はスクールカウンセラーが直接担任に行うというルールがコーディネーターである養護教諭により設定されていた。また，重要な決定事項については学年主任の許可を得るなど実務的なルールが見てとれた。これらは黙っていては見えない場合もあり，今回のように質問することにより明らかになる場合がある。例えば，ケースの報告について，スクールカウンセラーと学校の接点となるコーディネーターに確認し，直接担任に報告に行っても問題ないことがわかった。ほかにも，保護者に何らかの事項を伝えるとき，スクールカウンセラーではなく担任から伝えるというルールが存在していることがわかる。これも同様に，担任へのスクールカウンセラーの質問によって明らかとなった。このように，目の前の接点を持った人から広げていくようなイメージで，学校のルールや暗黙の了解を把握していくことが重要となる。

事例 B

　事例 B は，前任カウンセラーからの引き継ぎケースであり，勤務して最初に依頼されたケースである。コーディネーターであるベテランの養護教諭（50 代女性）からの依頼で，X 年 6 月に IP（小学 4 年男子）との面接が設定される。学校側の主訴は IP の学校での問題行動であり，前年度は授業中注意散漫で指示が入りにくく，注意されると暴言や手が出るなど，エスカレーションすると手がつけられない状態とのことであった。また，クラスのほかの生徒とも衝突があり，トラブルになるとそれによって切り替えができず，一日中引きずるためさらに注意力を欠き，それがまた周囲との軋轢を生むという悪循環となり，昨年度より前任者が IP とのカウンセリングを実施していた。新年度に 40 代男性の担任に代わり，IP の授業中の暴言などは少なくなったが，授業中に椅子で遊んだり手遊びをしたりと注意散漫な様子は変わらず，担任が注意すると反論し，さらに注意されると暴言や拗ねて何もしなくなるなどの行動が見られた。授業中に IP がこうなってしまうとどうしようもないので，教務主任（40 代男性）が IP を教室から連れ出して個別に指導することがある。IP は悪態をつきながらも多少は授業に取り組む様子が見られた。校長は，IP が落ち着かないと学校全体が落ち着かないとのことで気をもんでいた。新しい担任は今年度近くの小学校から着任したばかりで，前任校でも問題児がいるクラス担任をしており，校長からも絶大な信頼を得ている。

　初回面接は，担任に連れられ IP が相談室に来談し，20～30 分程度，日常的な話題を中心に話した。今後は定期的に IP と日常的な会話をするということで了承を得て面接を継続することになった。以後 IP との面接では，主に IP が好きなゲームの話題で話が進んだ。

　また，IP との面接後には，相談室で養護教諭のコーディネートにより担任・教務主任・スクールカウンセラーの 4 名でコンサルテーションの場が設定されている。表向きの場の進行は養護教諭が行い，まず担任から現状の様子の報告があり，次に教務主任から見た IP の様子が報告される。最後に，それをふまえてスクールカウンセラーが発言するという流れで毎回のコンサルテーションは進んだ。担任の報告では，IP との関係構築はもちろん，家庭訪問を行い家庭との関係構築に努めているとのこと。また，IP にメリハリを持たせるために枠入れを行い働きかけているが，一度機嫌が悪くなると切り替えがきかず，暴言を吐くことがあり，IP もある程度周囲に合わせて動きたいという意欲はあるように受け取れるものの，行動がまだまだ伴っていないと担任は話した。さらに，IP とクラスの間のトラブルを軽減するために，

担任はIPをクラス全体で見守っていくような雰囲気を作り上げ，クラスのIPへの働きかけの変化を意図していた。教務主任は，IPが以前よりも落ち着いているのは担任の対応によるところが大きいと話し，そのうえでIPの悪態や，やる気のない態度にどう対応していくかを考える必要があると話した。スクールカウンセラーはこれらを受け，IPの様子が少し変わったのは，担任の働きかけがうまくいっているからだろうと担任の対応を全面的に支持した。今後の対応については，担任から対応案を引き出し，担任がIPに注意する際の働きかけ方に変化を起こすことを試みた。

一か月後の2回目のコンサルテーションで，担任からは，IPは注意されずともある程度集中して授業に取り組めるようになり，暴言は圧倒的に減ったと報告された。むしろ切り替えが早くなり，怒ってもその後引きずらないことが多くなった。またIPとクラスのトラブルも減り，IPは周囲から関わられることがうれしいようで，クラス内での人間関係も安定した。

小考察

事例Bでは，スクールカウンセラーとケースの接点はコーディネーターである養護教諭であった。ケースを依頼するルートの一つとして，養護教諭が直接スクールカウンセラーに依頼するというルートがあり，これは学校の実務的なルールと考えられる。また，スクールカウンセラーが直接ケースに関わると同時に，ケースに関わる主な関係者を集め話し合いを行うというルールも存在している。コーディネーターである養護教諭が設定役であるため，基本的にはそれに従っていればよいことになるが，この事例の場合は注意が必要である。それは，担任の権限である。担任は，着任したてではあるものの，前任校での実績と本校着任後の位置づけを考えれば，明らかに問題を解決することを期待されて招かれており，実際に問題に対応して一定の成果を上げている。事前情報では，校長はこのケースの問題行動を学校全体の最重要事項と考えており，その解決のために投入された新しい担任は本ケースにおいて相当の権限が与えられている可能性があると考えてよい。スクールカウンセラーはこの暗黙の了解を見抜く必要がある。ここでは養護教諭のように，スクールカウンセラーは専門家として動くよりも，すでにある暗黙の了解に則って動くことが重要である。つまり，担任の主導権を奪わずに，スクールカウンセラーとしての発言を調整し，それぞれのルールに則って対応することが必要となる。

まとめ

　学校組織にはそれぞれ独自のルールが存在する。スクールカウンセラーが学校組織の一員となるためには，そのルールを見抜きそれに則って動くことが必要となる。それが組織へのジョイニングであり，組織に参加する方法である。組織のルールや暗黙の了解はケースを担当する際に明らかになることも多い。ケースの割り振りや，ケースを糸口として接点が生まれたメンバーを観察しながらルールを特定し，そのルールに抵触しないように動くことを心がける。

　事例Aでは，ケースを介して接点を持った組織のメンバーとのやりとりを基本として，ジョイニングを行いながらその周囲に関係を広げ，さらにジョイニングを行いながら徐々に関わるシステムを増やしていき，スクールカウンセラーが業務上ふまえておくべき組織のルールや暗黙の了解の一端を把握できた。この繰り返しにより，システムの全体像に近づいていくことになる。

　事例Bのように，ケースの背景に特定の経緯と事情があると，アプローチを誤れば組織へのジョイニングに失敗する可能性がある。事前情報やその場のメンバー間のやりとりを観察し，抵触してはならないルールを特定しなければならない。また初期に割り振られたケースの対応は，学校組織へのジョイニングを左右することがある。誤解を恐れずに言えば，ケースの問題解決よりも，ケースを通してシステムにジョイニングすることのほうが重要となる場合がある。

　スクールカウンセラーは，学校組織と対立しながらではケースに対する責任を果たすことはできない。ケースを取り巻く問題解決のシステムに適切に参加し有効に活用することのほうが，職務上重要度が高いと言えるかもしれない。

文献
吉川悟（1993）．家族療法——システムズアプローチの〈ものの見方〉．ミネルヴァ書房．
吉川悟・東豊（2001）．システムズアプローチによる家族療法のすすめ方．ミネルヴァ書房．

第I部 学校というシステムに参加する——「ジョイニング」について

第3章
ジョイニングの失敗

志田 望

はじめに

　システムズアプローチはジョイニングに始まる（吉川, 1993, 2004, 東, 1993, 2010）。ジョイニングとは，家族療法家が来談した家族の文化や振る舞いに合わせることで，治療を行うための前提を作るものである（Minuchin, 1973）。吉川ら（1999）は，家族面接におけるジョイニングの適応範囲を広げ，学校組織の文化や振る舞いへのジョイニングについて解説した。

　ここでは，学校に赴任したスクールカウンセラーが遭遇するジョイニングの失敗について考える。また，その失敗が起きてしまったときに，どのように修正すべきかについても検討する。

ジョイニングの失敗とその修正について

　学校組織へのジョイニングは，ともに勤務する教師たちの文化や振る舞いに参加することであるが，それがうまくいかないことがある。そこでジョイニングの失敗について，以下では，①教師の方針との対立，②特定の教師への肩入れ，③教師の特性と背景の理解不足，④スクールカウンセラーの年齢にまつわるバイアス，の四つの視点から考えてみたい。

①教師の方針との対立

　学校に勤務するスクールカウンセラーの主な業務は，「児童・生徒や保護者との面接」と「教師たちへのコンサルテーション」である。児童・生徒や保護者との面接

も，スクールカウンセラーひとりの仕事ではなく，面接を行った児童・生徒の担任や学年主任とのやりとり，生徒指導や教育相談の会議など，教師たちと情報を共有し連携しながら進めていく必要がある。

　その際，スクールカウンセラーが行った児童・生徒のアセスメントと教師の意見が異なったり，対立することがある。職員同士の意見の相違はもちろん学校現場に限った話ではなく，社会人として活動する以上むしろ起きないほうが珍しい。しかし，こういった意見の相違によって，スクールカウンセラーと教員の関係が悪化することは少なくない。例えば不登校の生徒について，スクールカウンセラーは生徒と保護者と面接し，家族の相互作用について仮説を設定し説明するが，担任は不登校までの生徒の様子から，学習の困難感や生徒指導上の問題に原因を求めるかもしれない。相手の意見を一方的に否定するような対応は論外だが，結果的にスクールカウンセラーが教師側の意見を否定する文脈ができたり，スクールカウンセラーの意見を押しつける形になってしまうと，教師側の生徒対応へのモチベーションが低下したり，スクールカウンセラーへの否定的な印象を形成してしまう可能性がある。場合によっては必要な連携が行えなくなったり，最悪の場合スクールカウンセラーが学校で孤立してしまうこともある。

　意見の相違が業務に支障をきたす原因として，スクールカウンセラーの情報収集不足が考えられる。システムズアプローチにおいては，問題とされているIPとその関係者が形成するシステムをセラピストが決定し，それに応じた対象システムの相互作用を仮説設定し，働きかけを行う（吉川，1993，東，2010）。多くの場合，スクールカウンセラーは1〜2週間に一度，数時間の勤務形態であるため，毎日何十人もの生徒に対応している教師と比較して得ることのできる情報の質と量が異なるのは当然である。前述の例で言えば，スクールカウンセラーは仮説設定の対象を児童・生徒の家族システムのみに限定しており，学校システムという視点が含まれていない。つまり，自分が面接を行った生徒や保護者の相互作用だけを考慮に入れる形になっており，目の前にいる教師が行っていた生徒への働きかけという情報を組み込めていないのである。特に，スクールカウンセラーが大学の相談室や心療内科など，本人とその家族だけの面接構造に慣れている場合は注意が必要である。

　また，複数の事例に対応する場合，心理臨床の前提としてスクールカウンセラーはそれぞれの事例に合った方針で関わることになるが，教師からはスクールカウンセラーの対応の妥当性について疑義を示されたり，一貫性のなさについて問われたりする場合がある。こういった例はスクールカウンセラーから教師への報告や説明が足りない場合に起こるが，それがエスカレートすると，教師が独自に働きかけを

始めたり，スクールカウンセラーの対応に協力が得られず，膠着が起きたりする。

　スクールカウンセラーは，限られた勤務時間のなかで結果を出そうと対応を焦る場合もあるかもしれない。しかし教師の意見や見立ての根拠となる情報を共有するというやりとりを行ったうえで，対応を考慮しても遅くはないだろう。吉川（1999）は，システムズ・コンサルテーションには視野の広さが必要であると述べているが，学校現場では特に，協働する教師との関係を考慮し，自らの情報収集が不十分になっていないかチェックが必要になる。

②特定の教師への肩入れ

　ジョイニングは学校システムへの参加を目指すものであるため，何も考えず特定の教師に肩入れするのは問題になる可能性がある。しかし，結果的に肩入れとみなされてしまうことがあり，それもジョイニングの失敗といえる。

　教師によって教育・指導方針が異なることはよくあることだが，教職員のなかでその違いが相違にとどまらず対立構造になっている場合がある。スクールカウンセラーは何らかの仮説や意図を持ってそれぞれの生徒への支援に関わることになるが，その仮説や意図が特定の教師の教育・指導方針に近い場合，その教師に同調する立場とみなされ，教職員の間の教育・指導方針の対立にスクールカウンセラーも巻き込まれることがある。そのことを意識できていればそれぞれの教師との関係調整が可能だが，そうでない場合，気づかないうちに対立構造を助長してしまう危険性がある。

　また，教育・指導方針の相違だけでなく，教師同士の人間関係が何らかの理由で良好でない場合，職員室などで特定の教師と仲良く話すこと自体が，ある教師へのジョイニングの失敗になり得る。特にスクールカウンセラーは，ほかの教師たちへの窓口となるスクールカウンセラーコーディネーターの職員と関係を作ることが必須になるが，そのコーディネーターとほかの教師との関係に目を配っておく必要がある。スクールカウンセラーがコーディネーターの教師と職員室で会話をしているときに，ほかの教師がこちらを全く見てこなかったり，その場を頻繁に外したりするなどの行動が見られた場合，関係性が良好ではないことを疑ってもよいかもしれない。なんとも暗くなるような話ではあるが，現実に起こりうることであるので，注意が必要である。

　家族面接においては，セラピストのどんな発言で，どの家族メンバーとの距離が近づき，または離れるかを意識することの重要性が強調されてきたが（吉川, 2006, 東, 2013），学校組織でも同様のことが言える。学校の教師全員の考えを把握し，すべて

に応じることは不可能であるが，スクールカウンセラーが自分の考えを学校現場で主張したり，特定の教師とやりとりを行うときには，それを聞いている第三者への影響を考慮することが重要である。システムズアプローチの考え方で言えば，メタ・ポジションに立ち，俯瞰的に自分が周囲に与えている影響を振り返ることと言えるかもしれない。

③教師の特性と背景の理解不足

　スクールカウンセラーがさまざまな背景を持つのと同様に，教師の背景も十人十色である。ある教師は，初めてのクラス担任で児童・生徒の対応に困難を感じており感情的になりやすい。ある教師は，特別支援の経験も発達障がいに関する知識も豊富で，児童・生徒の見立てに自信がある。さらにある教師は，体育会系の生徒指導担当で反抗的な生徒の対応は得意だが，もの静かでおとなしい生徒の対応にとまどっている。

　それぞれの教師に個別性が存在するのは当然のことであるが，勤務時間が限られたスクールカウンセラーは，そういった教師の背景を知る機会が少ない。そのため，状況依存的な教師の発言や児童・生徒への対応だけを観察し，情報として仮説に組み入れてしまう可能性がある。そうなると，スクールカウンセラーは「生徒の状況に無理解な教師」「柔軟な考え方ができない教師」など，否定的な枠組みを持ちやすくなり，教師とのやりとりにズレが生じたり，教師とのやりとりそのものを回避してしまう危険性が生じる。連携が難しくなりケースへの対応にも影響が及ぶのは想像に難くない。

　また，スクールカウンセラーとの関係では，頼まなくても学校で起きていることをあれこれ説明してくれて，積極的に児童・生徒対応への連携を申し出てくれる「世話焼き」な教師もいれば，挨拶だけでスクールカウンセラーの仕事には関わらない姿勢の教師もいる。例えば，スクールカウンセラーが赴任したときはコーディネーターはじめ積極的にスクールカウンセラーに関わってくれる教師たちがおり，自発的な働きかけがなくとも連携が行えたが，次年度その教師たちが転勤してしまい，新たに関わる教師たちは多忙で，スクールカウンセラー側から接点を作らなければ情報が得られなくなるという状況は学校では頻繁にありうる。このような状況の変化は常に把握しなければならない。

　教師たちの特性や背景の理解は，学校システムのなかで対人援助を行う際の文脈を形成する。身動きが取れなくなる前に，教師たちとの日常的な挨拶は当然のこと，空き時間や飲み会などで，大学時代のサークル活動や趣味の話，仲のよい教師に別

の教師について質問するなど，他愛のない話からも，ともに連携を行う人としての教師の背景の理解につとめることが必要である。

④スクールカウンセラーの年齢にまつわるバイアス

スクールカウンセラーが学校に配属されるまでの経緯は，大学院の修士課程を修了してすぐに配属される場合，数年間医療や福祉などほかの職場で勤務したあとに配属される場合，教師を退職したあと学校心理士として配属される場合などさまざまである。ここでは，スクールカウンセラーが若年者の場合と年輩者の場合において，想定されるジョイニングの失敗について論じる。

大学院を修了したばかりの若いスクールカウンセラーは，現場経験の浅さや，心理職として専門性を発揮しなければならないという気負いから，教師とのやりとりのなかで衝突が生じる場合がある。例えば，スクールカウンセラーが自分の能力を過信している場合，同年代の教師の生徒対応にもどかしさを感じたり，意図せず年長の教師への態度が高圧的になることがある。その場合，教師が「若造」であるスクールカウンセラーの振る舞いに悪い印象を持つのは当然だろう。会話しているときに教師側に笑顔がなかったり，挨拶をしてもらえなくなるなどのサインがあることが多いが，スクールカウンセラーの児童・生徒対応への反対意見を直接・間接に示されることもある。その結果，スクールカウンセラーと教師双方が否定的な感情を強め，さらに連携が難しくなる悪循環に陥る可能性がある。そうなると，やりとり自体が回避されて支援業務に支障をきたす。経験の浅いスクールカウンセラーは，「この事態は教師側の問題」という枠組みを持ってしまい，さらにそれが「仕事がしにくい困難な職場」という枠組みに発展すれば，状況を改善しようという意図も働きにくくなってしまうかもしれない。

一方，年輩のスクールカウンセラーは，教師から実際の臨床経験にかかわらず相応の経験者として扱われる傾向にある。能力以上の期待をかけられたり，スクールカウンセラーの業務内容については一任されるが，一方で教師からは業務内容への注文が出しにくくなることがある。教師側からのスクールカウンセラーへの関わりが減ると，結果的に「近づき難い人」とみなされ，孤立せざるをえない状況になることもある。周囲からどう見られているか，スクールカウンセラーに対する周囲のバイアスを考慮して，ことあるごとに周囲に自分の能力の範囲を伝えたり，逐一教師の意見を聞くなど行動で示しながら，教師側とのやりとりを維持することが必要となる。

おわりに

　筆者の個人的なエピソードを振り返ると，初めてスクールカウンセラーとして勤務する前に，指導者や先輩スクールカウンセラーの方々から，ボサボサの髪を切るように，無頓着であった服装を整えるようにと，再三にわたり注意と指導を受けたことを思い出す。それがなければ，今頃どうなっていたのかと背筋が冷たくなる思いである。そのようなジョイニング以前の社会性の修正は当然のこととしても，特に初学者の場合は，学校の外において同業者同士で相互に指摘・修正を行えるコミュニティに身を置き，自分の対応や考え方の幅と柔軟性を向上させるという発想を持ってみてもよいのかもしれない。

　本章では，さまざまなジョイニングの失敗例について述べたが，これはほんの一例であり，勤務する学校の形態により考慮すべき点は変化する。さらに，スクールカウンセラー自身の特性も影響するため，一人であらゆる状況を想定しようとすると頭が混乱し，疲弊してしまうかもしれない。とはいえ，何の考えもなしに自分勝手に動くわけにも行かない，学校は難儀な現場である。しかし冷静に考えてみると，それが社会人として求められる普通の資質のような気もする。「職場の人間関係」は組織で働く誰にとってもしんどい難題であるが，心理臨床の専門性も組織のありかたと無関係に発揮できるものではない。システムズアプローチでは，組織へのジョイニングが臨床実践の成否に直結すると考える。

　結論として，浮世離れした「専門家」としてだけではなく，人と人とのやりとりの観察を続け，状況を読む「普通の社会人」の顔を持とうとし続けることが，ジョイニングの失敗に気づき，修正するスキルを身につけるうえで必要なことだと考えられる。

文献

Minuchin, S.（1974）. Familys & Family Therapy. Harvard University Press.
東豊（1993）. セラピスト入門，日本評論社
東豊（2010）. 家族療法の秘訣，日本評論社
東豊（2012）. DVDでわかる 家族面接のコツ1 夫婦面接編，遠見書房
吉川悟（1993）. 家族療法——システムズアプローチの〈ものの見方〉. ミネルヴァ書房.
吉川悟（2004）. セラピーをスリムにする！——ブリーフセラピー入門. 金剛出版.
吉川悟（編）（1999）. システム論からみた学校臨床. 金剛出版.

第Ⅰ部 学校というシステムに参加する――「ジョイニング」について

CASE

教育委員会・臨床心理士会とのおつきあい

吉川 悟／大平 厚

はじめに

　ここでは，スクールカウンセラーに密接に関連する教育委員会・教育事務所や臨床心理士会などの組織とのつながりについて述べる。

　まず，教育委員会はスクールカウンセラーの「雇用主」であるが，実際のところスクールカウンセラーが日常的に行う業務のなかで，「教育委員会」や「教育事務所」といった言葉を聞く機会は少ない。あるとすれば，教育委員会に勤務校へのクレームが入ったケースへの対応などが挙げられるが，そのような場合の処理過程は基本的に「学校側の対応」を考えることであるため，スクールカウンセラーが教育委員会への対応を考える機会とはなりにくい。しかしながら，学校の上位機関である教育委員会・教育事務所を視野に入れた対応は，あらゆるスクールカウンセラー業務（カウンセリング／コンサルテーション／危機介入／予防的対応など）において，その質を向上させうるヒントが隠れている視点である。

　また，スクールカウンセラー事業の支援・推進・運営には，地域によって異なるが，各地域の臨床心理士会が大きく関与してきた。多くのスクールカウンセラーは臨床心理士であるが，地域の臨床心理士会はスクールカウンセラーに研修など自己研鑽の場を提供してきた。公認心理士法の成立以降，これらがどのように変わっていくか経過を見なければならないが，職能団体である臨床心理士会がスクールカウンセラーにとって無視できる存在ではないのは明らかである。

　なお，ここで述べるのは，あくまでスクールカウンセラー業務の質を高め，選択肢をふやす際に必要となる応用的視点であることをご承知いただければ幸いである。

教育委員会について考える意味

　まず，なぜ教育委員会について考えてみようとしているか，スクールカウンセラー業務においてそれを考えることにどのような意味があるのかについて考えてみたい。

　学校との間で，職員会議への参加が業務内容に含まれるような関係ができているスクールカウンセラーにとっては当たり前のことではあるが，「学校という組織の働き方や動き方を考える際に，教育委員会への対応は教職員にとっては当然のこと」である。つまり，教育委員会が教員たちにとって重要であるために，教員と連携し協力するスクールカウンセラーにとっても重要なのである。

　教育委員会は地域における学校教育の柱に位置し，おりおりの事柄について各学校に指示を出し，学校教育全体の質の管理・維持を担う役割を果たしている。各学校は教育委員会の要請に従い，その内容を日々の業務に取り入れていく。そして，その実践の成果・結果が教育委員会にフィードバックされ，その情報や地域の情勢，世論的状況を鑑みて新たな要請が生み出され各学校に再び指示されることとなる。そのような循環のなかで，より良い教育，よりよい教育環境，よりよい指導を志向し続ける作業を学校教育の世界は繰り返している。そして，学校という組織に属する教職員には，業務にあたって教育委員会の要請に応える義務が生じ，スクールカウンセラーが日々目にする教員の動きには少なからずその影響がある。

　例えば高校生の事例。

　　クラスの対人関係に悩む女子生徒A子への対応において，スクールカウンセラーは〈A子が抱える状況の変化は，身近な教員にサポートを求めてフォローしてもらえるとよいのではないか〉と考え，A子に担任（20代／男性）の様子を訊いてみた。A子は「先生は生徒に人気があって，最近は男子とは仲が良いけど，女子にはあまり関わってくれない感じがするし，自分も今はほとんど接触がない」と語ったので，スクールカウンセラーはまず担任とA子の交流を作ることを想定した。ところが，スクールカウンセラーが担任に〈A子の辛さやサポートの必要性〉を伝え，〈1日1回，少しでよいのでA子と二人で話す時間を作る〉ようお願いすると，「それはちょっと……」と色よい返事が返ってこない。スクールカウンセラーがいかにその必要性を訴えても，担任は何かを気にしているようであり，その反応は好転しなかった。担任が躊躇しているのは確かであるが，それはA子との関係についてだけではないようだ。

さて，担任の勤務する学校では，少し前に教育委員会から通知が入っており，職員会議においてその内容について管理職より教職員一人ひとりが注意するよう強く求められていた。その通知が，若い教師が女子生徒にセクハラをしたとして逮捕された新聞記事のスクラップと，各校ごとの注意を促すものであったことをもしスクールカウンセラーが知っていたら，担任の対応も全く不思議ではない。

　その担任は，職員会議で周囲の教員から「あなたが一番若いんだから一番考えないといけない」「生徒との距離感が近いから疑いをかけられないよう注意するように」と口々に言われていた。A子も担任の変化には気づいているが，理由は知る由もない。

　スクールカウンセラーがこのような情報をタイムリーに得ることができれば，業務の精度を上げることができる。先ほどの例で，もしスクールカウンセラーが教育委員会の通知の内容を知っていれば，女子生徒と二人で話す時間を作ることに担任が躊躇していると想定でき，養護教諭や副担任がいる場での交流を提案したり，周囲の理解があるかたちでA子と関わる段取りについて話を深めていくことができたはずである。精度の高い情報を得ていることは，介入の精度に直結することもまた，システム論を用いた臨床実践においては当然のことである。

　スクールカウンセラーは自らが勤務する学校について最新の情報を得ようと努めなければならないが，教育委員会からの学校への通知は，先述した通り地域の情勢や世論の動向，事件によるものもあり，それが教職員の日常業務に影響を与えている。場合によっては学校内の動向を把握しているだけでは情報不足となることがある。

　学校内の情報と同様に，教職員の行動を規定する教育委員会など上位機関の情報もまた有用な情報となる。それらの情報は，職員会議に出ることが叶わなくとも，職員室の掲示版や職員間で回覧されている書面に目を通すことで，意外に得られるものである。

　学校で働く教職員は，書面や研修の機会を通して，教育委員会など上位の機関から一方向的に多くのタスクを与えられている。教員は知恵を出し合い，己の振る舞いを検討しながら日々の業務を試行錯誤している。スクールカウンセラーは，そのような教職員の行動を規定する構造を無視してはならない。むしろ教員に課せられたタスクを理解し，そこに加わることができれば，ただ職場をともにする以上の強固な関係を教員との間に築いていくことができるのである。

教育委員会・教育事務所とスクールカウンセラーの接点

　さて，ここから教育委員会・教育事務所とスクールカウンセラーに接点が生まれる場面を羅列し，それぞれの対応について考えていこうと思う。

採用面接・委嘱の段階

　スクールカウンセラーは地方公務員に準ずる身分となるため，最初の教育委員会との接点は採用面接である。しかし，基本的に採用面接は定型的なものであり，そこでは，最低限「まともな社会人であること」を示せばよい。一つ注意するとよいと思われるのは，心理臨床の専門を聞かれたときである。その地域では目新しいアプローチや，特殊な分野を前面に押し出すことは得策ではない。名前を覚えてもらいたいから，やる気を見せたいからと一生懸命アピールしてしまうことがあるが，正直「緊迫した状況での仕事にやりがいを感じる」場合や，「緊張度の高いケースのほうが治療効果が高い」などといった特異な性質を持っていないのであれば，能ある鷹の爪は隠すにかぎる。筆者のスクールカウンセラーとしてのキャリアは多くの困難校を抱える形で始まったが，風呂敷を畳むのはそれを広げることの何百倍も難しいことを日々の経験の中で痛感した。

　さて，正式にスクールカウンセラーとして採用されると，勤務校で委嘱状を受け取るのが普通であるが，そこに委嘱内容が簡潔に書かれている。委嘱内容はたいてい定型的なものである。しかし重大な事案のあとに内容が変更となる場合があり，その変更点に即した業務が求められる場合がある。たとえば，筆者の勤務する地域では，委嘱内容として「東日本大震災に関わる心理相談業務」が明文化されている。筆者が学校臨床に従事する地域では，いまだ東日本大震災の影響があり，震災に関連して生じた諸問題に関して，その変化に向けた働きをスクールカウンセラーが期待されている。実際のスクールカウンセラー業務でも，例えば，震災の二次的な影響として不登校が発生している場合などにその意味を考えさせられることが多い。

勤務校への指示や注意喚起への対応

　スクールカウンセラーは，教育委員会・教育事務所からの種々さまざまな要請のなかで生徒たちのために日々尽力している教員とチームを組み，変化に向け専門的援助を担っていくこととなる。そこでは，スクールカウンセラーも教員と同様に教育委員会からの指示や注意喚起を把握し，己の専門性を活かしていくための方略を考えることになる。一方で，教育委員会も教育をめぐる状況や社会情勢といった上位システムへの対応において学校への指示や注意喚起を行っている。近年は次のような事柄への指示や注意喚起が多い。

・いじめ
・体罰／指導の仕方に関するもの

- SNSにまつわる諸問題
- 信用失墜行為
- 学校評価に関する事柄

　いじめにはスクールカウンセラーは常に関心を持っているはずである。
　体罰や指導について，スクールカウンセラーが直接的に関係する場合はないが，昨今社会問題としてクローズアップされていることもあり，自らの対応に苦慮している教員や学校の指導に不満を持つ保護者との面接など，対応を考える機会は増加してきている。
　SNSについて，生徒のネット依存への対応などとは別に，教員の一言一句，ほんの一瞬の気のゆるみがSNSに公開され，爆発的に問題が拡大・拡散し，エスカレートするケースが増えてきている。それに対する教員らの指導も，影響の全貌が見えにくいネット上のこととなると一時的なものにとどまりがちである。SNSにまつわる問題はスクールカウンセラーも当事者となる場合がある。特に，指示的なアプローチを活用した援助の場合は，面接でのスクールカウンセラーの発言や指示が公表されることがある。その結果，他のケースでの対応との齟齬が生じクライエントの不信を招いたり，会ったこともない生徒がスクールカウンセラーに強固な枠組みを有しているといった事態が引き起こされる場合もある。
　信用失墜行為については，ハラスメントとの関連も含め今後さらにさまざまな対応が求められるようになってくると思われる。秘密が守られる空間を確保することが重要な要素となるスクールカウンセラーの場合も同様であり，その専門性を担保するためにも，スクールカウンセラーは業務を通して信頼を得られるよう努め，カウンセリングに対する安心感を学校内外に形成する努力を怠ってはならない。
　学校評価に関して，近年，日々の学校業務の評価がより厳しくなっている。教員らはそれらの結果を真摯に受けとめ，よりよい成長を生徒たちが遂げるよう日々の業務に励んでいる。学校システムに属するスクールカウンセラーも，自らの業務の環境として教員同様に評価を注視する必要がある。

スクールカウンセラーと教育委員会の関係

　ここまで，主に教育委員会が教職員に与える影響が教職員とチームを組むスクールカウンセラーの業務に影響を与えるという視点から，教育委員会とスクールカウンセラーの関係について述べてきた。ここでは少し視点を変えて，スクールカウン

セラーという仕事を少し掘り下げて，スクールカウンセラーと「雇用主」である教育委員会の関係について考えていきたい。

スクールカウンセラーは，教育委員会（またはその関連機関・部署）によって委嘱された学校で，年度更新でカウンセリングに従事する仕事である。そのような業務形態は学校関係者では珍しいことであり，企業における「派遣社員」と同様の扱いである。いわば教育委員会は「地域のスクールカウンセラー派遣会社」であり，勤務校は「スクールカウンセラーの派遣先企業」である。

さて，派遣先の企業は「派遣された社員の質」で派遣会社を評価している。しかしながら教育委員会と学校はそのような関係にないことが，事態をややこしくしている。

教育委員会は学校を管轄する上位機関である。言うなれば教育委員会と学校は親会社と子会社の関係である。教育委員会という親会社は，時代や社会情勢を考慮して，学校という子会社に対して「学校内での教育相談案件（や生徒指導案件）に類する諸問題についての対応の専門家」という名目でスクールカウンセラーを派遣している。つまりスクールカウンセラーは，「己の働きが子会社（学校）における親会社（教育委員会）の（少なくとも教育相談関連事業に関する）評価の一端を担う存在」である。学校や教員は，スクールカウンセラーの背後に教育委員会を見ている。スクールカウンセラーの働きは，学校におけるスクールカウンセラー自身の評価だけではなく，学校の教育委員会への評価にもつながるのである。

教育委員会から派遣され同様の責任を負う者として，学校での対応会議などに参加する指導主事がいる（いわば，親会社が派遣した経営コンサルタントである）。指導主事が参加する会議では，指導主事と学校側の意見が噛み合わなかったり，大枠の話に終始してしまい具体的内容が明確にならないまま，という場合がしばしばある。このような展開となった会議の後では，教員から，「言ってることはわかるけど……」「対応が必要なのはわかっていて，その方法が知りたいのに……」という不全感に満ちたコメントが聞かれる。そして，その背景には教育委員会や指導主事に対して，「事件は現場で起きてるんだよ！」とでも言いたげな不満や苛立ちが見え隠れすることもある（だからといって親会社との関係は切れない）。そのような状況で「まったくその通りですよね」などと教員に賛同していられるような余裕はスクールカウンセラーにはない。スクールカウンセラーも同様に派遣された立場であり，決して対岸の火事ではない。

むしろ，スクールカウンセラーは定期的に学校に赴き，「現場を知っている」という事実があり，「専門家」としてその場にいる以上，学校や教員の期待は指導主事の比ではない。つまり，派遣先である学校で，「評価されていることを認識し，かけられている期待に応えること」自体が，派遣元である教育委員会との基本的なつきあ

いなのである。

　さて，昨今の情勢やケースの多様性を考えると，相談室でクライエントを出迎える，いわゆる心理臨床家的対応では，残念ながら学校の評価と期待に応えることは難しい。相談室は学校現場ではないからである。現場は教室に，廊下に，職員室に，学校内の数多の場所に無数にあるが，相談室からそれを見ることは絶対にできない。「相談室にこもっている」姿や，「空き時間に本（専門書も含む）を読んでいる」姿が，専門家の業務として尊重されることはない。また相談室から専門的な意見を述べたところで，それが現場に見合ったものでなければ，役に立たないだけでなく，先ほどの指導主事と同様に教員の不全感を増大させてしまう危険すらある。そしてそれは，自分自身だけでなくスクールカウンセラーという教育委員会の事業全体に対する信頼の失墜にすら繋がるのである。

　もちろん，相談室で「来談者を待つ」という姿勢と構造は心理臨床家の基本ではあるのだが，変化する状況に合わせて場の要請に応えることが必要となる現在のスクールカウンセリングの現場では，「心理臨床家の矜持」ではなく「スクールカウンセラーの矜持」を考えてみてもよいのではないだろうか。

　もちろん教育委員会も，自らが派遣したスクールカウンセラーを，派遣先の学校の評価をもとに行っている。年度更新の仕事に長く従事していくためにも，現場の期待に応え続けることはスクールカウンセラーにとって死活問題である。

　なお，医療機関などとの連携とは異なり，スクールカウンセリングの業務において教育委員会など学校の上位機関との連携や折衝を図る場合には，その窓口は必ず各学校の管理職となる。管理職との関係形成は重要であるが，それ以上に管理職を含めた学校関係者全体にスクールカウンセラーの有用性を実感してもらえるような日々の実績が必要である。そして，それらの仕事に対する評価や評判を通して，管理職の訴えが妥当であると判断できるだけのスクールカウンセラーに対する肯定的な材料が教育委員会側にあることが重要となることを付記しておきたい。

教育委員会が設定する特別な取り組み（研究課題）について

　教育委員会は地域の学校ごとに，試行的な実践から事業の効果検証までさまざまな研究課題を設定している。時代に応じた教科教育の改善策から教員の資質向上，各種課外活動の強化プロジェクトなど多岐にわたり，もちろんスクールカウンセラー事業を対象とした研究課題も設定されている。スクールカウンセラーの配置人数と配置校の児童・生徒・教職員のメンタルヘルスの向上の関係の検証や，スクールカ

ウンセラーの勤務体制や勤務時間と支援の充実度に関する介入的課題などがある。

　教育委員会が設定したスクールカウンセラー事業と関連する研究課題は，学校管理職と共有して進めていく必要がある。また直接スクールカウンセリング事業と関連しない課題であっても，教育委員会が勤務校に設定している研究課題について把握しておくことは各教職員の抱える業務の把握に繋がり，教職員へのコンサルテーションの機会などにふまえておくべき重要な情報となる。また積極的にこうした課題に協力することで，学校のおかれた現状を把握し，スクールカウンセラー業務の向上や自己研鑽にも繋がる。研究課題への協力は学校管理職とのつながりを強化し，課題達成のために協力する機会のジョイニング効果は絶大である。

職能団体（臨床心理士会）との関係

　スクールカウンセラーとして業務を行うには，公益財団法人日本臨床心理士資格認定協会が認定する「臨床心理士」資格の保持が条件となっていた経緯がある。臨床心理士の資格維持のためには，臨床心理学における「面接・査定・地域援助・研究」の4分野の自己研鑽が求められ，その自己研鑽を評価すべく5年に一度の資格更新制度が設けられている。臨床心理士資格は「専門性の向上」を制度に反映しているのである。

　臨床心理士であればスクールカウンセラーも臨床心理学の自己研鑽を要請されるが，スクールカウンセラーにはその活動領域である「学校」での職能という独自の専門性が存在する。そのため，スクールカウンセラーとしての技術と知識を共有し，職能の向上に積極的にかかわる必要がある。

　職能向上の機会の一つが，臨床心理士会主催のスクールカウンセラーを対象とした研修会（名称はそれぞれに異なる）である。地域と場合によっては毎年一定回数の研修会に参加しなければ，翌年以降のスクールカウンセラー配置から外されるという暗黙のルールが存在していることもある。「業界の集団」へのジョイニングという視点で考えるならば，これらの研修会には機会あるごとに出席しておくべきである。

　さらに，スクールカウンセラーとして仕事を続けていくために職能団体と接するこのような機会を活用してどのように立ち回るべきか。ここでは，三つの視点を示す。

　スクールカウンセラー事業の運営に関与する

　地域の臨床心理士会組織の中でも，スクールカウンセラー事業の部会は，他の部会に比べて圧倒的に多忙である。教育委員会への臨床心理士の推薦，継続的な研修会の開催，実務的なトラブル処理，スーパービジョンの依頼・日程調整・関与者の

マネージメントなど，数え上げればきりがない。多数のスクールカウンセラーを抱える地域では，下位の地域部会も設定されており，業務の複雑さはただごとではない。スクールカウンセラー事業にかかわる部会の運営に参加することは，スクールカウンセラーとしての広義のジョイニングである。スクールカウンセラー部会で共有されている最新情報を把握できたり，その地域の教育委員会がスクールカウンセラー事業に示した指針や，どこに重点を置いた事業展開を行おうとしているのかなど，自己研鑽の方向性を確認し日々の実践に活用できる重要な情報を把握する機会となる。また，職能集団の維持に関与することで，集団内で新たな人間関係のネットワークを構築することができ，この影響はスクールカウンセラーを続けていく上で無視できないほど大きい。

緊急支援体制を把握する

各地域の臨床心理士会のスクールカウンセラー部会は，教育委員会と密接なつながりをもっている。例えば，近年盛んに活用されている「スクールカウンセラーによる緊急支援」がある。学校や地域で発生した重大案件が児童・生徒の就学を脅かしたり，心理的に大きな動揺が生じていると教育委員会が判断した場合，その案件が発生した学校ないし地域の複数の学校に対して「緊急支援」が開始される。震災や洪水被害のような自然災害をはじめ，学校内での自死や傷害事件，教職員の不祥事のマスコミへの公開，生徒・保護者の事件関与など，教育委員会が緊急対応の必要性の判断を行い，専門職者の連携による対応を期待して臨床心理士会のスクールカウンセラー部会の担当者などに依頼がなされる。スクールカウンセラーは常に勤務校が緊急支援の対象となる可能性があることを念頭に置いておかなければならない。

地域の臨床心理士会は緊急支援への対応方針を検討しており，その体制を把握しておくのは大前提である。緊急支援は基本的に「緊急支援チーム」による対応となるが，しかし緊急招集された「チーム」は機能しないと考えておくべきである。日頃できていること以上のことは緊急時にもできなくて当然である。ある日突然の事態によって緊急支援の必要が生じ，スクールカウンセラーがチームとして対応できるかどうかは，それまでの業務の中で緊急事態にチームとして機能できる可能性をいかに高めていたか次第となる。緊急支援で最も求められるのは「滞りのなさ」であり，そのためにもスクールカウンセラーは，緊急時に支援を提供する／される事態に備えて，前述のように日常的に地域の同業者と接点をつくっておく必要がある。

スーパービジョンを活用する

いくらスクールカウンセラーが自己研鑽によって能力の向上を図っても，業務上常に適切な対応ができるとは限らない。各地域の教育委員会や臨床心理士会のス

クールカウンセラー部会では，スクールカウンセラー業務に長けたスーパーバイザーを配置しているところも少なくない。どのような事案でもスーパービジョン制度を活用すればよいというものではないが，ケースが力量を超えて重なったり，問題が学校・地域の広がりの中で生じ，個人の対応では追いつかないような困難事例では，スクールカウンセラーは過度な負担を強いられることになる。そのような状況では抱え込んで潰れる前にスーパービジョンを積極的に活用すべきである。自らのメンタルヘルスの維持もスクールカウンセラー業務の一部であることを再確認しておきたい。教職員へのメンタルヘルス活動という予防的支援がスクールカウンセラー業務の一部にあるのと同様に，自らのメンタルヘルスの維持のために必要があれば，個人的なスーパーバイザーだけでなく，公的なスクールカウンリングという職能におけるスーパービジョンを受けることも検討すべきである。

　公益財団法人臨床心理士資格認定協会は，臨床心理士に対して「個別のスーパービジョンを受ける機会を持つこと」を推奨しているが，現状ではスーパーバイザーの絶対数が足りていない。スクールカウンセリング業務のスーパービジョンに長けたスーパーバイザーはさらに限られている。しかしスーパービジョン制度の活用が，今後のスクールカウンセリングの職能向上と，より多くのスーパーバイザーを生み出すための布石となることを各臨床心理士会は意識している。制度の積極的利用は，スクールカウンセリングという職能領域の向上を目指す地域の臨床心理士会への協力の一つのあり方と考えてもよいのかもしれない。

おわりに

　学校現場には，昨今の世論の傾向もあり厳しい目が向けられている。さまざまなリスクと制約のなかで，学校だけでなく教育委員会などの上位機関も一丸となり，児童・生徒の成長に資する場であろうと日々努力している。スクールカウンセラーは，その組織の中で活動をしていることを忘れてはならない。心理臨床家の独自性や専門性は日々の研鑽によって担保しつつ，「自分は臨床家としてよい仕事ができているだろうか」だけでなく，「自分は学校という組織の役に立てているだろうか」，「地域の学校教育をめぐってスクールカウンセラーの働きはどのように受け取られているだろうか」という視点が必要である。

第 II 部

連携のアレンジ

組織の橋渡し役として

　文部科学省の提示した「チームとしての学校」というガイドラインは，スクールカウンセラーの「連携」の必要性をより強調したものである。しかし，具体的な学校という組織そのものが教職員の連携で成立している部分も少なからずあるため，スクールカウンセラーが連携のために求められている対応は，社会的に定着したものがないのが実状である。ここでは，システムズアプローチの立場から，学内・学外のいろいろな援助者との連携のあり方について示し，そこで求められている対応の詳細について示すこととした。

第Ⅱ部 連携のアレンジ――組織の橋渡し役として

第1章

学校における連携

総論

村上 雅彦

はじめに

　2015年12月，中央教育審議会から「チームとしての学校の在り方と今後の改善方策について（答申）」が出された。そこでは，具体的な方策として，専門性に基づくチーム体制の構築，学校マネジメント機能の強化，教職員一人ひとりが力を発揮できる環境の整備が挙げられている。また，2017年にはスクールカウンセラーが新たに学校教育法施行規則に規定された。それによると，スクールカウンセラーの職務として求められることは，不登校，いじめや暴力行為等の問題行動，子どもの貧困，児童虐待等の未然防止，早期発見，支援・対応等のため，また，これらを認知した場合や災害等が発生した場合等において，児童・生徒，保護者，教職員に対してカウンセリング，情報収集，見立て（アセスメント），助言・援助（コンサルテーション）等に従事することとされている。そこでは，相談，助言，援助活動だけではなく，啓発活動，支援チーム体制の構築・支援も挙げられている。これでスクールカウンセラーの役割が明確化されたわけであるが，この役割を果たすために，何より連携の重要性が強調されている。

　学校臨床は，いろいろな立場の人がかかわっている。また，複数の機関が連携することも多く，かかわる人が多職種になる。このように，かかわる人の立場が多様であったり，職種が異なっていたりする場合に，援助体制が有効に機能するためには，システム論の視点が欠かせないと思う。

学校が持つ機能

　学校にはいろいろな立場の人がいる。それが学校の特徴である。そのことにより学校が有効に機能していくことができる。しかしながら，そこが学校臨床の難しいところである。学校臨床を考えていくうえでは，まず学校の主要な機能についての理解が必要である。その機能は三つあり，それぞれがシステムである。ここではそのシステムを，教育システム，生活システム，保健システムと呼ぶことにする。

学校の主要な三つのシステム

[教育システム]

　　教科を中心とした学習を司るシステムである。教務，進路指導がこれにあたる。学校では，人間として生きていくために必要な知識・技能の習得が行われる。また，将来の進路を考えることができるように支援指導していく必要もある。この機能を果たしているのが教育システムである。教科担任，教務主任などが主の担当者である。

[生活システム]

　　規律，規範を司るシステムである。生徒指導がこれにあたる。生徒指導要領には，生徒指導とは，一人ひとりの児童・生徒の人格を尊重し，個性の伸長を図りながら，社会的資質や行動力を高めることを目指して行われる教育活動のことであると定められている。日々の生活を有意義に過ごせるように，また，学校や社会のルールを順守できるように指導し，それを通して，児童・生徒の人格形成育成援助を行っている。生徒指導主事が主の担当者である。

[保健システム]

　　心身の健康を司るシステムである。学校保健の活動がこれにあたる。学校保健は，保健教育と保健管理を指し，子ども自身が，保健教育で身につけた資質や能力を活用して，生涯にわたって主体的に健康や体力を保持増進するために，自らの課題について考え，行動することができる力の育成を目指している。実際に行われることは，児童・生徒の健診や日々の健康管理，自身で健康を維持していくための教育などである。また，メンタルヘルスの課題として，心の問題に対応することも求められる。保健主事や養護教諭が主の担当者である。

　学校に，この三つの機能，三つのシステムがあることを認識し，理解しておくことは，学校臨床を行ううえでとても重要なことである。どんな援助をするにしても，そ

の三つが満たされていなければならない。教科の学習を促進する方法が見つかっても，それが心身の健康を害するものであってはいけないし，心身の健康を保つ方法であっても，規律が順守できない方法は使ってはならない。そして，重要なことは，学校職員全員がこの三つの機能に責務を負っているということである。それぞれのシステムの主の担当者はリーダー役であって，主の担当者だけがその機能を担うのではない。となれば，機能にかかわる人は全員であり，誰かがその対応について統制しなければ，かかわる人の動きはばらばらになり，働きかけが効果的に作用しなくなる可能性がある。つまり，誰がどれだけ対応するのかについて常に判断し，調整することが必要である。

スクールカウンセラーの立ち位置

　さて，こうした学校の機能，システムのなかにあって，スクールカウンセラーはどのような立場として役割を担うのか。以下の四つが考えられる（なお，「施行規則」では，援助＝コンサルテーションであるが，ここでは違う意味で用いる）。

［セラピスト（もしくはカウンセラー）］
　　児童・生徒に対して，心理職が専門とする心理技術を用いて，心理的な問題を解決するための直接的な介入を行う。それは，心理療法とかカウンセリングと呼ばれる行為である。対象は，児童・生徒個人に行う場合もあれば，児童・生徒を含む家族に対して行う場合もある。いずれにしろ，相談室でその問題を抱えている人を対象として支援を行う役割である。

［アドバイザー］
　　問題を抱えている児童・生徒に対して，その問題解決のために取り組んでいる主体に対して，その人が必要とすること（主に本人への対応方法になる）についてアドバイスを行う。この対象は，その問題に対して主体として取り組んでいるすべての人である。したがって，教職員だけではなく，家族が相談に訪れ，家族に対して助言を行う場合もこれにあたる。それがアドバイザーとしての役割である。（通常，ケースについてワンポイントのアドバイスを行うことをコンサルテーションと呼ぶが，ここでは，相手が単一の場合はアドバイザーに分類することにする）

［コンサルタント］
　　問題を抱えている児童・生徒，家族に対して，その解決にかかわる人や機関が複数になった場合に，それぞれがバラバラに対応することになれば，よい解

決に向かわない。有効に機能するためには，誰がどのような役割を持ち，どう対応するのかについて，チーム構成が必要となる。そのときに，その役割分担や配置について考える役割がコンサルタントである。

［ディレクター］

コンサルタントは，それを行うプロジェクトリーダー，つまり責任を負う人が別にいて，その人に対して全体構成のデザインを提案する役割となる。ディレクターはコンサルタントと似ているが，自身がそれについての責任者となる。学校の場合は最終責任者は校長であるから，そのプロジェクトに関して，校長もしくは，校長からその権限を任されている責任者から全権を委託される立場ということになる。理論的にはあり得るが，実際にスクールカウンセラーがこれを担うことははほとんどないだろう。

スクールカウンセラーは，自身がどの立場で，どの役割を期待されて動く必要があるのかを把握・確認しながら問題解決に取り組んでいくことが求められる。上述したスクールカウンセラーの立ち位置は，当然ながら自分で勝手に決めるものではなく，その問題にかかわる人たちの役割や構成，責任の所在など，個々の事例で必要となることや，学校で求められるものに応じて決まるものである。

学校内部の連携

主体システムはどこなのか

学校臨床において，問題を見立て，対応策を考えることはもちろん重要である。しかし，より重要なことは，起こっている問題にどのシステムが主体となって取り組むかを判断・決定することである。

学校の三つのシステムについては上述したが，学校は単一のシステムで対応できる問題であれば，有効な解決策を用意できる優れたシステムである。しかし，単一のシステムで扱うことができず，問題を複数のシステムで受け持つことが必要になることがある。

まず，どのシステムが主体となるかについて検討が必要である。例えば，生徒Aの成績が下がったとする。教え方によって理解が進まず成績が下がったとしたら，それは教育システムの問題であるから，授業の進め方，生徒Aの学習方法の改善について考えればよい。しかし，成績の低下が睡眠不足による体調不良のせいかもしれないとなると，心身健康の問題となり保健システムで対応する問題となる。身体

的な問題や睡眠障害ならば病院への紹介，心理的な問題があればスクールカウンセラーの対応などが考えられることになる。そうではなく睡眠不足がゲームのしすぎ，あるいは夜遊びによるものだと判明したら，生活システムで対応する問題となってくる。しかしその夜遊びが，生徒Aの家庭の状態が不安定で，夜間に監督する親が不在のために起こっている現象であれば，再び保健システムがかかわる問題となるかもしれない。このように，問題の原因と考えられることによって，取り組む主体となるシステムが変わってくる。

　また，問題の原因が特定できれば主体システムがどこかは明白だが，原因を単一のものに特定できない場合，また，その見解が一致しない場合（例えば，保健システムでは心の問題と考えているが，教育システムでは学習意欲の問題と考えている場合など）は，主体システムをどこに置くかについて協議する必要がある。

責任者と実行者

　責任者と実行者を明確にすることは，組織を有効に機能させていくうえでもっとも重要なことである。児童・生徒一人に対して対応すべき問題が一つ発生すると，プロジェクトチームが一つ作られる。プロジェクトチームには責任者と実行者がいる。責任者とはこのプロジェクトチームの全権を担っている人であり，すべてを統括しその責任をすべて負う立場である。基本的には一人であり，複数になるとしても，責任者チームの見解は一つにする必要がある。実行者とは具体的な対応を実行する人で，複数となることも多い。

　学校は，通常は共同責任体制である。例えば，元気がない様子の児童・生徒がいたとする。その生徒を見かけても，声をかける先生もいれば，そっとしておこうとする先生もいる。また，同じ声をかけるにしても，激励する，心配して共感する，冗談を言って和ませるなどいろいろ考えられる。通常の健康なレベルであれば，このように教師たちそれぞれの考え方に基づいて，さまざまな対応があることが児童・生徒の成長にとってプラスになる。これは教師たちが同等の責任を持つ体制である。

　しかし，対応の仕方によってその児童・生徒の状態が決まるような場合は，対応の統一性，計画性が求められることになる。これはプロジェクトチームによる単一責任体制である。この場合は，責任者は実行者に対応について指示を出し，実行者は正確にその指示を把握し実行する必要がある。そして，実行した結果を必ず責任者に報告し，続く指示をあおぐ必要がある。実行者は勝手な自己判断で行動してはならない。

　単純化して，担任とスクールカウンセラーの二者のプロジェクトチームで説明す

る。例えば，ある生徒 A がカウンセリングを受けに来たとする。この場合，実行者はスクールカウンセラーであるが，責任者はカウンセリングを受けることを決定した人，つまりここでは担任である。担任が「A さんは最近イライラが目立つ。不満がたまってイライラしているようで，不満を吐き出す必要があると考えている。ただ話を聞いてあげてください」という要望を出したとする。スクールカウンセラーが行うことは不満を吐き出すよう A を促し話を聞くことである。もしもスクールカウンセラーが A の話を聞き，問題解決のための助言が必要と判断した場合は，責任者である担任に A への助言を提案し，担任が許可した場合にのみ A に助言をすることができる。A への助言という行動について，誰がどのように実行するか・しないかは，責任者である担任が判断することである。したがって，スクールカウンセラーは責任者である担任の許可なく助言をしてはならない。

　この責任者と実行者の役割が変わる場合もある。例えば，スクールカウンセラーが A には心理的なケアが必要と判断して担任に報告すると，担任は，では今後はスクールカウンセラーが責任者として動いてほしいと要望するかもしれない。そうなると，スクールカウンセラーが責任者として A への対応を判断し，指示を出すことになる。また，スクールカウンセラーが A には医療機関への紹介が必要と判断して担任に報告し，それを受けて担任が保健指導主事に相談したとする。担任がそのまま責任者として対応する場合もあるが，保健指導主事が新たな責任者になることもある。そうなると，新たなプロジェクトチームの形成が行われ，今度は保健指導主事が実行者に指示をし，報告を受けることになる。

　このように，学校ではまずどのシステムで扱う問題であるかの判断があり，責任者・実行者からなるプロジェクトチームが形成されるが，問題への対応を変更する必要があれば新たなプロジェクトチームが形成されることになる。この判断と責任者・実行者は流動的に変化する可能性があり，それが周知徹底され共有されないと混乱が起きて対応が一貫性を欠き，場合によっては児童・生徒に不利益を与えて，訴訟沙汰の事態になる危険性さえある。

主の実行者について

　問題を取り扱う主体システムが決まったとしても，その児童・生徒に実際に対応する主の実行者が自動的に決まるわけではない。例えば，夜間の親の監督不行き届きの問題に対応する主の実行者は，担任である場合も保健指導主事である場合も生徒指導主事である場合もある。ルール違反の問題に対応する主実行者が，生徒指導主事ではなくクラブの顧問である場合もある。

当初は一番近くにいる担任が主の実行者であっても，その問題や状況，また，児童・生徒と教師の関係性，教師同士の関係性によって，直接の実行者が変更されることもしばしば起こってくる。例えば，担任が話していても，少し深い話になるとその児童は口を閉ざしてしまう。ところが，クラブの顧問とその児童はとても親しく，顧問とは話をする，となると，児童の話を聞く対応の直接の実行者は，担任から顧問に変更することになるかもしれない。このように，そのプロジェクトで決まった方針を実行するにあたって，直接の実行者は，臨床心理の専門知識が必要，あるいはより経験のある人の対応が必要などの要件により，臨機応変にもっとも有効に機能する立場の者に変更される可能性がある。これが，一人の児童・生徒にかかわる職員が多い学校ならではの長所である。

チーム形成の責任者

　実際のところ学校では，問題を見つけた教師が自分一人で対応できない場合に誰かに相談して，最終的に三つのシステムのうちの一つに行きつくことになる。上述したように，複数のシステムでかかわることになったり，主の実行者を適宜変更していくことになったりなど，臨機応変な判断対応が必要になる。教師同士の関係性もあり，上下関係もある。それぞれ立場，解釈，見立てに違いもあるだろうから，なかなかスムーズに変更することが難しい場合も出てくる。プロジェクトチーム形成について，それを行う責任者が存在することが理想的である。その役割は，三つのシステムの長で構成される委員会や最終責任者である校長に求められることになると思う。

外部機関との連携

　学校内だけで対応するには難しい問題は，外部機関に援助を要請する必要がある。学校が連携する機関は，医療機関（医学的な判断や対応を要するもの），教育機関（所属する学校が持つ教育体制では対応できない場合），福祉機関（教師の援助だけでは対応できず福祉サービスを利用する場合），司法機関（学校内だけではコントロールできないもの，もしくは犯罪行為など），私設相談機関（長期化する場合や退学・卒業する場合）などとなる。外部機関との連携について留意すべき点を挙げる。

外部機関の援助を要請するべきかどうかの判断

　学校では対応できない問題が発生したときに，それぞれが判断して必要とする専

門機関に援助を要請すればよい。特に難しい判断ではないが，そこまでの必要があるだろうかと抱え込んでしまう場合がある。少しでもその可能性が考えられれば，結果的に不要となったとしても援助を要請することが望ましい。

連携における情報の扱い

外部機関との連携は，情報を互いに共有し，方針を一つにして，適切な役割分担のもと進めていく。しかしながら，連携相手にはそれぞれ守秘義務を負っている職種が多い。学校臨床の場合，守秘義務を固く考えすぎてしまうと，全く連携が取れない。かといって，得られた情報をすべて明らかにして共有してよいかどうかは考えどころである。連携に必要と判断されることは，できるだけ伝えられたほうがよい。しかし，連携対象が守秘義務を負っていない立場の場合は，改めてどこまでの情報をどう共有するかについて確認しておく必要がある。

紹介について

ここで問題になるのが家族・保護者の意向である。学校が他機関に紹介し対応を託す判断をすることは，それほど難しいことではない。しかし，児童・生徒本人がどう考えているのか，そしてそれよりも保護者がどう考えているのかが重要である。紹介にあたっては，保護者にきちんと説明し，同意を得ることが必要である。児童・生徒は学校に所属しているので，どこに紹介したとしても学校に通ってくるという状況は変わらない。となると，学校が児童・生徒と保護者との信頼関係をなくすような紹介の仕方をしてしまうと，学校でのかかわりが機能しなくなる。

最後に

学校臨床を有効にするために考えねばならないことを述べた。学校の機能を理解し，立ち位置を見失わないことが重要である。そして，主人公が誰であるかを常に忘れないことである。援助を必要とし，援助活動の中心にいるのは児童・生徒であり，解決の主人公は学校の職員であり，スクールカウンセラーは学校の職員が解決に取り組めるように手伝うことが役目である。その立場を忘れてはならない。

文献
一般財団法人日本心理研修センター（監修）(2018).「教育における支援：行政」公認心理師現任者講習会テキスト［2018年版］. 金剛出版
広島国際学院高等学校（2018）. 高校生活の手引き.

本郷秀次（監修）（2015）．心理臨床における多職種との連携と協働．岩崎学術出版．
文部科学省（2012）．生徒指導提要．教育図書株式会社．
文部科学省（2017）．学校教育法施行規則．
臨床心理学編集委員会（2015）．学校・教育領域で働く心理職のスタンダード．臨床心理学, 15(2).

第Ⅱ部 連携のアレンジ──組織の橋渡し役として
CASE
教職員との連携

志田 望

はじめに

「チームとしての学校」について

　近年，児童・生徒が抱える課題をはじめ，家族や地域社会の形態が多様化し，教師に求められる業務内容と負担が増加している。そういった背景から，2014年より文部科学省は「チームとしての学校」という指針を提示し，教員が本来の教育という専門性を発揮できるような学校現場の構築を提唱している（文部科学省，2015）。

　こうした動向をふまえ，スクールカウンセラーが専門スタッフとして学校現場で勤務するなかで，「チームとしての学校」の理念に基づく支援を行えるようになることが急務である。

スクールカウンセラーと教師の連携について

　「チームとしての学校」という視点からスクールカウンセラーと教師間の連携を考えてみたい。学校臨床においては，教師をはじめ，スクールカウンセラー，スクールソーシャルワーカーなど，さまざまな専門職が連携して児童・生徒への対応を行うことが想定されている。

　特に，スクールカウンセラーが学校で活動する際，担任や学年主任との情報共有はもちろん，教育相談部や生徒指導部との関わりなども重要である。教育相談部や生徒指導部では会議が定期的に開催され，児童・生徒の情報共有や，支援の方針の明確化が行われる（本間ら，2016）。そういったなかで，スクールカウンセラーはそれぞれの教師の方針と対応を把握することが求められる。

　しかし，スクールカウンセラーが行う児童・生徒への受容と共感が，教師の役割

である集団の統制や規律の維持に必ずしも一致しないことや，児童・生徒との面接内容の守秘の扱いの違いなど，スクールカウンセラーと教師の連携が奏功しない例もこれまで指摘されている（宮田ら，1998，吉川ら，1999，本間ら，2016）。このように，「チームとしての学校」という理念を効果的な対人援助に反映させるためには，スクールカウンセラー自身の援助のみではなく，教師の児童・生徒への関わりの考慮も必要である。そのためには，家族や交友関係のみならず，教師や専門スタッフらの相互対人影響を考慮に入れるシステムズアプローチの視点が，有用なものとなる可能性が考えられる。

以上より，本章においては，学校臨床においてシステムズアプローチの立場のスクールカウンセラーが，教師と連携して生徒支援を行った事例について報告し，そのなかでスクールカウンセラーが留意すべき点について考察することを目的とする。

事例概要

IPとその関係者について

IPは高校2年生の女子。家族構成は父，母，高校1年生の弟，小3の妹である。学校関係者は，養護教諭（30代，女性），教育相談担当教員（30代，女性），担任（30代，男性），スクールカウンセラー。

教育相談会議開始までの経緯

X年9月頃より，IPは頭痛や気分の落ち込みなどの訴えで保健室に来談することが増え，養護教諭に対人関係や家族関係についての困難を訴えるようになった。10月上旬頃より，IPは授業中に「原因不明の不安」「自分が自分でないような感覚」を感じ，授業を退席して保健室に来談し，早退することを繰り返すようになった。X年10月下旬，養護教諭よりIPの相談を受けた教育相談担当教員が，担当教科の授業の終わりにカウンセリングを勧めたところIPは同意し，スクールカウンセラーの面接が予約されることになった。その後，教育相談担当教員の呼びかけで，IPへの対応について話し合いが開かれることとなった。

事例経過

X年10月下旬／第1回会議（養護教諭，教育相談担当教員，スクールカウンセラー）

養護教諭を中心に，IPの訴えが共有された。IPの不安や離人感が発生した原因について，養護教諭と教育相談担当教員がそれぞれIPに聞き取った際，IPは「なぜだ

かわからない」と答えることを繰り返した。IPが教員に語る不定愁訴は毎回異なり，養護教諭，教育相談担当教員ともに，IPが語った内容について，「不安を和らげるための方法」や「授業に集中するための考え方」などについてアドバイスを行っているが，変化がないとのことであった。そこで教育相談担当教員からスクールカウンセラーに，IPが考えていることについて，教師には言いづらいことがあるかもしれないので，話を聞いてあげてほしいと依頼があった。

X年10月下旬／第1回IP面接

IPは，X年9月ごろから，教室で授業を受けていると，「理由がわからない不安」が起きたり，「天井や床が抜けて死んだらどうしよう」などといった反復的な思考が浮かび，教員に体調不良を訴え，保健室に移動し，養護教諭に話を聞いてもらうことが何度かあることを語った。部活で練習しているときや，友人と話しているときは問題なく，また，家で一人のときにも反復思考は現れるが，寝たり，漫画を読んだりして気を紛らわせていることが語られた。そして，そうなったきっかけや，どうして考えが浮かんでくるのかわからないこと，また，小学校の高学年の頃に友人とトラブルがあってから，人の目を気にしたり，人と関わる際に，警戒したり，表面的なやりとりを続けるようになったことが語られた。

IPに「どうなりたいか」を確認すると，「授業中考えてしまうことをやめたいが，どうすればよいのかわからない」ということが語られた。スクールカウンセラーは，IPの枠組みから外れない形で，今後，そのためにどうするか，対応を考えていくことを伝え，面接を終了とした。

スクールカウンセラーの仮説と戦略

第1回IP面接終了後，スクールカウンセラーは，現状のIPとその関係者の相互作用について以下のように仮説設定した。

① 教師：IPに調子を尋ねる→IP：考えている内容を教員に訴える→教師：アドバイスする→IP：実行しない→教師：IPに調子を尋ねる……
② 母と父：言い争う→IP：仲裁する→母：席を外す→IP：父を説得→父：母と和解→IP：妹の世話や家事を行う→IP：反復的思考が起き，一人で対処……
③ IP：友人の様子を観察する→友人：困った素振りを見せる→IP：友人のフォローをする→友人：IPに「気をつかわなくていいよ」→IP：笑って「大丈夫」と言う→IP：反復的思考が起き，一人で対処……

スクールカウンセラーは，IPの反復的思考が不随意の反応であること，反復的な

思考が生じる理由にIPが思い当たっていないこと，反復的な思考をIPが一人で処理していることなどを考慮し，自分の意向を抑制し，周囲の要求に応え続けるというIPの相互作用パターンに変化を起こすために，IPの家族および友人との関わりと，教師のIPへの対応に変化を起こすことを考えた。

X年11月上旬／第2回IP面接

　数日前，IPは一度学校を休み，ショッピングモールに一人で買い物に行っていたとのこと。IPがそのエピソードを養護教諭に話したことをきっかけに，それを知った担任がIPに事情を聞き指導するも，IPの状態に変化はなかった。IPは反復的な思考に変化は見られず，授業中に怖くなり保健室に行くのが増えたと語った。

　スクールカウンセラーは，IPとのやりとりのなかで，「自分のことではなく，周りの世話をする」エピソードについて話題を広げるなかで，9月頃に父親が転職し，家庭の経済状況が変化したこと，将来を考えるようになり不安が高まったが，教師に迷惑をかけたくないので，一人で頭のなかで処理していることが語られた。また，「自分一人で，周囲を困らせることなく，今のしんどさを抑える方法があったら知りたい」と語った。

　スクールカウンセラーはIPに，「しんどさを抑える方法が仮にあったとしても，それでIPがまた一人だけで頑張りつづける形になるのではないか」と伝えると，IPは「私って頑張っているんですかね」と困惑した。スクールカウンセラーは「IPは観察力があるから，反射的に周りの要求に応じるのが当たり前になっている。普通の人のアンテナが1本なら，アンテナが5本立っている。少なくとも4本か3本ぐらいにしないと，頭がオーバーヒートしてしまう」と，比喩を用いたリフレイミングを行った。するとIPは，思い当たる別のエピソードを語り，スクールカウンセラーはそれについて話題を展開し，共有した。その後，スクールカウンセラーはIPに，すぐに行動を変える必要はないので，次回にどんな場面でアンテナを立てたか教えてほしいと伝えた。そして，面接内容を担任，養護教諭，教育相談担当教員と共有する許可をIPから得て面接を終了とした。

X年11月中旬／第2回会議（担任，教育相談担当教員，養護教諭，スクールカウンセラー）

　担任は，IPが学校を休んだエピソードを挙げ，「今後，その行動がエスカレートしたら問題である」「IPに指導しても変化がない」と懸念を示し，教育相談担当教員と養護教諭はIPが語る反復的な思考をどのように扱うべきか迷っていた。

　スクールカウンセラーは，IPの家庭内の変化や勉学への不安について報告した。そして，「IPの反復的思考」の問題を「IPは，もともと相談が苦手で，状況の変化にとまどっている結果」と再定義して共有した。教員の対応をねぎらいつつ，教員

から IP に反復的思考について尋ねたり，とまどいの結果の行動について指導すると，IP がさらにとまどってしまうので，その代わりに，進路や勉学について心配はないか尋ねることを提案すると，担任，教育相談担当教員とも了承し，会議を終了した。

X 年 11 月中旬／第 3 回 IP 面接

IP は一人で考え込むことが減り，少し楽になったことが語られた。また，授業中に保健室へ行くことがなくなったことが語られた。どのようなことがあったか IP に尋ねると，「友達が困っているとき，私がフォローしたりしたときに，そこまで自分がしなくてもいいかなと思った。そして，たまにフォローをやめてみたけど，別に何も言われなかったから，これぐらいでいいのかも」と語った。また，妹の世話を減らしたこと，父と母のケンカも自分が仲裁するのに疲れたので，二人で決着をつけてほしいという話を語った。

スクールカウンセラーは，IP が自分の行動を変えたことを取りあげ，自分で行動を調節できるようになっているので，オーバーヒートしないように，今後そのやり方を定着させていく必要があることを伝えた。母と父が，いざ目の前でケンカになったら心配になってしまうことを共有し，自分が止めなかったら，家族の誰が動くか観察することを伝えた。

X 年 10 月中旬／第 3 回会議（教育相談担当教員，養護教諭，スクールカウンセラー）

担任が IP に進路の不安について聞いたところ，IP が相談したいと訴えたことをきっかけに，教育相談担当教員が，進路指導担当教員と連携し，IP に進路の可能性について説明を行ったとのことであった。その後，IP は教室で笑顔が増え，担任やほかの先生に質問したり相談することが増えたと語られた。また，養護教諭からも，IP は体調不良で保健室を訪れることはあるが，反復的思考の訴えはなくなったことが報告された。

その後の経過

IP は授業を抜けることがなくなり，教員たちは IP の反復的思考について質問することをやめ，IP も訴える頻度が減少していった。その後，スクールカウンセラーと IP は数回面接を行ったが，IP は友達を誘って食事に行くことが増え，母と父の仲裁を行うことはまだあるが，放っておいたら，父が母に謝る場面が増えて楽になってきたと語り，ほどなくして面接を終了とした。

考察

本事例における仮説設定について

　本事例は，教師たちが当初「IP自身の不安」や「IPの勉強への集中力の問題」といった前提でIPに関わっていたが，事態が改善しなかった事例である。スクールカウンセラーは，IPの訴えを「IPの対人関係上の問題」とリフレイミングし，教師たちへのコンサルテーションにおいても，これまでと異なった形でIPに関わることができるような問題の再定義を行った。その結果，IPの日常生活での行動が変化し，問題解決につながったと考えられる。

　システムズアプローチの立場では，ある人物とその関係者の相互作用に変化を起こすことを目的とするが，仮説設定の際に考慮する相互作用システムの範囲をセラピストが判断し，決定する（吉川，1993，吉川ら，2001，東，1993, 2010）。本事例では，IPと家族および友人，IPと教師というサブシステムの相互作用を視野に入れてスクールカウンセラーは仮説設定し，IPの行動変容と教師の対応の変化を意図した介入を組み立てている。

連携におけるスクールカウンセラーと教師の役割について

　スクールカウンセラーはIPの対人関係に介入を行ったが，スクールカウンセラーは学習や進路についての相談・指導の権限を持っていない。学習や進路への指導は，教育の専門家である教師たちが行うことになる。そこで，それぞれの教師とスクールカウンセラー自身が持つ役割と権限を考慮し，IPの問題を再定義するための説明を教師たちに行っている。

　また，学校現場において，IPとその関係者の相互作用の変化を意図する際，教師たちの職務上の専門性が機能し，問題解決システムとして学校が機能するような状況を設定するためには，スクールカウンセラー自身の役割を調整することが重要である。そのためには，IPと家族，友人関係だけではなく，学校システムの動き全体を捉える必要がある。学校現場におけるシステムズアプローチにおいては，システム全体を俯瞰的に見渡す視野の広さが求められる（吉川ら，1999）。スクールカウンセラーは，問題解決システムの機能に見合った問題設定と自身の役割の調整によって，問題解決の可能性を広げることができると考えられる。

　この事例では，教師との連携に強調点をおいて記述したが，児童・生徒の交友関係や家族関係，また地域との連携においても，同様の視点が重要となる。

文献

東豊（1993）．セラピスト入門――システムズアプローチへの招待．日本評論社．
東豊（2010）．家族療法の秘訣．日本評論社．
宮田敬一（編）（1998）．学校におけるブリーフセラピー．金剛出版．
文部科学省（2015）．チームとしての学校の在り方と今後の改善方策について（答申）［http://www.mext.go.jp/b_menu/shingi/chukyo/chukyo0/toushin/1365657.htm］（2018年4月1日時点）
白井利明（1999）．生活指導の心理学．勁草書房．
本間友巳・内田利広（編）（2016）．はじめて学ぶ生徒指導・教育相談．金子書房．
吉川悟（1993）．家族療法――システムズアプローチの〈ものの見方〉．ミネルヴァ書房．
吉川悟（編）（1999）．システム論からみた学校臨床．金剛出版．
吉川悟・東豊（2001）．システムズアプローチによる家族療法のすすめ方．ミネルヴァ書房．

第Ⅱ部 連携のアレンジ──組織の橋渡し役として

第2章

社会資源との連携は柔軟に・したたかに

外部関係機関を見立て，つながる

黒沢 幸子／森 俊夫

はじめに

　学校はよく閉鎖的だと（いまだに）言われる。かつて文部省（当時）は「開かれた学校づくり」という言葉を教育改革のキー・ワードとし，学校がもっと開放系になる方向性を打ち出した（中央教育審議会，1998／文部省生涯学習局，1999）。以来その方向性は「地域に開かれた学校」から「地域とともにある学校」へと進んでいる。さらに「チームとしての学校」への転換を推し進め，スクールカウンセラー，スクールソーシャルワーカーはじめ多職種による「協働の文化」を学校に取り入れていくことが大切であるとする（中央教育審議会，2015）。学校教育を学校内に閉じずに，その目指すところを社会と共有・連携しながら実現することが目指されている（中央教育審議会教育課程部会，2016）。

　このように「開かれた学校」「校内に閉じずに」と，ここまで強調するからには，閉鎖系だと，いったいどういう弊害があるということなのか？　出だしから下品なたとえで恐縮だが，それはつまり「糞詰まり（便秘）」の状態だということである。抱え込んだまま出さないでいると，極端に言えば最終的には死に至ることもある。だからと言って，なんでもさっさと出せばいいというものでもない。それでは「下痢」である。健康な身体は，快食快便快眠である。呼吸もしかり。閉ざされた状態では窒息してしまうし，あんまり呼吸しすぎると過呼吸発作を起こす。

　自然界はすべて，基本的に「開放系」（生態系）を形成しており，「閉鎖系」というのは，人間がものごとを考えやすくするために便宜的に作り出した架空の概念にすぎない。必要なものが適宜出たり入ったりして，組織内外で良い循環が起こることが，「自然なお通じ」への道である。今，学校はその良い循環を目指しているわけである。

「一職種」職場の学校を開く

　学校は，さまざまな組織／職場のなかで，例外的な「一職種」職場であった。普通は企業にしろ他の組織（例えば病院）にしろ，いろいろな職種・専門性を持った人たちがいて，その人たちがチームを組んでことにあたっている。しかし学校は，基本的に教職員ばかりで構成されてきた。1995年からのスクールカウンセラーの導入も，その「一職種」組織に異なる職種・専門性を持つ人を迎え入れようという試みであり，「開かれた学校づくり」のための一施策であったといえる。2015年以降の「チームとしての学校」への転換の方針は，それまではチームとしての学校ではなかったということである。

　ところが，本来多職種チームの一員として協働するはずのスクールカウンセラーや相談員が「閉ざされた活動」をして，ますます学校を閉鎖的にしてしまうことがある。学校に病院／相談室／実験室モデルをそのまま持ち込んだり，専門家然とした居丈高な態度で入って，学校職員との間に相容れない溝を作ったり，ケースを一人で抱え込んでしまったり，外部関係機関との連携もきちんとやらなかったりでは，いったい何をしているのかわからない。

お宝発見の旅

　筆者らは，スクールカウンセラーの仕事にはコミュニティ・アプローチ的な仕事が多く含まれており，いわゆる狭義の「カウンセリング」の仕事は，スクールカウンセラーの全体業務のうち30％程度を占めるにすぎないと考えている。コミュニティ・アプローチによる仕事とは，落ちている（隠れている）「宝物・リソース（社会資源）」を「発見・発掘」し，それらを「つないでいく」仕事である。そうしたことから，学校内外の息の通り方をスムーズに，呼吸困難に陥らないようにして，本来学校コミュニティが持っている「自然の」力が十分に発揮され，パワー・アップ（バージョン・アップ），（コミュニティ・アプローチの言葉ではエンパワーメント）されるように援助する仕事である。

　本章では，特に「外部」関係機関との連携に焦点を当て，「開かれた（開放系の）学校」について考えてみたい。

学校にとって，「外部関係機関」とはどこのことか？

学校の「外部関係機関」は無尽蔵

　学校にとっての「外部」関係機関とは，どこのことを指すのか？　例えばそれは

教育相談所……例えばそれは児童相談所……警察・少年補導センター……病院・クリニック・精神保健福祉センター……保健所……開業心理相談室……福祉事務所……家庭裁判所・少年鑑別所相談室……例えばそれは町内会……民生委員さんや主任児童委員さん，子どもの人権専門委員さん……あるいは児童館……塾や予備校，家庭教師……メンタルフレンド，フリースクール，サポート校……まだまだある。床屋や駄菓子屋のおばちゃんも立派な「外部関係機関」。隣のポチも，ウサギのピョン太も，ハムスターのチビも立派な社会資源（ソーシャル・リソース）。これら小動物が援助チームの一員（？）となり，もっとも頼りになるサポート・スタッフ（コンパニオン）として活躍し，不登校，いじめ，リストカットなどのケースの早期改善／回復に貢献してくれたという経験を，筆者らは数多く持っている。ここまでくると，植物だって山や海や川だって，学校の「外部資源」だと言ってよいのかもしれない。

　文部科学省は，学校が郷土の伝統文化を積極的に活かし，児童・生徒の教育に役立てるように推奨している。例えば伝統歌舞伎，和太鼓，草鞋の縄網といった郷土文化的活動に全校あげて取り組んだところ，いじめ件数・不登校児童・生徒数の減少，学業成績の向上につながったという実践報告（文部省，1999）がある。この場合の「外部関係機関」とは，町内伝統歌舞伎保存会・和太鼓継承村営青年団・町村内老人クラブということになる。このような取り組みを，文部省は道徳教育の枠組みのなかでの「心の教育」として捉えているが，学校臨床の観点から見ても，これは治療的かつ予防的な取り組みであり，学校が「外部関係機関」と連携した実践といえるだろう。ほかにも，保健体育や技術家庭の授業で試みられている保育園での乳幼児保育体験，老人施設での老人介護体験なども，この種の活動と言えるであろう。このような地域の人的・物的資源の活用や社会教育と連携していく流れは，「社会に開かれた教育課程」としてさらに明確に位置づけられてきている（中央教育審議会答申「次世代の学校・地域」創生プラン，2015）。

　筆者らは，学校臨床の観点からこのような教育実践を「心理教育プログラム（psycho-educational program）」として捉え，学校臨床活動における大切な柱の一つと考えている。「心理教育プログラム」とは，精神保健／心理臨床領域の予防的・啓発的・スキル訓練的な教育プログラムのことである。これは「学校」という場であるからこそできることであり，また，しなくてはならないことである。発生してしまった問題の解決／事後処理のためにのみ「外部関係機関」とつながるわけではない。できれば問題は起こらないほうがそれはよいわけで，そのための「外部関係機関」との連携は重要であろう。例えば警察少年補導センターの専門官が学校に招かれて，薬物やSNSの危険性についてレクチャーをすることなどが，これに相当する活動である。

「義理と人情」も社会資源?

「外部関係機関」の範囲を広げすぎてしまった感があるが，しかしこれぐらい柔軟に考え，学校「外部」を見まわしていただいてちょうどよい，と筆者らは考えている。相当に柔軟に考えるというなら（本当はこんなことを書くとまずいのかもしれないが）あえて大胆に例を提示してみよう。

実際，筆者（黒沢。以下，事例にかかわる記述の際の「筆者」は黒沢を指す）がかかわったある中学に異色（?）の先生がいらした。その先生は筆者に特別の名刺を下さり「この名刺を見せれば，この街のその筋の関係では怖いもんなしよ。だって，みんな俺の教え子だもん。今までさんざん面倒見てやったから，奴らは俺には逆らえない。それに奴らは結構，義理と人情に厚いんだよな。アンタ，その手のことで何か困ったらこの名刺出して，俺とツーカーの仲だって言いな。そしたら間違いは起きねぇ」とおっしゃった（もちろんありがたく頂戴した。幸いその名刺は使うことなく過ごせたが……）。この先生は生活指導畑でずっとやってこられた超ベテランの先生で，筆者にその地域での非行臨床の進め方をレクチャーしてくださった先生である。生徒の心をつかむのが本当に上手な先生であった。

「昔，その手の関係の奴とつきあって，深い仲になって，学校にもこなくなった女子生徒がいたんだけどね。俺，その子を呼び出して"どこのどいつだ? ああ，知ってるよ。で，どうすんだ? 別れたいのか，まじめにつきあいたいのか，それとも奴から被害にあったって感じなのか……"と聞いたうえで，奴に会った。そうして話をつけてきたんだ」

「チンピラたちのパシリにされている生徒がいたら，そのチンピラたちのカシラに話を通すか，チンピラたちにカシラの名前を出して説教してやるんだよ」

こんな話をたくさん聞かせていただいた。すかさず「弟子にしてください!」と三つ指ついたことは言うまでもない。筆者にとって，この先生自身が素晴らしいリソースであり，またこの先生の持っているネットワークは，学校にとって立派なリソースである。

それぞれの外部関係機関の間に「優劣」があるわけではない。教育相談員や医師が，床屋や駄菓子屋のおばちゃんより上等というわけではない。そのどれもがそれぞれ対等に出番を持っている。もし違いを言うとすれば，それは得意分野の違いだけである。

「なんでもあり」の精神で，ネットワークを作る・つなげる

要するに，なんでもありである。少なくとも公立・私立の専門機関のみが「外部関係機関」だとイメージしているのでは，地域ネットワークの広がりは生まれないで

あろう。それが何であれ，良い関係の「外部」があったとしたら，そのすべては「外部関係機関」となりうる。

　学校だけに限ってみても，そのネットワークはさまざまにある。教え子ネットワーク，卒業生／同窓生ネットワーク，部活動OB・OGネットワークなどなど。どんな宝物（社会資源）がそのなかに（ときには地球的規模で）眠っているかわからない。しかし何よりも，それらを必要なときに使えるようにしておくことが肝心である。もっと言えば，どんなときに，どこにあるものを，誰が，どれを，どのように使うか（4W1H）を，より明確にしておくことである。その仕事は，コーディネーター的なものであり，コミュニティ・アプローチであり，それこそが学校臨床活動にもっとも求められているものである。

　一つ事例を紹介したい。

　養護教諭からカウンセラー室に紹介されてきた中学生U子がいた。校外の趣味サークルの友人が望まない妊娠をしてしまい，SNSで仲間から「愛のカンパ（妊娠中絶資金集め）」の要請を受けたという。

　「一口千円で何十万か必要だというんですけど，みんなはお金を出すことが友情だと勘違いしていると思う。私は，中絶は"命"にかかわる重大なことだと思うし，そんなことを当たり前にするのはおかしいんじゃないかと。でもその子が親にも話せず苦しんでいることはよくわかるし，相手の男の子のことは私には全然わからないし……いったいどうしたらいいんでしょうか？」

　筆者は，U子の問題意識と相談にきた行為を誉め，勇気づけた。しかし，その妊娠したらしき女生徒は他県他校の生徒であり，筆者が直接その子に介入することは難しい。妊娠・お金という頭の痛い問題だが，U子の承諾を取ってまず養護教諭と相談した。養護教諭と話をしているうちに，その子の居住地域の児童相談所に，卒業生が児童福祉司として勤務していることを発見した。そうなれば話は早い。まず養護教諭がその児童福祉司に連絡して根回しをしたうえで，U子がその子を児童相談所に紹介するという手筈が整えられた。U子は手筈通りに行動し，その子もU子の話を理解して，彼と二人できちんと相談に行った。あとはその卒業生の児童福祉司がうまくことを運んでくれた。U子はその結果を喜んで報告にきてくれた。

「連携」についての基本的理解

「連携」とは何か？

　文部科学省の文書，あるいはスクールカウンセリングや教育相談に関する文献の

なかには，いやというほど「連携」という言葉が出てくる。例えば，『学校の「抱え込み」から開かれた「連携」へ——問題行動への新たな対応』（児童生徒の問題行動に関する調査研究協力者会議報告，1999）の「報告概要」（全5頁）のなかに，「連携」という言葉が計17回も出てくるという具合である。その後の流れも，お察しの通り，「連携」満載である。例えば，「教育相談等に関する調査研究協力者会議」の報告（2017）では，教育相談体制の充実のための連携の在り方が検討されている。ただ，これほど人口に膾炙している「連携」という言葉が，実際どれほどきちんと理解されているかというと，はなはだ心もとない。

「連携」を理解するうえでもっとも大事なこと，それは人と人のつながり（face to faceのつながり）のことであって，組織と組織のつながりのことではないということである。それは先ほどのU子の事例においても示されているだろう。

組織と組織のつながりなどというものは，まったく実体を持たない。例えば「A教育研究所とB中学校は連携します」という文書がいくら出回ったところで（実際出回っている），これだけでは「連携」でもなんでもない。重ねて言うが「連携」でつながるのは，人と人である。人と人がつながっていれば，文書がなくとも，組織がつがっていなくとも，それは立派な「連携」である。

逆に，組織と組織がつながるとまずいことが起こる場合もある。しばしばそれは「連携」ではなく「構造的癒着」となり「構造的腐敗」へと移行するからである。例えば，先ほどの異色（？）の先生の話ではないが，もしあれが「その筋の組織」と「学校組織」のつながりの話だったら，それこそ大問題である。

人と人のつながりが「連携」だという意味で，きわめて厳しい言い方をすれば，「××病院を紹介しました」などというのは紹介したことになっていないとも言える。

「××病院の○○先生を紹介しましょう」

これで初めて紹介である。同じ病院の医者でも（大病院になればなるほど）そこにはいろんな医者がおり，それぞれ持ち味も違うし，専門性も違う。また厳しく言うと「能力」も違う。それを「××病院」あるいは「医者」で一括りにしてしまったのでは，少なくとも「良心的な」紹介とは言い難い。

それは「教育相談所」「カウンセリング」でも同じである。特に「相談」というのは，相談する側・される側双方の相性が大きく影響する。また残念ながら，相談員やカウンセラーの相談対応「能力」差も現実的に大きい。「良い人にあたればラッキー」的な紹介は，いかにも無責任と言わざるをえない。

「××相談所の○○先生を訪ねてみなさい。よくお話を聞いてくださるわよ。△曜日が担当だからね」

このように紹介は指名制が原則である。そしてクライエントが受診・受相したら，すぐにその紹介した医師や相談員などに連絡をとる。

「いかがでした？」

これで「連携」の始まりである。向こう（紹介先）からこれをやってくれればいいのだが，こちら（学校）からやらないと話がちっとも進まないのが現実である。

ただ，こうしたことはすべてこちら（学校関係者）の個人的ネットワークに依存している。だから，学校臨床に携わる人間にとって，営業が命なのである。機会あるごとに（あるいは機会を作ってでも）外へ出て行き，人とふれあい，良さそうな（使えそうな）人を見つけたらそそくさと近づき，名刺を差し出して「今度うちの生徒に何かありましたら，ぜひよろしく」と関係づけておく。病院や相談室などにも極力出かける（ケースが受診・受相するときがチャンス）。そしてズーズーしく，医者や看護婦や相談員や職員に話しかけ，そこの雰囲気やスタッフそれぞれの特徴をつかんでおく。もう，こうした地道な営業活動に勝るものはない。勝るものはないというより，これしかない。

「チーム」とは何か？

「連携する」ということと，「チームを組む」ということは同じことである。したがって，「チーム」に対する理解が深まれば，「連携」に対する理解も深まったことになる。

「チーム」とは，事例によってその都度編成される援助関係者の集まりのことである。したがって「チームメンバー」はその都度違う。人数も違えば，顔ぶれも違う。臨機応変に編成され，そして事態が収まればすぐに（自然と）解散する。もし「チーム」があまりに固定化され体制化されすぎると，この臨機応変性に欠け硬直につながることになる。これがあるから，先ほどは，組織と組織のつながりは，しばしば「構造的癒着」「構造的腐敗」となると述べたのである。

そして「チーム」内のコミュニケーションは face to face が原則である。あるいは，せいぜい電話。決して長い時間は必要ではないし，それは定期的でなくともよい（ただし，三人以上が緊密に連携をとる場合は，定期的な会合をセッティングするほうが望ましい）。ちょっとすれ違ったときに「どうなってる，最近？」「ああ，あの子ね。割といいよ」で充分である。しかし文書でのやりとりは，あまり有効ではない。

そのコミュニケーションの内容は，ケースに関する情報交換とチームメンバー同士の役割分担の確認。だから「どうなってる，最近？」であるし，あるいは「これはこっちでやるから，これをお願いね」である。

チームメンバーの構成は，本当に「適宜」であるが，一つだけ頭に入れておいたほうがよいのは，違う「種類」のメンバーを集めることである。「種類」とは，職種や専門性であったり，「持ち味」（筆者らは，普段これを「芸風」と呼んでいる）のことを指している。同じ「種類」の人間を何人集めたところで，人数分（あるいはそれ以上）の力は決して発揮されない。もしみんなが同じ「種類」の人だったら，一人でやったほうが早い，すなわちチームを組む意味がないということすらある。チームメンバーがそれぞれ違う役割を担い，その相乗効果で人数以上の効果を発揮するから「チーム」なのである。

しかし人は往々にして，同じ「種類」の人たちと「チーム」を組みたがる。学校内でよく見られる光景にたとえて言えば，いわゆる「生徒指導系」の先生方は「生徒指導系」で集まり，いわゆる「教育相談系」の先生方は「教育相談系」で集まるという具合である。しかし「チーム」は，「生徒指導系」の先生と「教育相談系」の先生が組んでこそ効果的な「チーム」となりうる。「チームとしての学校」への転換が叫ばれるなか，このことがもっとも肝心なことだと，繰り返し言いたい。

「システム（組織体制）」とは何か？

「チーム」と「システム」とは違う[註1]。筆者らの言う「システム」とは，より恒常的・継続的なものであり，それは「明文化」されており，「人」を入れる「入れ物」のことである。

学校臨床を考えるうえで，この「システム」もやはり重要となり，筆者らは「システム・オーガナイズ」をコミュニティ援助活動の柱の一つと考えている（黒沢・森・元永，2013）。というのは，「人」依存の活動だと，その「人」がそのコミュニティにいる間はよいが，その「人」がいなくなったあとに，その「人」の担っていた部分がまったく機能しなくなってしまうからである。

外部関係機関との連携で言えば，最初は「人」依存の形で社会資源とのネットワークが広げられていくであろうが，特にそこで重要となった社会資源に対しては，きちんと「担当係」が設定（明文化）され，それが代々引き継がれていく（したがって代が変われば，新任の担当係はその当該社会資源の「人」にご挨拶に行く）ことが重要である。このように「個人」の力は常にコミュニティに還元されていかなくてはならな

▼註1　ここで言う「システム」とは，本書全体で述べられているいわゆる「システム論」の「システム」（構成要素間の相互作用や力動）のことではなく，もっと単純に「体制」とか「組織」のことを指している。

い。これがすなわち「システム・オーガナイズ」であると筆者らは考えている。

外部関係機関との連携の実際

　これまで，「外部関係機関」とは何か，「連携」とは何かに関する基本的理解について述べてきたが，筆者（黒沢）が実際に経験した外部機関との連携事例を思い起こしてみると，さまざまなケースがある。筆者には二通りの立場がある。学校組織の一員（筆者の場合，スクールカウンセラー）として学校「外部」と連携する立場，もう一つは「外部関係機関」（筆者の場合，私設心理教育相談室）として学校と連携する立場である。

　後者の立場で動く場合は，こちらからも積極的に学校と連携を行う。KIDS（筆者の相談室）において，その子，その家族，紹介者の養護教諭，クラス担任らを招いて，こちら側も複数のスタッフがそこに入り，一堂に会して賑やかに話し合っているという光景は，決して珍しくなくやってきた。こうすると，ついでにその場でご両親と先生方の間で，クラス経営の方法などについて意見交換をしていただくこともできる（face to faceの連携）。学校に入っているスクールカウンセラーや相談員をお招きするのもいいし，実際お声をかけさえすれば，これらの方は来てくださるものである。

　また必要なら（そして受け入れてくだされば），学校に出向いて，事例研究会や校内研修会に参加することもある。投薬や診断書が必要ならば，本人やその家族にかかりつけの医療機関があれば，その進め方について助言したり，提携している医療機関からそれを出してもらえるようにつないだりする。家庭訪問が必要ならば，KIDSの関係者のなかから適当な人（学生・院生だったり，ワーカーであったり）を紹介し，その人と定期的にチーム・ミーティングを持ちながら進めていくなどなど，さまざまなことを実践してきている。

　さて，前者の立場（学校関係者）になってみると，最初から「連携」を前提とした動きをとってくれるところは，残念ながら既存の「外部専門関係機関」のなかでは多くはない。向こう（外部専門関係機関）の動きを期待するよりも，まずこちら（学校）から積極的に動くことになる。しかし，こちらが連携を求めれば，子どもと家族に同行して向こう（外部専門関係機関）（例えば診察）に伺って一緒に話し合ったり，反対に，向こう（外部専門関係機関）の方が学校まで出向いて，事例会議等に参加してくれたりすることも十分に叶うものである。むしろ，それを望まれる外部専門関係機関は以外に多い。ただし，最初の一手はこちらからとなる。

　そこで一つ，筆者が学校関係者の立場で「外部専門関係機関」との連携を進めた事例を紹介させていただきたいと思う。

事例 A 君

中学 1 年生の A 君は，まじめで杓子定規なところがあり，自分の思うようにいかないと筆箱を叩きつけたり，椅子を蹴飛ばしたり，奇声を発することがあった。担任教諭に対し，小学校からの申し送りは特になく，入学時の母親面談でも特に問題は表明されなかった。担任は「集団生活への協調性が A 君にまだ備わっていない」と考え，学級で厳しい指導を行ったが，するとますます A 君の行動は激しくなっていった。その表情は暗く，覇気がなくなっていき，遅刻・欠席数も増加した。担任も指導に行き詰まりを感じ，「A 君を注意しないとほかの生徒への示しがつかない。でも A 君に厳しくあたると，彼の行動はより衝動的になり，遅刻・欠席も増えてきた。このままだと不登校になってしまうのではないかと心配だ。そこで A 君の遅刻だけを特別扱いして『よく来たね』とやさしくすると，すぐにほかの生徒からブーイングを受ける。どちらにしても A 君を追いつめる結果になってしまって，これでは完全に悪循環だ」と語った。

この話を聞いた養護教諭は，もしかすると何らかの発達障害の特性が A 君に入っているのではないかと感じ，スクールカウンセラーである筆者に相談をもちかけた。スクールカウンセラーは A 君の日常場面を観察するとともに，担任を通して A 君の来室を促した。

来室した A 君はやや独特な仕種で顔を覆い，「ボクニハ，ナニモ，ヨイトコロガナイ。トモダチハ，ボクヲ，オカシイトイッテ，アイテニシテクレナイ。ボクハ，ミンナニ，キラワレテイル。ガッコウニイテモ，シカタガナイ。イキテイテモ，シカタガナイ。シンダホウガイイ……」と，抑揚のないトーンで（しかし涙をこぼして）語った。漫画を描くことが好きな A 君であったので絵を描いてもらったところ，この絵もきわめてユニークなものであった。

クラス内では A 君に対する無視やからかいがあり，それが苦痛で A 君は学校の近くまで来ても家に引き返してしまうことが増えている状況であったが，所属する部活動では，彼のユニークさが買われており，活躍の場もあるようであった。

スクールカウンセラーは面接終了後，担任・養護教諭・教育相談係の教職員に対してスクールカウンセラーの見立て（広汎性発達障害の疑い／現在は自閉スペクトラム症の疑い）を伝え，同時に，彼が現在かなり心理的に追いつめれられていることを伝えた。今後の方針として，母親面接を実施し，家庭での様子を伺うとともに，専門機関での診断および治療の必要性の判断を受けることを勧めていくことが確認された。さらに，学級経営の工夫や部活顧問からの協力をあおぎつつ，学校のなかに A 君の居場所を確保していく方針も確認された。

……と，格好よく書いているものの，実は当時の筆者は発達障害について十分に詳しくはなかった（ゴメンなさい，特別支援教育の実施よりもず〜っと以前のこと，と言い訳）。慌てて本を読み漁り，発達障害の子どもの教育に詳しい他校の複数の教員に電話をかけ，いろいろと教えを請うた。また，市や都の教育研究所にいる知人（相談員ら）にも次々と連絡を取り，このようなケースに強い地域の人材や機関を紹介してもらい，また電話をかけ続けた（ほとんど選挙事務所の様相？）。そうした一連の情報収集活動を通じて，このケースをつなげると良さそうなルートがはっきり見えてきた。現在の筆者であれば，このような事例には，さすがにこんなに電話をかけまくることなく落ち着いてそれなりに適切な対応ができると自負しているが，しかし誰しも自分にとって経験の浅い事例に出会ったときには，このくらい必死になるのは当然の姿であり，むしろそれが大切なことである。もう30年以上前に（おっと，もっと前になるか），恩師から，「普通ケースを持ったら1ダースの文献を読むものだ」と戒められたものだ。その上，知識と現場は違う。常に，状況に即した最新の役に立つ情報（連携先を含む）は，現場から求め，集めるのである。

　さて，母親が来談され，そこで現在の家庭での様子や発達経過を伺うにつれ，ますます「広汎性発達障害」（自閉スペクトラム症）の疑いが強く（ほぼ確実に）なったため，スクールカウンセラーは母親に率直にそのことを告げ，専門機関への受診を促した。母親は「そう言っていただいて，むしろほっといたしました。今までほかの兄弟たちとは全然違う難しさを感じていて，それは自分の子育てがいけなかったのか，学校の対応がいけないのか，不登校になってしまうのではないか，私も苦しみ困り果てておりましたが，今日のお話で方向性が見えてまいりました」と語った。

　「なぜもっと早くそれを気づいてやれなかったのか……」と語られる母親に対し，スクールカウンセラーは「このくらい軽度ですと，それは仕方のないことです。またそれは，今までご家族の皆さまがとても愛情深く接してこられて，本人も大変良く成長され，その特性をカバーする能力を高めてこられた結果だと思います。ただここにきて，誰もが出会う思春期の課題にぶつかったということなのだと思いますよ」と語りかけた。母親は静かに涙ぐんだ。そして「これからも息子を支えてまいります。担任の先生はじめ学校全体が本人をサポートしていこうとしてくださっていることを，本当にありがたく感じております。本人にもよくわかるように，受診の話はいたします」と語られた。

　一方，学校では，教育相談係・養護教諭が音頭をとっての学年事例検討会が持たれた。まずスクールカウンセラーが「発達障害」に関するレクチャーを行い，そこから今後の学年としての指導方針が立てられた。特に生活指導部との擦りあわせが

綿密に行われ，これが担任教諭を安心させた。部活顧問の協力もよく得られた。担任はその後もときどき「やっぱり，対応が難しいよぉ」とこぼされながらも，よく頑張られた。

　A君は，たまに相談室に来ては，「友人とうまくやれない。嫌われている」と訴えたが，担任の先生のことは「強く信頼している」と語り，また部活動のことを語るときは目を輝かせていた。遅刻や欠席も徐々に減っていった。

　A君は教育相談所にしばらく通ったあと，児童精神科医を紹介され診断を受け，少量の投薬を受けた。衝動的行為はしだいに改善されていった。この間，スクールカウンセラーだけでなく，担任も教育相談所に足を運び，保護者面接も行った。学年が変わり，次学年の担任への引継ぎをきちんと行うまで，この担任の動きは素晴らしいものであった。

　この事例は，特別支援教育や発達障害者支援法が行きわたっている今日にあって，それ以前のもので少し古くも感じられようが，しかし先に述べた基本的理解の部分がしっかり実践されていることをご理解願えれば幸いである。本来学校コミュニティが持っている「自然の」力が十分に発揮され，パワー・アップ／バージョン・アップされる援助である。

文献
中央教育審議会（1998）．第16期中央教育審議会答申：幼児期からの心の教育の在り方について──次世代を担う子どもの心の危機．
中央教育審議会（2015）．答申：チームとしての学校の在り方と今後の改善方策について．
中央教育審議会教育課程部会（2016）．次期学習指導要領に向けたこれまでの審議のまとめ．
児童生徒の問題行動等に関する調査研究協力者会議（1998）．学校の「抱え込み」から開かれた「連携」へ──問題行動への新たな対応．文部省初等中等教育局．
黒沢幸子・森俊夫・元永拓郎（2013）．明解！　スクールカウンセリング──読んですっきり理論編．金子書房．
文部省（1999）．平成10年度豊かな心を育む教育推進事業（中央フォーラム）および伝統文化教育推進研究協議会開催要項．
文部省生涯学習局（1999）．全国こどもプラン──地域で子どもを育てよう，緊急3ケ年戦略．

第Ⅱ部 連携のアレンジ──組織の橋渡し役として

第3章
医療や行政機関との連携のお作法

吉川 悟

　スクールカウンセラーの臨床活動において，学内ですべてのケースへの対応が完結することはない。思春期から青年期は精神疾患の好発期でもあり，中学校や高等学校と医療機関の連携が不可欠な事例がある。また小学校では，例えば近年の発達障害に関する情報の拡散に伴う，不適切な関心の高まりも含めて，医療機関との連携を視野に入れる必要がある。ここでは，スクールカウンセラーと医療機関との連携の基本的な考え方と，具体的な連携の構築，特に児童・生徒と保護者，医療者に不要な負担がかからないことを基本とした連携のあり方を示すこととする。

「かかりつけ医」を視野に入れる

　一概に「医療」といっても，スクールカウンセラーと関係の深い精神科や心療内科以外にも，当然さまざまな専門領域がある。ところで日本ではあまり活用されていないが，「家庭医」という考え方がある。「家庭医」はプライマリーケアを担当し，総合的な診療を担いながら，地域の医療の窓口となる「かかりつけ医」であり，患者の年齢・性別・疾患にかかわらず最初の診療を受け持ち，患者の家族の病歴や家族構成，また地域の情報も把握している。イギリスのNHSのような国民的な医療制度では，医療資源の効率化を目的にあらゆる診療はまず家庭医の受診が制度化されており，プライマリーケアで対処できない高度な治療や検査は家庭医の紹介で初めて受診できる。

　「祖父母の代からお世話になっている○○医院の○○先生」をイメージするとよいが，近年，日本においてもこうしたプライマリーケアに対する社会的期待が高まっている。たとえば内科を標榜する地域の医院でも，抑うつ状態や不眠，身体表現性障害などを診断し，薬物の処方を行い，それでも対応が難しい場合には大学病院や専

門医療を紹介するようなことが行われているが，このような地域のかかりつけ医が家族や患者のことをよく知っていて信頼を得ており，家族や患者が精神科や心療内科に強い抵抗がある場合には，医療への窓口として積極的に連携していくべきである。

医療機関間の連携には「診療情報提供書」など指定された様式があり注意が必要である。診療に際しての依頼内容について明確に示した文章を持参できるようにすべきで，精神科や心療内科への情報提供とは異なる内容であることを認識すべきである。その留意点は，

① 今回依頼した事実関係の概要説明
② 求めている検査・薬物療法の具体的な目的
③ 鑑別診断の結果，より専門的な治療が必要と判断した場合の紹介先の医療機関の名称
④ 受診結果に対する簡潔な返信の依頼

である。これらは，あくまでも初期対応で可能な検査や薬物療法に限定していることを明示し，必要時に連携するための関係構築を意識したものである。

精神科・心療内科の選択

精神症状があり，精神疾患や精神症状を含む身体疾患が疑われる場合は，精神科や心療内科の受診を薦めることになる。連携の大前提には三つの要点がある。

まず標榜科目について，「○○心療内科，△△心のクリニック」などと標榜している場合は，医師の専門は精神科である場合が多い。また「心療内科・内科」と併記されているような場合には，心身症の一部を診療対象とした内科の専門医である場合もある。精神科医師は子どもの診療を拒否することは少ないが，必ずしも子どもの診療に長けているとは限らない。また，内科を専門とする医師は，精神症状や極度の神経症状には適切な治療が行えない場合がある。標榜科目だけでなく，実際の医師の専門を把握しておくことが不可欠となる。

次に，精神科の主要な患者は成人であるため，前述のように発達過程にある子どものクライエントの診察に長けているとは限らない。発達過程の子どもは，薬物の処方量や選択肢も成人と異なり，特別の注意が必要な場合がある。統合失調症のようないわゆる精神病性障害であれば，年齢に関係なく受診が可能であることもある

が，医師によっては「思春期の患者はお断り」との但し書きがある場合も少なくない。また治療の得意な対象疾患に特化し，受診する患者を限定する傾向がある場合もある。そのような診療実態を把握し，子どもの患者を診療対象として扱っているか，子どもの診療が得意かを判断する必要がある。これはその後の連携の段階で，治療のどの部分までを医師と分担すべきかにもつながる。

最後に，それぞれの医師が心理的援助をどのように位置づけているかによって，受診後の連携のあり方が大きく異なる。臨床心理士やソーシャルワーカーなど対人援助職にはそれぞれ得意な支援領域があるように，精神科医師にも，標榜科目にかかわらずそれぞれの診療スタンスがある。スクールカウンセラーが医師に児童・生徒や家族を紹介し，医師との連携を考えるとき，その医師がスクールカウンセラーの心理的援助にどのような意向を持っているかは，できる限り把握できていることが望ましい。医師の判断は学校内での心理的援助の継続に影響が大きく，医師の意向を無視して心理的援助を行うべきではない場合があり，紹介や連携のうえで考慮する必要がある。

例えば，医師が積極的に精神療法を行うスタンスならば，スクールカウンセラーの心理的援助は補足的な対応に留める。逆に，医師が薬物療法を重視した対応で精神療法は行わず，心理的援助は学校内での対応を期待している場合は，積極的に心理的支援を継続しながら，医師への経過報告も行う必要がある。このようなスタンスは医師によって異なるため，事前に把握しておくべきである。そして，それぞれの事例の重篤度や学校内での心理的援助の適用を考慮したうえで，常に連携する医師との間に方針の一致が見られるように対応すること，つまりコンセンサスを意識した対応を行う必要がある。それが結果的に，双方とかかわる児童・生徒や保護者に対する最大の配慮となる。

薬物療法の知識

スクールカウンセラーも，精神科医療との連携にあたり主要な精神科薬物療法についての知識を把握しておくべきである。精神症状がある場合は薬物療法が医師の治療の第一選択であり，受診したら実施されるものと考えておく。薬物療法は，患者の精神症状の生活への影響を軽減する目的で実施されるが，薬物療法が開始されたら，それが児童・生徒の通常の状態ではないと考えておくべきである。薬物療法が行われているとき，患者は症状を軽減する薬物の効果と副作用をあわせた反応を示している。そのため処方されている薬物の効果と副作用をしっかりと把握してお

かなければ，児童・生徒の状態を適切に判断できないことになる。

しかし医師との連携にあたっては，スクールカウンセラーに薬物に関する知識がどれほどあっても，薬物療法は医師の専権事項であるということを忘れてはならない。たとえば薬物療法が行われている場合，相談相手から，医師には語りづらい副作用からくる問題が語られることも少なくない。その訴えに軽々に同意や共感を行ってしまうと，医師の処方への批判となる可能性や，医療との連携を根本的に崩しかねない危険性がある。

また，薬物療法が行われ，これまでにないような顕著な肯定的変化があったとしても，そのすべてを薬物療法の効果と考えるべきではない。薬物の効果に加え，クライエントの行動の変化や家族やクラスの対応の変化，心理的支援の効果など二次的な影響の複合的な結果であると考えるべきである。そのような変化を正しく評価するためにも，薬物の影響を正確に把握できる視点を持っていることが重要である。

また，前述のように，薬物療法は医師の治療の第一選択であり，精神科医師の主要な業務である。そのため薬物療法の効果や副作用の理解は，医師と人間関係を築き，その専門性を尊重して連携をより確固としたものとするためにも不可欠である。

診断と障害認定について

統合失調症・双極性障害・てんかんなどの三大精神疾患や発達障害は，長期的な治療計画や医療的支援だけでなく，生活に有利な精神障害者保健福祉手帳の取得，障害年金の受給が検討されることも少なくない。これらの判断に関しても，精神障害の診断が先行するため，実質的には医師の専権事項である。こうした一連の手続きを積極的に勧める場合から，クライエントや家族の判断に委ねる場合まで，その判断基準は医師によって異なる。

福祉制度の利用にあたっては，「生存権」を根拠とする福祉制度の特性の意味をしっかり認識しておく必要がある。精神障害・発達障害を認定する精神障害者保健福祉手帳は，生活の障害の程度により1級から3級の等級分類がなされている。この等級ごとに受けられる福祉的サービスが異なる。

スクールカウンセリングにおいても，高等学校のクライエントは，学校を離れたあとを見据え，社会的自立や社会との接点の構築を否が応でも考慮する必要がある。

近年は，発達障害者の社会参加を促進するために，社会性訓練の場を設定したり，就労支援を目的とした多様なサービスが提供されるようになっている。ただし，障害認定を受けていないと一部のサービスを受けられない場合もある。そのため心理

職が関与する発達検査を受ける必要が生じるが，その結果が障害認定に直結するわけではなく，検査にもとづく医師の診断が先行する。障害認定は，心理検査の結果に対して示される担当医師の所見内容と，それに準じた行政的判断によってなされる。そこでは，検査結果が必ずしも相談者の期待したような制度的判断にはつながらない場合もある。

　障害認定や精神保健福祉手帳の取得は，学校を卒業した際に検討となることが多いが，こうした一連の障害認定に関して，教員の多くは充分に把握しているわけではないことをスクールカウンセラーは知っておく必要がある。

　たとえば，ごくまれにではあるが，クライエントが精神障害や発達障害の診断を受け，家族が将来的に福祉的なサービスを受ける意向である場合に，それでなくとも自分や家族が障害者であることを受け入れる困難の上に，障害の診断＝医療・福祉の対象と受け取られ，特にクライエントが問題を起こしている場合には，教育の場からの排除のお墨付きであるかのような扱いを受けてしまうこともある。

　そのためスクールカウンセラーは，児童・生徒や家族がどのような意向で診断を受け，将来を見据えているのかについて教員に説明し，障害認定にまつわる心理教育的対応を積極的に実施する必要がある。

入院の場合の連携

　学校現場では，子どもがケガや病気で入院することは珍しくない。学校はそのための対応を準備しており，またケガや病気は入院期間が予測しやすく，教員も大きく対応に困ることはない。

　しかし，精神科的な問題は予後の予測が困難であり，入院となれば期間の予測も難しく，児童・生徒と保護者と学校との間での意思疎通にズレが生じやすく，二次的な問題が発生する可能性が少なくない。義務教育期間であれば，長期的な入院となった場合でも学校側にある程度対応の準備があるが，高等教育の場合は出席日数や成績取得などの問題が生じるため，生徒や保護者だけでなく，教員にも対応をめぐる困惑が生じやすい。

　精神科への入院が生じた場合，スクールカウンセラーは保護者の同意のもと，医療機関や担当医師と連携して退院後の対応を構築していくが，医療機関や担当医師との連携には時機を見計らう必要がある。可能ならば，定期的に保護者と情報共有を目的とした面接を，子どもの入院で保護者にかかる大きな負荷に配慮しながら継続していくが，教員が定期的に電話で報告を受け，情報を共有してもらう形でも構

わない。保護者の負担を減らすことが重要である。連携の開始は，入院によりある程度の改善が見られたと担当医師が判断した段階である。そのタイミングは，保護者との面談や教員からの情報によって判断する。

入院が必要となるような精神疾患では，急性期症状の改善が優先されるという医師の判断がある。そのような場合は，急性期症状が改善したあとでなければ，具体的な予後も予測できないことが多い。そのため，入院直後は連携を申し出て対応を協議するには早すぎ，医師にも医療機関にも無用な負担をかけることになる，むしろ不適切な対応となり，以後の医師との連携に齟齬が生じる場合もある。適切なタイミングで連携の依頼が行えれば，その申し出自体が以後の医師や医療機関との連携を良好なものにするのである。

タイミングよく連携を申し出たら，退院に向けてどのような配慮を行う必要があるかを検討していく。退院，即登校となるわけではないこともあり，一定期間の自宅療養が必要と医師が判断している場合もある。スクールカウンセラーは連携の前提として，「一日も早い学校への復帰を求める」という姿勢は避けるべきである。医師がどのような予後予測をしているかを確認し，立場を尊重して，クライエントの学校復帰をどの段階で考慮し，学校にどのような配慮が必要であるかを共有していくことになる。

一時保護の場合の連携

児童相談所による一時保護所への送致の場合についても触れておく。児童相談所の一時保護機能は，虐待被害児の緊急保護をイメージしやすいが，それだけではなく，14歳未満の触法少年の収監的機能や，児童相談所長の判断による地域や家庭からの保護を含むもので，一時保護は行政処分である。

14歳未満の触法少年の場合は，警察から児童相談所に「送致」しなければならず，いわゆる非行行為が深刻なぐ犯の場合には，警察から児童相談所への「通告」の義務が発生し，いずれの場合であっても，処遇の一環として一時保護が選択される。

加えて，家庭内暴力など家人に危険が及ぶ場合であっても，事前に担当福祉士との継続的な相談のなかで，一時保護により福祉的支援が必要と判断された場合にのみ実施される。いわば，一般的な入院が医師によって決定されるのと同様に，一時保護の場合には，法律的根拠と児童相談所長の判断によって処遇が決定されるものである。

また，被虐待児などの場合は，児童福祉法第33条の規定に基づいた処遇で，児童

相談所長又は都道府県知事，指定都市の長及び児童相談所設置市の長が必要と認める場合には，子どもの安全を迅速に確保し，適切な保護を図ることが示されている。このように，被虐待児，触法少年，ぐ犯事案など，それぞれの法的根拠に応じた福祉的サービスとして一時保護は成立するのであって，個人や学校には保護に関する権限はないことを把握しておくべきである。

　被虐待児やぐ犯の場合は，児童相談所の担当福祉士と所長の判断で退所が決定されるため，一時保護にかかわる事案については，児童相談所との連携を意識する必要がある。一方，触法少年の場合には，警察からの「送致」に基づく一時保護所への入所であり，家庭裁判所が以後の判断主体となる。子どもの処遇に関する判断主体は，警察から家庭裁判所に移管されるため，名目通り「一次的な保護」を前提とした対応となり，そこには，必要に応じて警察官や家庭裁判所調査官が関与することになるため，これらとの連携が必要となる。

　一般的に学校という組織における上記機関との連携には，学校長や生徒指導や生活指導の担当主任があたることとなるため，スクールカウンセラーが関与するのは，間接的にこれらの教員の後方支援である。しかし，学校長を含む教職員への後方支援のためには，一時保護に関する法的規定や福祉的判断のもととなる知識を把握しておく必要がある。

スクールカウンセラーからの連携依頼の基礎

　スクールカウンセラーと医療機関の連携の基本は，勤務校の地域の医療ネットワークの把握である。学校は医療機関との連携に相当な苦心をしており，校医を依頼する場合であっても，地域の医師会に話が通っていることは稀であり，友人知人のつてや医療関係者から紹介を受けるなど，学校にとっても医療とのつながりを構築すること自体が困難であることを認識しておくべきである。

　スクールカウンセラーが地域の医療ネットワークとつながりを作るためには，日頃から医療関係者との接点を構築する機会を持つことが重要である。医療をテーマとした地域の教育研修会や地域で開催される医療関係の学会に参加するなど，スクールカウンセラーとしての活動に留まらず，自己研鑽として医療ネットワーク構築を前提とした社会活動を行っておく必要がある。

　個別のケースで連携する医療機関には，児童・生徒と保護者の許可を得て定期的に経過を報告し，そのケースの終結段階で経緯をまとめ報告を行うなど，経過中・終結後の対応が不可欠である。関係は積極的に維持し，協力関係を作っておく。そ

れが次回同様のケースについて依頼する際の事前対応となる。

　また依頼書の書式や内容はスクールカウンセラーが勝手に決めず，地域の医療ネットワークで用いられている「診療情報提供書」を参照し，社会的つながりを考慮してできるだけ丁寧に，かつ必要な事項について簡潔で論理的な書面を心がける。依頼である以上一段下がった立場から，適切な依頼書や報告書を作成できるようになることが望ましい。

第Ⅱ部 連携のアレンジ──組織の橋渡し役として

第4章
スクールソーシャルワーカーについて

中野 真也

はじめに　スクールソーシャルワーカー活用事業の概要

　近年子どもの問題行動が多様化・複雑化し，学校での対応が困難な事例が増えている（住田，2011）。背景には，不安定な社会状況で，一人親家庭の増加，子育てにおける親の孤立化など，子育ち・子育ての課題も影響していると言われる（野尻，2016）。こうした状況への対策の一つとして，文部科学省は2008年度よりスクールソーシャルワーカー活用事業を開始した（図1）。その趣旨は「いじめ，不登校，暴力行為，児童虐待など生徒指導上の課題に対応するため，教育分野に関する知識に加えて，社会福祉等の専門的な知識・技術を用いて，児童・生徒の置かれたさまざまな環境に働きかけて支援を行う，スクールソーシャルワーカーを教育委員会・学校等に配置し，教育相談体制を整備する」とされている（文部科学省，2017）。その役割や活動内容として，①問題を抱える児童・生徒が置かれた環境への働きかけ，②関係機関等とのネットワークの構築，連携・調整，③学校内におけるチーム体制の構築，支援，④保護者，教職員等に対する支援・相談・情報提供，⑤教職員等への研修活動，が挙げられている。

　ソーシャルワークは，関連機関と連携し，さまざまな社会資源の活用を含めて，援助対象者の生活環境への働きかけを行う実践である。ソーシャルワークの実践理論には，生態学やエンパワーメント理論とともにシステム論があり（大塚，2008），本書の考え方と共通する部分もある。活用事業の開始から10年ほどのため未整備な部分もあるが，スクールソーシャルワーカーの活動内容はスクールカウンセラーと重なる部分もあり，問題への対応にあたりスクールカウンセラーがスクールソーシャルワーカーと連携する事例もあるだろう。

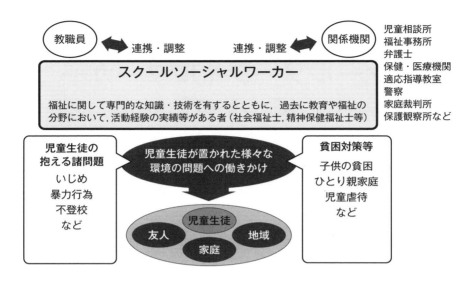

図1 スクールソーシャルワーカー活用事業
（文部科学省（2017）より作成）

　本章では，学校でソーシャルワークが求められる背景を概観しつつ，スクールソーシャルワーカーによる支援について論じることとする。

スクールソーシャルワークが求められる背景

子どもの問題の多様化・複雑化と求められる関係機関との連携

　スクールソーシャルワークが1990年代から注目されるようになった理由として，児童虐待の問題がある（金澤，2016）。児童虐待には身体的虐待，性的虐待，心理的虐待，育児放棄（ネグレクト）が含まれ，子どもの心身に重大な影響を与える。2000年に制定された児童虐待の防止等に関する法律では，学校に児童虐待早期発見の努力義務と，発見した場合は児童相談所等への通告義務が定められている。虐待事例においては養育者の精神疾患（うつ病，アルコール依存など）や経済的問題，社会的孤立など複雑な家庭要因が関与していることがあり，子どもの問題行動や不登校の背景に児童虐待がある場合もある。子どもの状況を確認するために，児童相談所は立入調査や警察とともに臨検・捜索を行い，虐待の事実が判明すれば子どもの保護が行われる。そのため，必然的に学校は児童相談所や市町村役所の担当部署などの関係

機関と連携して対応することが求められる。児童虐待の相談・通告件数は増加の一途を辿っており，スクールカウンセラーも当然その活動において考慮すべきである。

　社会的養護とは，保護者のいない児童や，保護者に監護させることが適当でない児童を公的責任で社会的に養育し保護するとともに，養育に大きな困難を抱える家庭への支援を行うことである。近年では虐待やその危険性がある子どもや家庭だけでなく，ひとり親家庭や貧困家庭，DV被害によって避難してきた母子家庭等への教育・経済・生活・就労の支援のための対策が講じられるようになった。2014年に子どもの貧困対策の推進に関する法律（子ども貧困対策法）が施行され，ひとり親家庭・多子世帯等自立支援及び児童虐待防止の目的により，さまざまな施策がなされた。その一つである「すべての子どもの安心と希望の実現プロジェクト」(2015年)では，包括的な支援策が言及されている。教育行政関係以外の関連機関として，児童相談所や福祉事務所，児童家庭支援センター，家庭児童相談室，市区町村の児童福祉・母子保健等の担当部局，保健所・保健センター，医療機関，警察などが挙げられ，制度や事業としては，生活保護や就学援助，生活福祉資金，児童手当，児童扶養手当（ひとり親家庭などに支給される手当），ひとり親家庭生活支援事業，自立支援医療制度，母子寡婦福祉資金貸付制度，各種奨学金制度などがある（半羽利，2016）。教育行政関連の社会資源として，学校と関連する担当者，教育センターや適応指導教室，教育委員会，巡回相談などがあり，スクールソーシャルワーカーやスクールカウンセラーもその一つに位置づけられている。また，虐待を受けている子どもやさまざまな問題を抱えている要保護児童等の早期発見や適切な保護等を図るため，児童相談所や自治体の児童福祉や健康対策部局，教育委員会などの関連機関とその担当者が集まり，情報共有と支援の方法を協議する要保護児童対策地域協議会がほとんどの自治体に設置されている。

　こうした関連機関との連携の必要性は，学校が置かれている地域の状況や該当する事例があるかによって異なる。しかし，離婚率の増加や子どもの貧困問題といった社会情勢からも決して無視できるものではない。また，特別な支援を要する子どもへの対応についても，学校内での支援に留まらず関連機関との連携を要する場合がある。障害福祉の担当課や，児童福祉法の改正により2012年に新たに位置づけられた放課後等デイサービス（障害のある学齢期児童が学校の授業終了後や学校休業日に通う，療育・居場所機能を備えた福祉サービス）が全国各地で行われており，利用する子どもも増えている。学校臨床に携わる者であれば，直接的に連携を図るかは別としても，これらを考慮することが必要である。

学校現場の状況――要保護家庭と学校

　教育現場において関連機関との連携とその必要性がしばしば主張されるものの，そう簡単には運ばない学校側の事情がある。学校は，「子どもを教え育む」ことを目的とした教育機関であり，教師は教育の専門家である。学校現場では，親やその代りの養育者を「保護者」と呼ぶが，暗黙の文脈として，親や養育者を「子どもを保護する義務がある者」と位置づけ，子どもの教育への協力を保護者に求めるという前提がある。例えば，保護者は学校から学校生活に必要な物品を揃え欠席時の連絡を行うことを前提として期待されれている。

　しかし，要保護の家庭はさまざまな事情から生活していくのに精一杯であり，「保護者は学校に協力する」という前提自体が「無理な要求」となりかねない。地域のつながりや家庭の養育力の弱体化により，家庭や地域社会が担うべき教育機能まで，公教育としての学校に求められるようになっている（田中，2011）。しかし子どもの教育機関である学校が，どこまで保護者支援を担うか・担うべきかの判断は難しく，家庭の問題を発見しても，そこに教師が直接働きかけることにはためらいも見られる。また，保護者への対応・支援は，研修などは行われていても教師が経験的に学ぶものであり，個々の教師の裁量に委ねられている。さらに，近年では若手教師の増加もあり，年長の保護者との関係作りや指導に困難を感じている教師もいる。学校に要保護の家庭をはじめとした保護者支援を求める社会的な要請がある一方で，学校側には児童・生徒の教育に専念し，保護者支援は外部の専門家や機関に任せたい心理も垣間見られる。

　そこで外部機関との連携となるが，これも一筋縄ではいかない。問題がある家庭について，学校が今後の虐待のリスクを危惧して児童相談所へ連絡しても，何もしてくれなかったという声はしばしば耳にする。虐待事例への対応に追われる児童相談所は，虐待の疑いがない事例まで対応し切れないといった事情があるかもしれない。スクールカウンセラーも学校現場や教師の実情の理解が重要とされているが（伊藤，2000），学外の機関となると難しい部分もある。また，教職員は公的機関の役割分担にそれほど詳しくなく，ケース会議などで一時的に連携してもそれが持続しにくい。このような立場や役割の違いから，連携や協力が必要であっても十分に機能しないことがある。

　スクールソーシャルワーカーは，これらをつなぐ働きを期待されている。

スクールソーシャルワークによる支援

支援への関係を作る・つなぐ

　後述するように，現状のスクールソーシャルワーカーには課題が指摘されているが，学校におけるソーシャルワークの重要性を考えると，学校教育の枠組みを超えて支援の関係を作り，学校を含めた関係機関や担当者へとつなぐ支援は，ソーシャルワーク資格を持つスクールソーシャルワーカーが配置されていなくとも誰かが担当する必要がある。

　ここでは要保護の子ども・家庭と思われる事例で，そのような広義のスクールソーシャルワークによる支援のあり方を考えてみる。

　30代後半の母と中学1年の男子Aの母子家庭で，中学入学後，Aは数日登校したものの不登校が続いている。担任が母へ電話してもつながらない。小学校からの申し送りでは，母は精神科に通院歴があり，生活に困窮し仕事に追われ余裕がない。Aは断続的な登校で身なりも整っていない。母と連絡が取れたときに「うちはそれどころじゃない」と言われてしまい，担任が家庭訪問によりAを連れてくる形で何とか不登校までには至らなかった。近所の人の話では，母とAが大声で喧嘩していたこともある。

　不登校という問題の背景に家庭の要因が想定される事例であり，虐待の可能性も否定できず，支援の必要性が認められるが，情報が少ない。様子を見ていて対応が遅れると事態が悪化する可能性があるため，家庭から要請されずともアプローチする必要があるが，やみくもに働きかけても支援にはつながらないだろう。スクールソーシャルワーカーは支援への手がかりを掴むために，まずは情報を収集し，その整理をすることとなる。

　学校では家庭調査票を確認し，母親の仕事やそこから推察される生活状況（母親がいつ家にいて連絡が取りやすいかなど），緊急連絡先となる祖父母などのソーシャルサポートの有無を把握する。就学援助や生活保護を受給していれば，経済状況や支援の有無も想定でき，生活保護世帯であれば福祉事務所の担当者が関わっている。小学校や教育委員会に問い合わせ，母の通院や近所の人の話がいつ誰から得られた情報なのかなど，家庭の事情を尋ねてみる。学校外の関連機関では，児童福祉や子育て支援の担当課に連絡をとり，これまでの関わりや支援の有無と現在の状況，その経緯などを調査する。虐待通告や一時保護などの措置が行われていれば，児童相談所へ問い合わせる。通院先がわかれば，しかるべき担当者から通院状況や病状の照会を行う。これらは個人情報ではあるものの，虐待のリスクがあれば必要に応じて

関係者で集団守秘義務として共有される。

　情報収集は，家族と関係者を含めたシステムの把握と支援のポイントを探ることを目的として行われる。母とAがさまざまな困難を抱えつつもどのように生活してきたか，公的機関との関わりは何がきっかけでどうつながったのか。問題が発生したときに，家族システムがどのように行き詰まり，関係者の支援を含めてどう対応し，どのような結果に至ったか。母にとって頼れる人がいたのか，連絡を取りやすい関係者は誰か。母の離職や病状悪化など最近の家庭の生活上の変化はないか。問題点だけでなく，家族システムが安定していた時期とその理由，協力者などのリソースも重要である。例えば「母親が最近仕事に行っていないらしい」ことがわかれば，仕事を含め何かしらの変化について調査し，病状の確認や生活への支援につなげる方向性が考えられる。「子育て支援の担当者は，以前に支援した経緯から母親が拒否せず連絡を取っていた」ことがわかれば，母と関係が良好な子育て支援の担当者から接触を図ることが有効かもしれない。母子の大喧嘩の話が最近のもので，調べた結果虐待のリスクが高いことがわかれば，通告とともに児童相談所の立ち入り調査となる場合もある。スクールソーシャルワーカーは，断片的な情報からでも，より効果的な支援へとつながるポイントを探し，関係者と協議しながら誰がどうアプローチするかを考えていく。子どもの支援を考えるにしても，一時的でなく持続するためには，その生活環境となる家庭を含め考える必要がある。支援に向けた一歩となる関係を作ることは，その後の生活環境への支援や働きかけにつながるだけでなく，虐待の予防にもなる。

　要保護と考えられる家庭は，学校や公的機関の働きかけに拒否的で，養育などさまざまな問題があるように見えるかもしれない。しかし，「公的な支援を受けるように」と伝えたところで，多くの場合はつながらない。家庭の側からすると，さまざまな困難を抱えるに至る経緯があり，周囲から理解されない体験を重ねて拒否的になり，困っていても援助を受けることへのためらいなどの事情があると思われる。それゆえ，訪問や面接など直接的な接触を図る場合には，家庭の事情を理解しようと努め，家庭の立場に立って関係を作り，そのうえで困っていることに役立つサービスや人へと橋渡しをすることが肝要である。

支援システムの形成とその維持

　スクールソーシャルワーカーと関係機関の担当者は，家庭との関係を作り支援の窓口となって，家庭と関係者を含めた支援システムを形成し，それが有効に機能するように連携・協力体制を維持していくことになる。事例によってさまざまな支援が

行われることになるが，教育は学校，生活面は自治体の担当部署，医療は医療機関と，その家庭に必要な支援を調達する方法は各機関によって異なる。「たらい回しのお役所仕事」と揶揄されないよう，各機関が効率的に役割を果たせるように調整・連携を維持することが重要であり，スクールソーシャルワーカーはこれらの社会資源のコーディネートを期待されている。

　支援システムの目的は，全ての問題の解消ではない。Ａの母が通院しながら，家庭生活が困窮せず，Ａが学校生活を送れるようになる，といったように，支援と関わりによって，多少の困難を抱えながらも安定して生活を送れるようになることを目指す。母の病状が改善する，経済的支援を受けることで経済的心理的に余裕ができて，Ａも安定して登校できるようになる。Ａが登校できるようになれば母が一人で休養できる時間が増えるなど，改善の可能性があるポイントから働きかけ，必要な支援を行い，家族システムが安定するように支援の関係者が協働する。家庭の側からすると，困ったときに母やＡが連絡できる，頼れる人ができることにもなる。こうした連絡できる関係により，問題が生じた際にも早期に対応が可能となる。

　学校側からすると，教育機関の範疇を越えた部分をスクールソーシャルワーカーが担い，他の機関との連絡・調整を任せることができる。子どもに変化が見られた場合に，学校外で誰に何を相談すればよいかあらかじめわかっていれば，早期の対応が可能になり，支援システム全体のなかで学校が何を担えばよいかについてスクールソーシャルワーカーがコンサルテーションできると学校も対応しやすくなる。支援システムが機能するためにスクールソーシャルワーカーが調整役となるのである。

　支援システムは，長期的な視点から適宜修正・調整され，維持されていくものである。家庭の状況の改善もしくは悪化によって，必要となるサービスは異なる。また，学校や公的機関は年度が変わると担当者の変更がしばしば行われ，子どもの進学や親の転職など時間的な推移に伴う変化も必然的に生じる。そのため，メンバーの変更や時間的な変化に対応する働きもスクールソーシャルワーカーには求められている。

関係機関のネットワーク

　関係機関が機能的に協力・連携できるよう日常的なネットワークづくりも重要である。虐待のリスクがある場合には，スクールソーシャルワーカーが市役所の担当課のＢさんに連絡を取り，必要に応じて児童相談所の学区地域担当Ｃさんに相談する。生活支援の場合には担当課のＤさんに，障害関係であれば担当課のＥさんに，というように，特定の問題が起こったときに誰に連絡をとって対応するか，事前に関係性を作り，ネットワークができているとスムーズに効果的な支援が可能となる。

ソーシャルワーカーは，地域資源と利用可能な制度に精通し，多機関連携の訓練を受けた専門家である。たとえば医師や看護師や心理士が同じ病院内で協力しても，提供できるサービスは大枠では「医療」である。他のサービスの調達のためには別の機関とケース会議などで顔を合わせ，役割分担と行き違いや認識のズレを調整する必要があるが，日常の業務を抱えるなかでの負担から頻繁には行うことはできない。そこにソーシャルワーカーが介在することで，必要なさまざまな支援を架橋し組み合わせることができる。スクールソーシャルワーカーには，学校を舞台にそれぞれの機関の役割や立場を理解し，機能的に連携できるようつなぐ働きと，そのネットワークを支援システムとして日常的に維持することが期待され，求められている。

スクールソーシャルワーカーの課題

　スクールソーシャルワーカーは専門性や活動の範囲が広く，ソーシャルワークが重視される社会情勢からも期待が高い。一方で，現状では専門性の質，役割と活動についての理解，配置形態などの課題が指摘されている（門田，2008）。スクールソーシャルワーカーは社会福祉士や精神保健福祉士の有資格者が中心であるが，学校現場の理解やその要請に応えられるような継続研修・スーパーヴィジョンの整備の必要性が指摘されている。また，現状では「地域や学校の実情に応じて，福祉や教育の分野において，専門的な知識を有する者又は活動経験の実績等がある者」の配置も認められており（文部科学省，2017），地域によっては退職校長や元教師，臨床心理士などがスクールソーシャルワーカーとなり，本来のソーシャルワークとは異なる活動をしている場合もある。また，教育委員会や学校の教師，公的機関の担当者などが，スクールソーシャルワーカーの役割について知らないことも多い。筆者が見聞きしたところでは，本来はスクールソーシャルワーカーがその役割から要保護児童対策地域協議会のメンバーに入るべきと考えられるが，自治体によっては参加していないところもある。スクールソーシャルワーカーの活用に積極的な教育委員会の担当指導主事が変わったり，スクールソーシャルワーカーが変わるとその活用システムも残らず変わってしまうこともある。さらに，スクールカウンセラーと同様，週1〜2日の非常勤雇用形態がスクールソーシャルワーカーの活動を制限してしまう。連携機関は連絡を取りにくく，教育委員会や学校は責任の所在の点から重要な案件を非常勤の専門職に任せづらい。スクールカウンセラー同様その活動に個人差が大きく，自治体によって活用の仕方が異なっているのが実情と推測される。

　スクールソーシャルワーカーの活用については，その専門性を発揮すべく，ケース

の情報収集とその整理，関連機関との橋渡しと調整，支援を要する事例への支援システムやネットワークづくりが考えられる。スクールカウンセラーとその活動が重複する部分もあるが，学校内の心理援助や問題対応はスクールカウンセラーに，学校外や福祉援助に関わる対応はスクールソーシャルワーカーに，としてもいいし，それぞれが援助しながらも必要に応じて心理的問題はスクールカウンセラーに，福祉的問題はスクールソーシャルワーカーに，とつないでもいいだろう。保護者面接を同席して行い，それぞれの役割から援助してもいい。

　学校現場でソーシャルワークの専門性が求められる事例が生じていることから，スクールカウンセラーにとってもスクールソーシャルワーカーは頼もしい連携相手となってくれる可能性がある。それぞれの役割や特性を活かしながら，ともに活動していくことが一層期待される。

文献

半羽利美佳（2016）．社会資源の把握①．金澤ますみ，奥村賢一，郭理恵，野尻紀恵（編）．スクールソーシャルワーカー実務テキスト．学事出版．pp. 46-47.

伊藤美奈子（2000）．学校側から見た学校臨床心理士（スクールカウンセラー）活動の評価──全国アンケート調査の結果報告．臨床心理士報，20, 21-42.

門田光司（2008）．文部科学省の「スクールソーシャルワーカー活用事業」とその発展的課題．日本学校ソーシャルワーク学会（編）．スクールソーシャルワーカー養成テキスト．中央法規出版．pp. 262-274.

子どもの貧困対策会議（2015）．すべての子どもの安心と希望の実現プロジェクト．［https://www.kodomohinkon.go.jp/policy/pdf/sukusuku.pdf］（2018年4月23日閲覧）

文部科学省（2017）．スクールソーシャルワーカー活用事業実施要領．

野尻紀恵（2016）．学校とスクールソーシャルワークの接点．金澤ますみ，奥村賢一，郭理恵，野尻紀恵（編）．スクールソーシャルワーカー実務テキスト．学事出版．pp. 10-11.

大塚美和子（2008）．スクールソーシャルワーカーの理論．日本スクールソーシャルワーク協会（編）．スクールソーシャルワーク論──歴史・理論・実践．学苑社．pp. 61-74.

住田正樹（2011）．児童・生徒指導の今日的課題．住田正樹，岡崎友典（編）．児童・生徒指導の理論と実践．放送大学教育振興会．pp. 224-236.

田中理絵（2011）．学校と家庭──教師と親との関係．住田正樹，岡崎友典（編）．児童・生徒指導の理論と実践．放送大学教育振興会．pp. 180-191.

第Ⅱ部 連携のアレンジ——組織の橋渡し役として

CASE

スクールソーシャルワーカーとの連携

赤津 玲子

はじめに

　学校現場にスクールソーシャルワーカーが登場してからまだ日が浅く、スクールカウンセラーとスクールソーシャルワーカーの連携も定型的なものはいまだない現状である。ここでは、スクールカウンセラーとスクールソーシャルワーカーが配置された中学校の事例を通して、日常的な連携の一つのあり方を紹介したい。

事例

　「どうせボクなんて、すぐキレる奴だと思われてるからしょうがないと思って」と、拓海さんはあきらめたような様子でため息をついた。場所は中学校の相談室。拓海さん（仮名）は中学校1年生で、少し大きめの制服を持て余しているように見える。5月末は、新1年生の緊張感が薄れ、入学時の喧騒から少し落ち着いたように見える反面、些細な問題が出てくる時期である。スクールカウンセラーが「えー、そうなのー？ なんで？」と驚いた様子で聞くと、苦笑いを浮かべて小学校時代の自分のキレぶりを話し始めた。
　一週間前、スクールカウンセラーは1年5組の担任から、拓海さんの相談を受けていた。
　小学校のとき、拓海さんは友人とトラブルになるとハサミを投げつけたり椅子を蹴ったりして、すぐにキレる問題児と言われていた。入学後のゴールデンウィーク明け、クラスメイトに断りなく消しゴムを使われたことをきっかけに、そのクラスメイトに足をかけて転ばせ取っ組み合いの喧嘩になりかけた。担任はクラスメイトに非

があることを把握する一方で，拓海さんにも非があることを説明し指導した。しかし，その件で母親に電話をすると，母親は泣いている様子で過剰な謝罪に終始し，おかしいと感じていた。担任は，小学校からの申し送りが気になるので，拓海さん本人のカウンセリングをしてほしいと思っていたが，こうなると母親も気になるので一度会ってほしいということであった。スクールカウンセラーは，消しゴムの件があった直後に，担任が母親にカウンセリングを勧めるリスクを考えた。「お宅の子どもさんが悪いことをしたので，お母さんがカウンセリングを受けてください」というニュアンスを含むことを懸念したのである。そこで，担任にその懸念を説明し納得してもらったうえで，ひとまずコーディネーターに来週カウンセリングの枠が空いていることを確認し，その枠に拓海さんを入れてもらうことにした。同日勤務のスクールソーシャルワーカーにはその旨を簡単に報告した。

　拓海さんとの面接は，スクールカウンセラーの「今日はどうしてここに来たの？」という質問に，拓海さんが「消しゴムの事件」について素直に話すことから始まった。拓海さん自身の「キレる奴だと思われているし」という自虐的な発言をきっかけに，スクールカウンセラーは小学校時代のエピソードを聞くことになった。拓海さんは小学校時代のいくつかの事件について説明してくれた。話し方はとてもわかりやすく，一方的に自分や相手が悪いと決めつけることもなく，自分なりに状況について考えていることを説明するのが上手であった。やってしまったこととは裏腹に，少し大人びた印象である。

　その後，スクールカウンセラーから家庭環境について聞いてみたところ，両親ともにこの地域の出身ではなく，転勤で偶然転居してきたことが明らかになった。母親はこの地域が嫌いで，拓海さんが小学校の頃から毎年のように来年は転勤だと言い，そのため拓海さん自身も転校するものと思いながら過ごしてきたことが話された。友人関係が希薄でクラスメイトの愚痴ばかり言う拓海さんが，家族のこと，特に母親のことになるとさらに饒舌になった。母親はパートタイムで仕事をしているが，帰宅すると仕事の愚痴を一人息子の拓海さんに話し，一週間のほとんどを出張で不在にする父親が週末に帰宅すると，夫婦喧嘩が絶えないようであった。それがいやで，なるべく話を聞かないように自室で読書をすることが多く，ときには散歩に出ることもあったという。スクールカウンセラーは拓海さんの話を全部事実であるとうけとったわけではないが，本人の大人びた話し方から，母親の愚痴聞き役として十分に機能しているだろうと考えた。

　スクールカウンセラーが，「お母さん，カウンセリングに来てくれないかなあ」と言ってみると，拓海さんは無理だと答えた。母親は，小学校の頃から拓海さんの件

で学校に来たり謝罪したりしていたために，今回もまたかという感じで怒りを露にしていたとのことだった。本人に直接言うのではなく，モノにあたったりなど態度でわかるらしい。スクールカウンセラーは「そっかそっか」と心配するふうを装いながら本人に直接危害が及んではいないことを確認した。

　そして，面接の最後に拓海さんに説明した。「人は皆ここ（胸の下）に堪忍袋を持っているが，どんなに強い人でも小さな我慢を続けると堪忍袋は破裂する。拓海さんの堪忍袋が弱いわけではなく，誰でもそういうもの。だから，小さな我慢を貯めこんでいないかどうかチェックしないと。拓海さんが自分のことをキレやすいと思われたくないのであれば，これから2週間に1回会って，私と一緒に堪忍袋をチェックしよう。チェックの仕方を覚えれば破裂する前にそれを小さくする方法がわかると思う」

　その後いくつかの保護者面接を終えて職員室に戻ると，スクールソーシャルワーカーの佐々木先生が待っていた。

　佐々木先生は，私より年配でスクールソーシャルワーカー歴10年のベテランである。昨年度，この中学校に初めてのスクールソーシャルワーカーとして配置された。スクールカウンセラーと同じ毎週一日8時間勤務である。この中学校の教頭先生が，佐々木先生の前配置校で一緒に仕事をしたことがあり，管理職との関係づくりに支障がなかったことは，配置3年目の私にとってありがたいことであった。

　この中学校は一学年5クラスで，何年か前まで非常に荒れていたと聞いており，現在でも少年鑑別所に入っている生徒がいる。そのためか生徒指導の先生方の力が大きく，コーディネーターも生徒指導主任の強面の佐藤先生である。強面と言ってもスクールカウンセラーや佐々木先生にはとても気をつかってくれる。それはおそらく，教育相談担当で養護教諭の三上先生が，佐藤先生を上手に立ててくれているからだと感じている。

　スクールソーシャルワーカーの佐々木先生から拓海さんの初回面接のことを聞かれ，本人面接が継続になったことを口頭で報告した。今日はこの後いくつかの小さなケース会議が行われるのだが，二人の間でケース会議について事前に少し相談した。佐々木先生曰く，この段取りがとても大事で，落としどころをある程度いくつか考えておいたほうが気持ちよく進むらしい。拓海さんのケースについては，「やはり本人面接だけを継続して，本人が落ち着いたらお母さんに来てもらうという方向で考えている」と説明した。佐々木先生に「児相に通告とかのレベルではないってことかな」と聞かれ，「モノ投げても当てるためじゃないし，今日の話からだけでは問題ないようだから，ひとまず隔週で会う予定で様子を見ようと思う」と答えた。

　ケース会議には，管理職まで入る会議もあれば，担任とスクールソーシャルワー

カーの佐々木先生，スクールカウンセラー，コーディネーターの佐藤先生，養護教諭の三上先生だけという小さな打ち合わせのような会議もある。ケースによってメンバーはさまざまであり，それらは佐藤先生か三上先生が段取りをしてくれるが，必要に応じて佐々木先生が提案してくれるときもある。佐藤先生が小さな会議を予定していても，佐々木先生やスクールカウンセラーが管理職も入れてほしいと言えば調整してもらえる。佐々木先生が来る前は，このような段取りは佐藤先生と三上先生に任されており，ケースによっては担任とスクールカウンセラーだけで話してそれを佐藤先生や三上先生に報告する形であった。現在は，まず一日の最初に佐々木先生と打ち合わせをして，佐々木先生にその日のケースを把握してもらう。その後いくつかの面接を行って，ケース会議をする流れになった。

　拓海さんのケース会議は，スクールカウンセラーと佐々木先生のほか，担任，学年主任，佐藤先生，三上先生の6人で行われた。ケース会議といっても会議室で行うのではなく，スクールカウンセラーと佐々木先生の席の周りが空いているのでそこに椅子を持って集まるのである。佐藤先生がまず担任に経緯を聞き，担任がクラスで揉めた事件について報告，小学校からの申し送りについても話した。担任は「先生（スクールカウンセラー）に拓海さんのことで相談したら，お母さんにカウンセリングを勧める前に本人と面接をしてみますとのことでした」と話した。そこでスクールカウンセラーから今日の面接内容について報告した。そのうえで，本人自身が「すぐキレるやつだと思われたくない」という気持ちが強いこと，本人が学校で問題を起こすことについて母親が過敏になっていること，本人自身がキレないようにコントロールできるようになる方向で面接を継続しようと思っていることを報告した。佐々木先生からは，母親の行動について虐待ということではないと判断しているとのコメントがあった。三上先生からは，拓海さんがときどき保健室に来ること，いろいろ話をして面白い子だと思っていたという報告があった。

　担任は，「拓海さんの行動が今すぐに改善されるとは思えないが，頭のいい子なのでカウンセリングを継続することで改善されていけばいいと思う」と話した。そしてスクールカウンセラーに「できればお母さんと一度話してほしいと思ってるんですけど」と聞いた。スクールカウンセラーからは「今お母さんに声かけをすると拓海さんの件で呼び出したような形になって，小学校時代のように本人を責めるようなかかわりになってしまうと思う」と説明し，「お母さんに声かけするのは少し先延ばしにして，担任の先生からお母さんに電話で，拓海さんがキレずにうまくいった行動を報告していったらどうかと思うのですが」と提案した。担任がなるほどという顔をしたので，三上先生に聞いてみた。「保健室に行ったときに，拓海さんはどんな話

をしていますか」。三上先生は「クラスメイトのことが多いかなあ，あの子ちょっと浮いてるでしょう（笑），かしこいからいろいろ考えてるみたいで話が面白くて，僕がこう思ってこうしたのにアイツは何もわかってないとか言ってますよ（笑）」と話した。拓海さんは特別に仲のいいクラスメイトがおらず，集団から少し引いているような印象がある。言葉で説明する能力が高いので，その様子を聞くと解説を聞いているようで面白い印象を持つらしい。スクールカウンセラーは同意したうえで，「三上先生も彼がキレる話をご存じなら，拓海さんが保健室に話に来たときに，キレずにうまく収めた場面を褒めてもらえますか」とお願いした。さらに「三上先生から担任の先生にそれを伝えてくれたら，今度は担任の先生が本人を褒めてくださったらやりやすいと思います」とつけたした。三上先生は笑いながら，「ああそうですねぇ，それならできるわ」と答えてくれた。佐々木先生は「拓海さんの強みは，言葉にする能力なんですね」と話し，スクールソーシャルワーカーの支援シートに書き込んでいった。佐々木先生は，何よりも強みを重視するスクールソーシャルワーカーである。支援シートは地域ごとに有無も含めて異なっているが，この地域ではスクールソーシャルワーカーが支援シートに基づいて話をまとめていく。シートは，経過，家族構成，取り組み，アセスメント（個人，家庭，学校），長期および短期目標，役割分担，関連機関との連携などの項目から成る。

　スクールカウンセラーの働きかけは，ひとまず拓海さん本人にキレる行動が出ないようにコントロールさせることである。そして，養護教諭の三上先生と担任に連携してもらい，「三上先生が褒めてたぞ」と担任から拓海さんに言ってもらうことで，拓海さん本人が先生方に頑張りを認めてもらえたと思えるような体制を作ることである。担任の要望である母親面接は，本人の問題行動が少し収まってからにすることにして，拓海さんがカウンセリングを受ける許可だけ母親にもらっておいてくださいと担任にお願いした。

　拓海さんはその後，クラスメイトとの多少のいざこざは起こしながらも，本人なりに溜め込まない努力を続け，キレるやつと言われなくなった。年末に，担任から母親に「スクールカウンセラーが拓海さんのことについてお伝えしたいことがあるようです」と声掛けをしてもらい，母親面接を設定してもらった。スクールカウンセラーからは本人が頑張った様子を伝え，今後は何かあったら相談に来てくださいとお願いをした。

おわりに

　スクールソーシャルワーカーが配置されてから，ケースを共有するという流れが明確になった。学校現場のケースはさまざまな形でスクールカウンセラーのところにやってくる。立ち話でスクールカウンセラーに話を聞きたい教員や，養護教諭を窓口として打診されるケース，学年で問題となってからスクールソーシャルワーカーに報告があり，スクールソーシャルワーカーがスクールカウンセラーに相談してくるケースなど，スクールカウンセラーが初回面接をするまでの流れはさまざまである。また，初回の相談で生徒の気持ちが落ち着いたケースや，生徒自身が全く問題を意識しておらず継続にならなかったケースの記録など，決着があいまいなケースがスクールソーシャルワーカーの手によって支援シートに残ることになった。それが次の担任に引き継がれるので，情報が共有される。これまでは，記録は残っていても引き継ぎは担任に任されていたので，次年度の担任が，前年に生徒がスクールカウンセラーの面接を受けたことやその経緯を把握できていないことがあった。

　このような連携がはじめからうまくできていたわけではない。この学校では，1年早く配置されていたスクールカウンセラーが，当時迷っていたケースについて病院や児童相談所と連携したいと考えており，それを配置されたばかりのスクールソーシャルワーカーに相談した。そこでケース会議を開き，学校長に説明してくれたのはスクールソーシャルワーカーであった。以後，少しずつであったがケースを共有するようになり，スクールソーシャルワーカーが参加した外部機関とのケース会議の内容なども教えてもらえるようになった。その結果，スクールソーシャルワーカーもスクールカウンセラーも，それぞれがかかわっていなくても，中学校でどのようなケースが動いているのかについて，ある程度共有することができるようになった。

　スクールソーシャルワーカーとスクールカウンセラーの協働では，さまざまなことが提案されているが，まずはお互いに相談できる関係になることが大切だと考えている。スクールカウンセラー，スクールソーシャルワーカーともに人によってさまざまだと言われているが，学校現場における専門職としての立場は同じである。多少のぎくしゃくはあっても，お互いのメリットを認め合うことで連携できれば，学校現場に大きな支援の流れを作ることができるのである。

第III部

コンサルテーションと地域援助

カウンセリング以外の仕事

　心理臨床家にとって，個人面接の訓練やスーパービジョンの体験はあっても，間接的な相談であるコンサルテーションを具体的にイメージすることには困難が伴う。しかし，システムズアプローチにとって，間接的な相談，当事者を含まない面談，関係者からの働きかけによって問題解決を生み出そうとする相談，いずれも「得意技」といえる。ここでは，システムズアプローチの立場から学校でのより効果的なコンサルテーション構造を提案し，その理念とともに，具体的な手続きについて示すこととした。

第Ⅲ部 コンサルテーションと地域援助——カウンセリング以外の仕事

第1章

コンサルテーション

相談できるシステムをつくる

金丸 慣美／吉川 悟

はじめに

　問題や症状を抱えているまさにその人（クライエントとか患者と呼ばれる），あるいはその人と緊密な関係にあって，その問題なり症状の形成や解消の過程に深くかかわる人（多くの場合，家族）を対象とする相談活動は，カウンセリングやサイコセラピーと呼ばれることが多い。それに対し，彼らクライエントの問題や症状の解決のための援助に携わる人々を対象とする相談活動を，ここではコンサルテーションと呼ぶ。本章のテーマである学校におけるコンサルテーションでは，コンサルティは学校の教職員，その援助の対象は当然のことながら，児童・生徒，および保護者（一部学校関係者を含む場合もある）である。コンサルタントは，多くの場合スクールカウンセラーになる。

　コンサルテーションは，他の相談活動同様，コンサルティが方向を見失ったり，どう考えればよいのかわからなくなったりして，援助を求めた時にはじめて開始され，コンサルティが必要とする間だけ行われる。その意味で，コンサルティが抱えるひとつの事例の最初から最後まで，コンサルタントがかかわることは，むしろ少ない。状況によっては，コンサルティの行う面接に同席を依頼されたり，あるいは一時期コンサルティのかかわっている事例に直接的にかかわること，つまりクライエントに直接会うことを求められることもある。その学校，現場の状況によってさまざまな活動の形があるだろうが，いずれの場合も，コンサルテーションで行われるべきことは，コンサルタントが直接的に問題を解決することよりも，コンサルティが直面している困難を解消し，コンサルティ自身の相談活動がうまく展開できるように援助することである。

　一般的な心理療法の訓練経験のあるスクールカウンセラーは，「コンサルテーショ

ン」と「治療的援助」と「教育的指導」の違いを明確に区別しておく必要がある。これらそれぞれの目的は，類似していながらも決定的に異なる。まず「治療的援助」は，主にクライエントを対象とした直接的な援助である。コンサルテーションのコンサルティはクライエントではなく，したがってコンサルタントはコンサルティやクライエントに直接的な援助を提供すべきではない。また「教育的指導」はスーパービジョンや教育分析といったぐいのもので，スーパーバイザーとスーパーバイジーとの間で，スーパーバイジーの専門性の向上を目的とした明確な指針が共有された場合にのみ成立する。コンサルテーションではこうした目的が共有されてはおらず，コンサルティの要望は当の問題への対応が困難な状況に打開策が示されることである。最初にこのようなことを述べたのは，多くのスクールカウンセラーがコンサルテーションの経験を持たずに現場に入り，面前のコンサルティをクライエントとして扱うことで自らの援助のスタイルを維持できると考えたり，自分がスーパーバイザーから受けた指導をコンサルテーションであると勘違いする傾向があるからである。コンサルテーションには治療やスーパービジョンとは異なる専門性が求められており，この点を明確に認識しておく必要がある。

　本章では，ごく基本的ながら留意すべき事項について，コンサルテーションの一般的な過程に沿って，検討してみたい。

コンサルテーション・システムの形成

コンサルティは本音を語れるか

　何が重要といって，コンサルティが何に困っているかを把握する以上に重要なことはない。コンサルタントはまず，それを知りたいと思う。だが，コンサルティが来談して，最初からコンサルタントに，自分が直面している問題について率直に語ってくれるはずと期待するなら，それは少々おめでたいと言うべきかもしれない。

　コンサルティが来談するその経緯を考えてみよう。コンサルティはどうやってこちらの存在を知り，コンサルテーションを受けることを決めたのか。コンサルティの信頼する同僚の勧めか，厳しい上司からの指示か，あるいは校内に他に相談者がいないのか，また事前にコンサルタントについてどのような情報をもっているか……。「以前，コンサルテーションを受けて非常によい結果を得たという同僚であり友人でもある人物から勧められ，自らの意志で来談した」，というコンサルタントにとっては願ってもない好条件（？）であったとしても，なお油断は禁物である。責任感の強い人であればあるほど，自らの力でわが生徒を立ち直らせてやりたい，困っている

保護者の力になりたい，それができない自分はもしかすると教師として不適格なのではあるまいか……，あの生徒が不登校になってしまったのはそもそも自分の指導がまずかったのではないか……といった無力感や自責の念，その裏返しで過度に防衛的になっていたり，外罰的になっていたり，ということも考えられるからだ。

　はじめてコンサルテーションを受けるコンサルティには，コンサルテーションへのさまざまなバイアスがあり，「困ったことを相談したい」という思い以上に，相談せざるを得なくなった自分は，コンサルテーションの場で能力不足や失敗を指摘されるのではないかといった危惧があることもある。

　抱えている問題が，単に生徒の指導の仕方だけでなく，自らがおかれている立場の不自由さ，周囲との関係のまずさにかかわっているものであれば，なおさら事態は複雑になる。言いにくい，言いたくない，言いたくても言えない，言い方がわからない，言ってもはじまらない，言ってもわかってもらえまい……。これらはコンサルティ個人の性格的な特性からくるものというより，コンサルティが現在おかれている立場，受けている拘束からくるものであることも多い。

　確かに表面上はコンサルティの方がコンサルタントへ接近してくる。しかし，どんな場合も本当の意味で近づいて行かなければならないのは，コンサルタントの方である。コンサルテーションの場を訪れるに至った経緯，コンサルティがおかれている立場に配慮して，コンサルティが語りやすい相談関係を形成していく。ここで必要とされるのが，コンサルタントの最初の仕事，ジョイニングである。この意味で，ジョイニングは単なる技法のひとつというよりも，学校という大きなシステムの窓口として，問題を携えて現れたコンサルティとつながり，コンサルテーション・システムとでも呼ぶべきシステムを形成していく作業と捉えたい。このコンサルテーション・システムとは，うまく機能できなくなっている，より大きなシステム（学校システムあるいは学校システムのサブシステム）に，何らかの変化のきっかけを与えたいという意図を持って形成され，その意図が達成されしだい解消されるサブシステムということになる。これは最小限コンサルティとコンサルタントの二人のメンバーから成り立つ。

　コンサルテーション・システムを形成する過程で大切なのは，コンサルタントがコンサルティの意欲や努力，これまでの懸命な対応への労いや肯定的な評価を積極的に表明していくことである。ただ，この際，コンサルティが心理的に過度の抑うつ状態にあるような場合は，注意を要する。特に，安易な励ましはかえって状態の悪化を招く場合があるので禁物である。

　また，コンサルティが属している学校システムのなかで，教職員間の対立・葛藤

が深刻化しているような場合もまた，慎重を期す必要がある。コンサルタントがコンサルティに肩入れしているかのように受けとられ利用されたり，対立する側に排除されるなど，学校システム内の葛藤に巻き込まれ，その後のコンサルテーションの展開に支障をきたすことになりかねないからである。

　しかし，一般的にコンサルティへの「肯定的な評価を積極的に表明すること」は，良好なコンサルテーション・システムを形成していく上での必須事項と言ってよいだろう。事が順調に運んでいれば，コンサルテーションの場を訪れるはずはない。多かれ少なかれ，コンサルティの胸のうちにあるのは，目に見えるよい結果が出せないでいる焦燥感や挫折感であることが多いからだ。これまでの努力が認められ，賞賛されると，少なくともそれを表明している相手に対して不快な感情はもちにくい。また，専門家の立場から自分の力不足，対応の誤りなどを指摘されるのでは，という不安を持って訪れたコンサルティには，安心感や自尊心の回復をもたらすことができるかもしれない。これまでの経過，現在の状況の否定的な面ばかりに焦点を当てることでは，問題解決へ向けての意欲や自信，建設的な発想は生まれにくいものである。

より良いコンサルテーション・システム

　先に良好なコンサルテーション・システムという言葉を用いた。「良好」とはどういったものだろうか。ここでは以下の三つをあげておきたい。

　まず，第一はコンサルティとコンサルタントが対等であること。言わばコミュニケーションの専門家であるコンサルタントと，教育の専門家であり，クライエントを取り巻く状況，特に学校場面での状況について（少なくとも，コンサルタントよりはるかに）熟知している存在としてのコンサルティが，互いにその立場と専門性を尊重し合える関係であること。このような関係のなかでこそ，コンサルティはより率直に問題を提示することが可能となる。それを出発点に，コンサルタントとコンサルティの間で，解決を目指して，ともに頑張って行こうという目標設定と協力の約束を取り結ぶことができるのである。もちろん，後述する情報収集の過程や，具体的な対応を検討する際の話し合いをよりスムーズに，また生産的なものにすることができる。

　第二は，コンサルテーション・システムが学校システムの中で孤立していないこと。オープンであって柔軟に，その事例にかかわる教職員が必要に応じてそのメンバーに入れること。コンサルティの存在が，その事例にかかわっている教職員の中で，中心的か周辺的か，発言力がどの程度であるかは，コンサルテーションの展開に大きくかかわってくる。その事例の解決がひとりコンサルティのみの活動によって

可能となるような場合は，むしろ少ないであろう．程度の差はあれほとんどの場合，その段階に応じて複数の教職員の協力・連携が必要とされる．必要に応じて，コンサルティ以外の教職員とも，コンサルタントが話し合いをもつことが可能であったり，直接にはやりとりするということがないとしても，コンサルティを経由してコンサルテーションの内容を時には部分的に，時にはすべて共有していくことが柔軟にできることが理想的である．コンサルテーション・システムが，事例にかかわっている他の教職員と全く孤立した形になったり，対立したりしてしまうようでは元も子もない．コンサルテーションにおいてコンサルティは学校システムの窓口ではあっても，総意の代表者ではないことを忘れてはならない．コンサルテーションをうまく展開していくために，コンサルタントは自らのコンサルテーション・システムが，学校システムの中でどういう位置にあるかを常に意識している必要がある．

　加えて第三に，コンサルティである教職員の考え方や個性・長所が，コンサルテーションシステムに反映されること．教職員にも児童・生徒や保護者にもそれぞれ考え方や個性があり，相性もある．そのため「一般的に有効」な対応でも，効果に差が生じるのは当然のことである．コンサルタントは，コンサルティの考え方や個性の長所を解決の指針に取り込み，コンサルティのモチベーションを高め，より効果的な対応が生まれる可能性が高まるよう配慮する必要がある．

コンサルテーションにおける情報収集の視点

　コンサルテーションにおいて，情報の収集，整理は欠くことのできない過程である．コンサルティの中には，詳細な観察の記録や面接の記録を持参される方も多い．児童・生徒（以下，クライエント）が，いついつの面接ではどういう表情でどういうことを語ったというような，いつ「事例検討会」が行われてもすぐにも提出できそうな，すばらしく整理されたまとめである．にもかかわらず，そのコンサルティの頭の中は，そのクライエントにどう対応したものか混乱のうえにも混乱してしまっている．

　コンサルティが提示する内容はさまざまであるが，いずれにしても，それは対人関係についての問題である．対人関係は言うまでもなく，一方通行ではありえない．相互の交流であり，影響の与え合いである．しかし，多くのコンサルティの記録ないし記憶には，この相互の影響に関する部分が欠落していることが多い．クライエントが，保護者が，どのように怒った，泣いたとは記録しても，それらの反応を引き出した状況についての記述は少ない．特にコンサルティ自身がその当事者であった場合，どんな対応の仕方，言い回しをしたときにどのような反応が得られたというよ

うな記述，記憶の仕方はされていない。クライエント，保護者の反応の羅列，列挙は，それが経過を追ってきちんとなされていればいるほど，彼らが生来もっている性格特性であり，さも動かしがたいものであるかのように，ある種の迫力さえ帯びて見る者に印象づける。こちらが別の言葉がけ，ちがう接触の仕方をしていたら，もしかしたら異なる反応が得られたかもしれないという可能性が見失われがちになる。それは，コンサルティ，コンサルタント両者の発想の幅を狭めさせ，相談活動を膠着させることにつながりかねない。

　記録，記憶による報告はその事例についての重要な情報である。慣れるまでは大変かもしれないが，援助の対象である人物の反応や状態を記録，記憶する際にその場に居合わせた人達（もちろん自分自身をも含めて）の動きや時間的に近接したなかでどのようなことが起こっていたかをも記述することを心掛けること，これは，コンサルテーションの過程でも，コンサルティ自身の援助活動にとっても，大いに役に立つと考える。それは，コンサルテーションに必要な状況の把握が容易になると同時に，今後の対応を考えてゆく上でのヒントを与えられることが非常に多いからである。

　特に，難しい問いを発するわけではない。コンサルタントはコンサルティに対し，例えばこのように問いかけていく。「先生がどうおっしゃった時に，その生徒は黙り込んだのですか？」「それはいつでもそうですか？　母親が同席の時も？」「それ以外の反応をしたことが，これまでにありますか？　それはどういう時ですか？」。これらは，クライエントの反応を，その前後の文脈のなかで把握するための質問である。あるいは「先生が生徒にそのように指導なさったことについて，担任の先生はどのようにおっしゃいましたか？」「担任の先生と方針に違いがあるとわかったとき，先生はどうなさいましたか？」「生徒指導の先生が調整に入られると，担任の先生はいつもそのように，譲られるのですか？」など，対象の枠組みを理解するために，常に具体的な説明を求めるのである。

　熟練した，あるいはセンスのあるコンサルティは，コンサルテーション場面でこのような情報収集のやり方に触れるだけで，行き詰まっているかに見えた状況の中に，見落としていた変化の可能性を見いだすこともある。また，自分自身の相談活動の場にそれを取り入れることもある。それは，上述したように効率よく情報を収集できるばかりでなく，自分自身をも含めた相互交流のあり方を俯瞰するかのような視点をもたらし，感情的になってしまったり，不毛な感情的巻き込まれ現象を回避することを可能にする。

コンサルテーションにおける仮説

　問題の発生や持続にかかわる相互作用のパターンを要約し，記述したものを仮説と言う。言わば，システム論的な視点からの「見立て」である。
　例えば，不登校の生徒を巡って，教室には入れないが，放課後の部活動になら参加できるかもしれない，それをきっかけに再登校へと向かわせたいと考える両親と部活動の顧問の先生。そんなやり方をとっては他の生徒への示しがつかない，そもそもそういった過保護な対応では生徒を甘やかすばかりで効果はない，と主張する生徒指導担当の先生。何度か家庭訪問はするものの，その件について，これといった助言や対応をしていない担任の先生。
　この事例で，その担任がコンサルテーションを求めて訪れたとしよう。上述のようなコンサルティの情報から，クライエントの部活動参加を巡って，顧問と両親は連合し，生徒指導担当と対立関係にあり，その狭間でいわばどっちつかず，あるいはそれらの状況から多少離れた形で担任（＝コンサルティ）がいる，といった構図が明らかになる。これがこのシステムを構造面から見たときの大まかな仮説である。
　このシステムのなかで，コンサルティは自らの指導方針を打ち出せない状態にあるということは容易に推測される。コンサルティがこの件について，賛成か反対か意見を言えば，それは顧問の側か生徒指導担当の側のどちらかに与したように受け取られることが確実で，どちらについたとしても連携しなければならないはずの教師同士の対立がより強まることになりそうで，コンサルティとしては躊躇してしまう。
　両親は，コンサルティのこの態度を「頼りない」と思い，最悪の場合は不信を感じて，ますます部活顧問に指導を求める。顧問がそれに応えようと，強引にことを進めようとしようとすると，異なる方針をもつ生徒指導はますます，両親の生徒への対応にも部活顧問の指導にも批判を強めていく。対立が激しくなればなるほど，その狭間でコンサルティはよりいっそう自分なりの考えを打ち出しにくくなっていく，というような相互作用がこのシステム内で起こっていることが推測される。これが，このシステムを機能面から見たときの仮説である。そして，この循環が繰り返されるほど，このパターンは強化され，硬直していくと予想される。当初は，部活動参加についての方針の違いだけであったはずが，クライエントに対する対応全般，またそれと無関係の事柄についても交流がうまくいかなくなってしまう。
　仮説をまとめる過程で，必要でありながらまだ得られていない情報が明らかになる。保護者・コンサルティ・部活顧問・生徒指導はクライエントの現在の状態をどう捉えているか。例えば怠学，成績不振による自信喪失，級友とのトラブルに端を

発した，あるいは，友人ができず学級内で孤立しているという思いからの不適応など，そもそも問題についての枠組みに違いがあれば，それに対する対応の仕方の方向性に食い違いがでてくるのは当然である。また，クライエント自身の希望やクライエントと保護者・コンサルティ・顧問・生徒指導との関係，在宅時の日常生活面で何か問題は起こっていないか。自宅学習の援助，保健室登校，級友との関係作りなど，部活動参加以外での働きかけの余地はないかなど。それらについて，情報をさらに集めながら，仮説に修正を加えていくのである。こうして組み立てられた仮説は，問題解決へ向けて，具体的に，誰にどのような働きかけを行っていくかの発想の元となる。

　コンサルタントはコンサルティから，また場合によっては別の経路から得られたさまざまな情報に基づき，仮説を組み立てていく。仮説を常に意識しながら情報を集めることは，効率的であるうえ，感情的な巻き込まれも防ぐことができる。方法は，各人のやりやすい方法で構わない。ともかく，現在どのような状況の中で，問題が持続しているかという視点から，コンサルティも含めた問題にかかわる人々全体を眺め，その中で，どのような相互作用が起こっているかを記述してみる。そのうえで，解決のためにはどのような働きかけが可能かの検討を行うのである。

　仮説作りの実際は，コンサルティが持ち込んだ問題によってかなり異なったものとなる。コンサルティが提示した問題の中心が，コンサルティ自身の生徒への対応の仕方である場合と，生徒への対応をめぐって考え方が対立する生徒指導と養護教諭の関係の調整である場合では，当然，考慮しなければならないシステムの範囲も焦点のあて方も変ってくるからである。おそらく，前者ではコンサルティの立場にもよるが，コンサルティ，クライエントとその家族の間の相互交流の在り方に焦点をあてた情報収集がなされ，それに基づいて仮説が組み立てられるだろう。後者では，さらに学校システム全体についての情報が必要となるし，そこに影響を与えるためのやり方について，慎重に検討される。ここではおそらく前者よりも，コンサルティの学校システムにおける立場，位置づけ，他の教師らに対する影響力についての情報がより重要となるだろう。

　コンサルタントは自分自身がクライエントに直接働きかけを行うことは少ないものの，クライエントの問題・症状の形成に何がかかわっているか，またどんなシステムの中でそれが維持され続けているかについての仮説も，同時に常に念頭に置いている。その意味で，コンサルタントの持つ仮説は重層的である。

コンサルテーションの方向性

　コンサルティのコンサルテーションへの要望はさまざまだが，大まかには三つに分けられよう。

①担任している生徒のひとりが欠席を続けていることについて，他の生徒達にどう説明したらよいだろうか？　とか，生徒が不登校の状態になったが，これまで全く経験がなく，どうアプローチしていったらよいかわからない，といった基本的なことがらについての相談。

②夜間徘徊をする生徒の保護者に，門限を設定し，守れないときはペナルティを科すことを提案したが，このやり方でよいのだろうか？　とか，保健室登校が始まったばかりで，養護教諭としては，しばらくは刺激せずに見守りたいと考えているが，担任が保健室を覗いては教室へこないかと声をかけている，どうしたものだろうか？　といった，すでに自分なりの取り組みをされている，あるいはプランがあって，それについての意見を求められる場合。

③あれこれ自分なりにアプローチしてみたが，改善が見られず，万策尽きたという思いで，解決の糸口を探しにくる場合。

　当然のことながら，コンサルテーションの方向はこれらコンサルティの要望に対応して，考えていくべきである。何年もの時をさかのぼって問題の原因を解明したり，こうなればよいという理想の形を語ることでは，知的な興味は満たせても，眼前の問題で切迫しているコンサルティの期待に応えたことにはならない。三つのいずれの場合も，コンサルティの求めるものは，現在直面している問題をどう捉えるかについての示唆，そして，具体的に何をすべきか，できるかということについての助言である。
　では，コンサルティに対してどのような助言，援助を行うか，それは個々の事例によってことなるので，一概に述べることは難しい。ここでは，基本的な方向とでもいうべきものを5点述べておきたい。
　(1)　①のような場合特に，まずコンサルティにクライエントおよび保護者とのよりよい関係を作ることを勧めたい。コンサルティが問題を把握するうえでも，何らかの働きかけを行っていく際にも，それが基本となるからである。クライエントの希望，保護者の意向を常に尊重しながら，助言・指導を行っていくことが，クライエントや保護者の主体性や意欲を失わせず，同時に教師としてリーダーシップを発揮できる

関係を作ることにつながる。コンサルティが教師としての考えを先行させ過ぎてしまうと，後々，問題解決の主体であるかような過重な役割を担うことになり，結果としてクライエントの能力や保護者の協力を引き出しにくくなってしまう可能性がある。

　(2) ②のコンサルティには，明らかにそのコンサルティなりの問題に対する仮説とそれに向けての対応策があり，これを有効にすることである。コンサルタントは，コンサルティの問題の捉え方，枠組みをできる限り正確に把握する必要がある。そして，十分に尊重しつつ，コンサルティがその試みを成功裏に進めていくために，何ができるかという方向で考えるべきである。その時点で予測可能な問題点があれば，あらかじめ話しあい，対策を立てておくことも大切である。

　(3) ①②の場合，コンサルティがこれまで行ってきたクライエントへの働きかけの中で，奏功した点，うまくいかなかった点，効果の程度が不明なものなど，これまでの取り組みを整理していくことが大切である。この際，重点を置くのは，これまでの働きかけでうまくいったと思われる点である。まずは，少しでも有効であったと思われる対応を継続し，効果があがらなかったものは無理のない形でひとまず中止して，事態を観察し直すこと。これは多くのコンサルテーション場面に共通する基本的な事項である。疲労感や無力感を強くしているであろう②のコンサルティの場合には特に，これまでの取り組みを整理していく作業を丁寧に行っていくことが有効と思われる。すべてを否定的に捉えがちになってしまっている状態に，客観性と自信を取り戻すきっかけを得ることにもつながるからである。

　(4) クライエントにかかわる教職員間の連携がうまくいかないという問題が含まれている場合，より広い範囲での学校システムの把握が必要になる。コンサルタントとしては，コンサルティのクライエントへの援助にとって最もよい環境を作るということを念頭に置きながら，コンサルティへの助言を行っていくことになるだろう。コンサルティを窓口として，コンサルタントが「連携」のメンバーに直接接触を図っていくことも考えられる。この際，コンサルティとの間に良好な相談関係を作り上げるために払ったと同様の配慮，慎重さと中立の態度が，「連携」のメンバーに対しても必要となる。

　(5) いずれの場合も，コンサルタントが何らかの提案・助言をするとき，それがこれまでコンサルティが持っていた枠組みとは相容れないということはありうる。事態に何らかの変化を求めようという意図で，コンサルタントが，これまでとは違うやり方や新しい試みを提案・助言したとしても，それがコンサルティのおかれている現場の状況や馴染んだやり方に全くそぐわないものであったなら，必ずしもコンサルティにとって援助的とは言えないだろう。方法としては，方向性のみを提案して

具体的なやり方についてはコンサルテーション場面で十分に検討しあいながら進めて行くこと，あるいはいくつかの具体的なやり方を提示して，どれを採るかはコンサルティの選択に任せるなど，コンサルティの枠組みや主体性を十分に尊重していくことが大切である。

　視野を拡げたり，現状をこれまでとは違う角度から見直したりすることで，まずコンサルティ自身が心理的に楽になることができる。そうなることで，動きやすくなり，意欲が高まったり新たな発想が生まれやすくなる，それがコンサルテーションの理想であろうと考える。

コンサルテーションの継続について

　教職員がコンサルテーションに持ち込む困りごとは，一度のコンサルテーションで明確な方針が決まる場合もあればそうでない場合もある。コンサルティである教職員も，もちろん一度の相談で効果的な対応を見いだせるにこしたことはないと考えていることが多いが，まず取り組むべきことを決めて，その後の状況次第で次の一手を考えることになったり，コンサルタントが取り組みの結果を共有してほしいと考えたりと，コンサルタントは継続的なコンサルテーションを計画しようと考えがちである。

　しかし，冒頭で述べたようにコンサルテーションの目的は教育的指導とは異なる。多くのスクールカウンセラーが失念しがちであるが，コンサルティはクライエントやスーパーバイジーではなく，生徒や保護者への支援の主体者である。コンサルテーションはコンサルティへの間接的支援であり，コンサルティの主体性，教職員としての専門性を活性化することが目的である。とは言え，コンサルティにとって有効なコンサルテーションが成立すれば，コンサルティがスーパービジョンのように継続的な助言や指導を求めたいと考える場合も少なくなく，こうした教職員の積極的な姿勢にコンサルタントも同調してしまいやすい。基本的にはコンサルティの希望に応じることになるが，しかしそういった場合でも，コンサルテーションの目的から外れていることは意識しておくべきである。コンサルティの主体性と積極性を承認しつつ，コンサルタントはコンサルテーションの目的を見失わないよう，持ち込まれた当初の困りごとと関連するコンサルテーションとなっているかどうか，確認していく必要がある。

第III部 コンサルテーションと地域援助——カウンセリング以外の仕事

第2章
システムズ・コンサルテーション

より協働的な取り組みをめざして

吉川 悟／伊東 秀章

はじめに

　コンサルテーションは，コンサルティの問題解決を援助するための支援枠組みである。コンサルテーションにはさまざまなモデルが提案されてきたが，本書では，スクールカウンセラーが行うコンサルテーション業務においては，家族療法の認識論に由来する「システムズ・コンサルテーション」が有用だと考えている。本章ではまず「システムズ・コンサルテーション」成立の背景について触れ，それが学校で行われるコンサルテーションのあり方の新たな指標となる可能性について述べ，「システムズ・コンサルテーション」の構成要素と具体的な手続きについて紹介する。

システムズ・コンサルテーションの背景

　システムズ・コンサルテーションは，二つの視点を背景として生み出された。一つは，1950年代から80年代に至る家族療法の認識論（考え方）の発展であり，もう一つは，1960年代に始まる地域精神保健における「予防精神医学」において重視された「メンタルヘルス・コンサルテーション」との関連である。この二つの視点は異なる立場からほぼ同時期に開始されたが，1980年代にシステムズ・コンサルテーションとして合流することになる。

家族療法の認識論——家族への介入から家族との協働へ

　1950年代，初期の家族療法は，精神疾患を患者個人の疾患として扱ってきた精神医学，特に生物学的な精神医学からすれば特殊なものであった。患者個人ではなく家族を疾患の原因とする考え方の先駆けとなったのは，フロム＝ライヒマン（Fromm-

Reichmann, F.) の「分裂病を作る母親（schizophrenogenic mother)」であり，そこでは統合失調症の発症の原因が患者と母親との関係に求められた。この視点の転換は「患者個人の疾患」という構図から，「母親＝加害者，患者＝犠牲者」という視点へ，やがて「家族＝病理」という新たな視点をもたらした。1960年代，ベイトソン（Bateson, G.）らは「分裂病の理論化に向けて（Toward a Theory of Shizophrenia)」(1956）によってこの視点を充実させ，ジャクソン（Jackson, D.）の「家族ホメオスタシス（Family Homeostasis）」(1968）の概念によって「家族の相互作用が病理を維持している」という考え方に落ち着いた。この認識のもとに，家族療法は膠着した家族の相互作用を介入によって変化させることで家族の病理を治療する技法として発展していった。

ところが1970年代後半，アメリカで「家族を問題の巣窟であるかのように治療者が考えていること」への反発が社会運動化した。家族療法ボイコット運動である。また，家族療法は治療効果の実証研究が遅れていた。そのため多くの家族療法の実践家が，他の治療方法を求めて家族療法から離れていった。

それに先立ち，1970年代から一部の家族療法家のあいだで，家族を病因として扱うのではなく，家族の相互作用そのものを病理の対象として扱うべきだという視点が徐々に発展し，1982年にファミリー・プロセス誌に掲載された3つの論文，キーニーとスプリンクル（Keeney, B. & Sprenkle, D.）の"Ecosystemic epistemology"，オールマン（Allman, L.）の"The aesthetic preference"，デル（Dell, P.）の"Beyond homeostasis"では，これまでの家族療法の前提であった「家族の相互作用の病理」という考え方への疑問が投げかけられ，1985年のホフマン（Hoffman, L.）の"Beyond power and control"？において総括された。

ここで議論となったのは，治療者が家族との間に明確な階層を作り，精神疾患の患者・家族に対して治療者が特別に設けた立場（病理学的な視点やそれぞれの心理療法が背景に持つ病因論的視点，なにより治療者の私的な家族観など）から治療を行うことを自省的に再考することであった。こうした家族療法の認識論に対する疑問は，社会構成主義（social constructionism）の認識論に発展し，多様な議論を繰り返している。

この変遷のなかで，ライマン・ウィン（Wynne, L.）が1970年代までの家族療法の問題点を払拭するため提唱したのが「家族コンサルテーション」という考え方であった。理由の一つは「病的な家族を治療する家族療法」という誤解を払拭するためだが，家族との治療的な関係のあり方としてふさわしい新たな家族療法の構想であった。それまでの，家族の病理を客観的に観察する視点で行われる治療ではなく，家族とともに考え，家族にさまざまな視点を提供し，それを家族が選択・利用するという援助である。

メンタルヘルス・コンサルテーション——「予防」の視点

保坂と黒澤によると，コンサルテーションとは「二人の専門家の間の交流プロセス」を指し，「コンサルティが，自己の業務上の困難に関して，専門的な能力を持つコンサルタントに助力を求めること」としている（保坂・黒澤，1996）。したがって，コンサルテーションに関与するための前提は，それぞれがある領域の専門家であることになる。

精神医学領域におけるコンサルテーションは，コンサルテーション・リエゾン精神医学として1980年代に日本にも導入されるようになったが，精神科コンサルテーションが指す内容は他科のコンサルテーションとは異なる。リポウスキー（Lipowski, J.）は，精神科コンサルテーションは「精神医学的診断・治療が必要とされる他科の患者へのコンサルテーションを指し示すだけでなく，患者に関連する環境的因子をもコンサルテーションの対象として扱うべきだ」と述べ（Lipowski, 1977），病院などの治療者－患者・家族関係や，看護者－患者・家族関係，ときには治療者－看護者関係を含むものとした。

さらにジェラルド・カプラン（Caplan, G.）の提唱したコンサルテーション・モデルは，地域精神保健（コミュニティ・メンタルヘルス）におけるメンタルヘルス・コンサルテーションである（Caplan, 1964）。カプランは，これまでの精神科コンサルテーションに「予防」の視点を導入した。カプランは，地域精神医学には三つの予防的側面があると述べている（Caplan, 1961）。第一次予防はその地域の環境条件の改善によって精神障害の発生危険率を低下させること，第二次予防は，ケースの発見と早期診断・治療による精神障害の悪化を防ぐこと，そして第三次予防は，精神障害者の社会復帰のためのリハビリテーション活動の促進である。カプランは第一次予防を重視し，乳幼児期からの予防を目的とした援助を考えていた。この実現のためには，必然的にサポートシステムとして家族が対象となる。またカプランは，危機介入を精神科医だけでなく多くの精神保健にかかわる立場の者が行えるようにするために，メンタルヘルス・コンサルテーションの指標を提供した。そのコンサルテーションの考え方は，家族・教師・牧師・警官・企業関係者などの地域住民の自発的な精神保健活動を基盤とし，その組織化や活動計画立案にかかわることが中心であった。

カプランの研究を基礎とした地域ケアや地域精神医学は，1963年にケネディ大統領が提出した「精神病および精神薄弱に関する教書」によってさらに注目されることとなった。そこでは，オズワルド（Auerswald, E.H.）が提唱した生態学的システムアプローチ（ecological systems approach）のように，システム論を積極的に導入した地域精神保健活動も散見される（Auerswald, 1968）。オズワルドは，さまざまな専門家を精神

保健組織に集めさえすればよいという当時の行政の風潮に対して,「問題を全体的に俯瞰できるシステム思考の精神保健の専門家が不可欠である」と述べた (Auerswald, 1969)。日本においては,後藤らが,地域の老人の自殺発生率について「老人を取り巻くシステムの違い」に着目し,さまざまなレベルのシステムを対象とした精神保健活動を行った。後藤はクライエントを「県の衛生部,町の保健課」とし,主訴を「老人自殺の多発」と捉え,地域の一般的な「老人を取り巻くシステム」(例えば,老人クラブ,友人,親族,近隣など) を活性化することによって,間接的にそれぞれの老人を取り巻くシステムが変化するようにデザインされた介入を行った (後藤,1988)。

このように,精神保健の専門家ではない人々も参加した保健活動の組織化や,精神疾患への予防的対応を視野に入れたコンサルテーションの影響が,システムズ・コンサルテーションに合流していくことになる。

システムズ・コンサルテーションの特徴

ライマン・ウィンらは,カプランの精神保健コンサルテーションをふまえ,家族療法の新たな形態として「システムズ・コンサルテーション」の概念を提案した (Wynne et al, 1986)。ウィンらは,システムズ・コンサルテーションの特徴を6つに整理している。以下にその詳細について述べる。

コンサルテーションでは,問題の本質について予断を持たない

ウィンは,「治療者(セラピスト)」と「患者」という役割関係は,問題には病理や疾患が含まれ,行われるのは「治療」であるということを暗に示してしまっているが,システムズ・コンサルテーションはその立場を取らず,アプローチに対して開かれた姿勢をとると述べている。コンサルテーションでは問題がどのようになっているか,そして誰が何をしているか,誰が何をできるのかについて,より幅広い選択肢を見つけようとする。システムズ・コンサルテーションの第一の仕事は,コンサルティの現在の心配や問題の本質を,多重に関係するシステムの文脈の中で読みとくことである。そして,何をするべきか,誰が参加すべきかといった今後の対応のオプションをより広く考える。問題について,うつ病などの精神疾患や,学校現場にありがちな「過保護な親」「無能な担任」といった特定の文脈をあらかじめ設定するのではなく,問題に関係する人それぞれがどのように関係しているのかについて中立的な立場から考え,それぞれの関係者の主張や行動を観察し,査定していく。

例えば,コンサルティが不登校の生徒への対応に苦慮している担任である場合,

「不登校の生徒」を問題とするよりは，その生徒と担任，そしてその家族や関係者の「コミュニケーション」を問題ととらえ直すのである。生徒の部活の顧問や生徒の友人も登場するだろう。当然，担任自身の病理や問題もまずは対象としない。また，「不登校」に関することが相談の主たる内容にはなるが，不登校の生徒の病理を改善することを目的とするわけでもない。むしろ，この担任が「この生徒にどのようにかかわることが問題解決のために役立つか」がコンサルテーションの目的である。システムズ・コンサルテーションでは，病理や問題が個々人に帰属しているとは考えない。そのかわり，相談内容にかかわる関係者全体をシステムとして考え，そのシステム内でより柔軟な対応が可能となるようにコンサルタントがコンサルティを援助することが重要と考えるのである。

コンサルタントは，問題にかかわるシステム内の関係やパターンを把握できるメタポジション（俯瞰的な立場）を確保することができる

ウィンは，「セラピスト」は専門家的な役割に位置づけられ，期待によって行動が制限されて自由に振る舞うことが難しくなると述べている。「コンサルタント」は，一歩引いた地点から観察者として問題に関わり始めることで，より自由に関係性や相互作用をアセスメントすることができる。コンサルタントは，問題の断片から情報を収集して，その文脈から状況を多様に見ることができる。コンサルタントは，コンサルティの関わるシステム内のいずれの情報であれ，自由に取捨選択することができる。コンサルタントは，コンサルティがこだわっている関係だけに注目するのではなく，コンサルタントが相談対象となっているシステム内の情報を自由に切り取ることが可能である。コンサルティは，日々の治療・相談・援助活動のために問題を特定しているが，コンサルタントは自由に問題を再定義したり，焦点を変えたりすることができる。例えば，担任が「母子のかかわり方」に着目していたとしても，コンサルタントは「生徒間の関係」を重視してコンサルテーションを行うことができる。

システムズ・コンサルテーションの目的は，社会構成主義の言葉を借りれば，コンサルティの作り上げている現実構成とは異なる新たな現実をコンサルタントが再構成することである。そのためにはコンサルタントがメタポジションを確保し，異なった視点から相談内容を再構成することが不可欠である。

コンサルテーションは，問題のリフレイミングを促進する場である

これまでの治療的な意味を持つ援助活動には，多かれ少なかれ類型化された逸脱モデルに現状をあてはめるという認識があった。「〇〇（事象）は，××（診断）とい

う問題である」と規定することで，△△という診断基準にしたがって問題や患者に対する理解が生じることになる。例えば，母親から離れたがらない小学校低学年の児童の場合，多くの場合「分離不安」と規定され，母子それぞれへの治療的なアプローチが開始されることとなる。しかしこのアプローチによって事態が改善されないと，この「分離不安」というラベルにコンサルティが縛られることになる。コンサルタントは，こうした問題に張られているラベルを自由に張り替えること，いわゆるリフレイミングが容易にできる立場を確保していることになる。

　問題を再定義するということは，コンサルティのこれまでの努力を無にするものではない。むしろ，固定的になっていた問題への取り組みに新しい視点を提示することで，展開の可能性を創造し，コンサルティがこれまでと異なる取り組み方ができる可能性を広げるものである。

コンサルテーションでは，健康な点やストレングス，肯定的なリソースを重視することが容易である

　ウィンは，コンサルテーションにおけるコンサルタントは，自然に個人の肯定的特性や健康的な側面（リソース）に関心を払うことができ，その結果，問題の関係者や家族はすすんで結集して，活動することができるようになると述べている。身体的な機能不全のようなケースであっても，家族や個人の健康的な資源を利用するアプローチが有益であり，リフレイミングがより有効になる。これはコンサルタントがその相談に含まれている多様な文脈に対して開かれた姿勢をとっているためである。コンサルテーションによって，コンサルティは新たな認識を自らが獲得し，そこから新たな対応を選択することによって，これまでにない問題への取り組みの可能性を信じることができるようになり，問題に真摯に取り組んでいるにもかかわらず，変化・改善しないことによって自責的になり，無気力で否定的な気分に支配されていたコンサルティの状況を一変させることになる。

　システムズ・コンサルテーションの考え方では，コンサルタントの与える影響によって，コンサルティが自らを含めて誰を責めることもなく，再度新たな取り組みを開始しようとする気力を充実させ，より肯定的な資源の活用を意識するようになる。いわば，コンサルタントの与える影響は，コンサルティ自身がより柔軟に問題に対応できるようになる可能性を広げる効果である。

コンサルタントとコンサルティの間に協働的な関係を容易に確立することができる

　一般的な援助活動においては，治療者－患者，教員－生徒など，一方が上位の立場

(one-up position)で，他方が下位の立場（one-down position）という相補的（complementary）な関係が成立する傾向があった。ウィンは，システムズ・コンサルテーションを行う立場では，コンサルタントの持っている総合的な知識と，コンサルティが持っている個別事例に関する知識のそれぞれが動員されるため，それぞれが持っている別の領域の知識を「協働的に活用すること」が可能であると述べている。

　システムズ・コンサルテーションでは，コンサルタントとコンサルティのそれぞれが，問題に対して異なる考え方を持つことができると考える。異なる視点の二者が構成する協働的な関係における対話から，問題への新たな取り組みを再構築することがより容易になるのである。

コンサルタントは，コンサルティが自分の役割だけではなく，さまざまな職業的役割から柔軟に問題を考えられるようにする

　ウィンは，援助活動に関与する限り，ある専門的な立場にいれば，その立場を自分で自由に変更することは困難で，全体を俯瞰するような立場から考えることはさらに困難であると述べている。さらに慢性化した事例では，この役割を変更することこそが新たな対応を再構成する有効な手段であると述べる。

　システムズ・コンサルテーションの考え方では，コンサルタントがより専門的な能力を持っていることよりも，その問題から一定の距離を取ることが可能であることが重要である。コンサルタントは，コンサルテーションが始まるまでその問題をどのような視点から考えるかについて自由な存在である。コンサルタントが瞬時に自らの立場を移行できることで，コンサルティも自分の役割を柔軟にできる可能性が生まれる。そして，コンサルティがまだ利用していない援助のためのリソースを発揮できるようになるのである。

　このように，システムズ・コンサルテーションは従来のコンサルテーションと異なり，コンサルティの当該ケースに対する主体性を回復し，コンサルティ自身がこれまでにない関わりを積極的に生み出すことを目的としている。また，コンサルテーションの場面そのものが，コンサルティの主体性の回復を通してコンサルティのメンタルヘルス上の問題を予防する側面をもっている。そのためシステムズ・コンサルテーションは，専門的見地からの助言というコンサルテーションの一般的な形式とはその進め方も異なる。次項以降，特に学校臨床におけるコンサルテーション場面での手続きを中心に，その違いを明確にすることとする。

システムズ・コンサルテーションの進め方

　ここからは，勤務校でスクールカウンセラーが行うことを前提としたシステムズ・コンサルテーションの具体的な要点を整理しておきたい。

主訴の把握——関係者とコンサルティの主訴

　「誰が」「何を」問題だと訴えているのかは人それぞれであるため，「主訴」は関係者の数だけ存在する。例えば，本人は「どうしても学校へ行けない」，母親は「なんとか学校へ行かせたいけど，無理はさせたくない」，父親は「本人が甘えている」，担任は「発達障害とその二次障害の疑いがある」，教育相談担当者は「母子分離の問題ではないか」，教頭は「スクールカウンセラーにお任せしたい」。これらは全て主訴である。システムズ・コンサルテーションでは，このような訴えの全体が「不登校」というケースを構成していると考える。

　関係者それぞれに多様な主訴があるという前提のもと，コンサルティ自身がどのような主訴を持っているのかを明確にする必要がある。これは，「先生ご自身（コンサルティ）がお困りの点はどういうところですか？」「先生は問題がどう変わればよいと思ってらっしゃいますか？」といった質問によって明らかにすることができる。コンサルティ自身がどの点に最も困っていると感じているのかが語られるポイントであり，まずは傾聴する必要がある。

　コンサルティの主訴を聞いた上で，コンサルタントはコンサルテーションのなかで，足りない情報を集めていく必要がある。一つは，学内の誰かに相談したかどうかを質問することによってわかるコンサルティの学内的立場である。問題に対して教頭や学年主任，生徒指導教員，特別支援教員らが関わっていることがある。それぞれが何と言っており，それに対してコンサルティがどのように対応しているのかを聞いておく必要がある。場合によっては，学内の関係者に相談した結果，問題が複雑化している場合もあり，その調整そのものがコンサルテーションの重要なポイントになることもある。

　もう一つは，コンサルティが生徒・保護者をどのように思っているかである。生徒についてはコンサルティ自身の主訴として語られることが多いが，保護者については聞かないと語られないことがある。対応に困っている生徒について，教員が保護者に連絡を入れることは学校現場では当然のように行われており，連絡の取り方を含めて情報を聞くと全体像を把握することに役立つ。場合によっては，保護者の仕事の関係で連絡を取るのは夕方に直接担任が出向かざるを得ない状態など，保護

者の仕事の情報や担任の隠れた苦労も聞けるかもしれない。

コミュニケーション・パターンの仮説化

コンサルタントは、「ケースの関係者のコミュニケーション・パターン」のアセスメントを行い、仮説を立てる。学校システムと家族システムがどのようにコミュニケーションしているか、担当教員がどのように考え、どのようにアプローチしているか情報を整理する。

コミュニケーションがなされているときに、どのように内容が伝達され、関係者はどのように動いているか、といったコミュニケーション公理（Watzlawick, et al., 1967）の側面から分析することも役に立つだろう。特に、コミュニケーションと行動の連鎖の相互作用のパターンを、スクールカウンセラーがイメージできるぐらいに仮説化することが重要である（吉川, 1993）。そして問題が関係者によってどのように話され、どのように対応されてきており、どのような状態にあるのかを明らかにしていく。

情報収集の目的は、コンサルティである担当教員が新しい「ものの見方」を手に入れ、ケースへのコミュニケーションを変化させることである。しかし、実際にケースには生理学レベルから国家レベルまでのシステムが関わっているため、ケースに関連するシステムの全てを把握することはできない。スクールカウンセラーがコンサルティに必要だと考えるコミュニケーション・パターンを区切り、視野に入れることが重要である。つまり、スクールカウンセラーがシステムの情報収集から仮説化を行う際には、援助のために情報を選択することが必要であり、必要に応じて仮説を修正する柔軟性が必要である。

具体的には、コンサルティがケースにどのようにかかわってきたのか、その経緯を聞く必要がある。コンサルティがケースに最初に問題意識を持ったのはいつか、どのように対応してきたのか、その対応を変えたことはこれまでにあったか、そして現在はどのような状態になっているのかを聞いていく。それぞれの時系列の段階によって状態が違うため、分けて聞く必要があるだろう。それぞれの段階において、コンサルティの関わり方の意図やその根拠についても聞くことで、コンサルテーションを違った視点から進める準備ができる。

そして、コンサルティがこれまでのケースへの取り組みをどのように考えているのか、自分の対応に修正が必要と考えているのかを最後に聞く。コンサルテーションのなかでここまで話してきたことをふまえて、コンサルティに改めてどのように考えているか聞くことで、コンサルティが新しい問題の捉え方を生み出したり、新しい考え方の入り口に立てる場合も少なくない。そうでない場合でも、コンサルティのケー

スに対する現在の意図や困り感，意欲を聞くことによって，問題を再構成するための準備がなされていく。

協働的な対話

関係者たちの主訴が明確になり，コミュニケーションのパターンがわかれば，コンサルティである担当教員の「ものの見方」を再構成し，エンパワーメントすることが最初の目的となる（伊東ら，2015）。ケースの関係者がケースを別の視点から見ることができれば，コミュニケーション・パターンが変わり，変化が生じる可能性が高まる。システムズ・コンサルテーションでは，コンサルティであるケース関係者たちの枠組み（フレーム）と行動，そしてコミュニケーションの連鎖を変化させるために話し合う。

システムズ・コンサルテーションの成功とは，問題に関するコミュニケーション・パターンをコンサルタントが仮説化し，仮説がコンサルティとの会話のなかで確認され，問題への新しい切り口を見出す協働的な会話が達成されることである。コンサルタントは，メタ・ポジションをとる専門家ではあれ，コンサルティを指導する立場にはならない。これがシステムズ・コンサルテーションの特徴で，コンサルタントとコンサルティは，ケースの分析的な理解を教える／学ぶ関係ではなく，協働的な関係性によってこれまでにない対応を生み出すことを目指すのである。

スクールカウンセラーが「例えば，こうも考えられると思うのですが」とコメントすると，担当教員が「なるほど。それならばこうしてみたらどうでしょう」と，コンサルティが新しい考え方を受け入れ，さらに新しい対処法まで出てくるならば，システムズ・コンサルテーションは成功と言える。そのためコンサルタントには，仮説設定の熟練と，新しいフレームの提示，コンサルティの反応への柔軟さ，さまざまな文脈から会話を構成し，新しい発想を生み出す質問を展開する技量が求められる。

新しい「ものの見方」を教員とスクールカウンセラーが共に考える質問法の一つに再帰的質問（Reflexivity Question）がある（Tomm, 1988）。スクールカウンセラーはコンサルティに，「仮にこうなったら，どうなると思いますか」といった仮定法による質問を活用する。「もし先生のご心配が本人に伝わったら，本人はどう思うと思いますか」「もし先生が生徒に質問だけして，あとは先生が悩み続ける様子を見せたら，生徒はどう感じると思いますか」など，可能性を広げる質問を行い，担当教員が採用できる発想があればそれを展開していく。自由な発想を促進し，協働的な対話を作り上げていく。

また，コンサルタントが情報収集し仮説化したコミュニケーション・パターンに変化の見通しが立ち，コンサルティの枠組みの変化が確認できたら，その変化がコン

サルティの対応にまでおよぶように促すことがコンサルタントの大事な仕事である。新しい発想を思いつくだけでなく，その上で行動するには，コンサルティのモチベーションと決断が必要であり，その後押しをするのはコンサルタントの役割である。

加えて，コンサルテーションの過程を通して，コンサルティが「助言を得ながら検討し，自分で新たな対応策を見いだした」と認識できることが重要である。システムズ・コンサルテーションのコンサルタントは，ケースの見方について可能性を広げ会話を促進する役割であり，解決策を提示する役割ではない。コンサルティは問題があれば相談してもよいこと，そして自分で問題を解決できることを体験するのである。

日本におけるシステムズ・コンサルテーションの展開

楢林らは，滋賀県教育委員会のプロジェクトとしてメンタルヘルス・コンサルテーションを 1984 年から行った成果を報告している（楢林ら，1994）。このプロジェクトは，カプラン（Caplan, 1964）の考え方をベースに行われたが，円環的認識論や，リフレクティング・チームの要素を取り入れ，背景として家族療法の理論を活用したプロジェクトであった。そして，その実践がウィンら（Wynne, 1986）のシステムズ・コンサルテーションの考え方へとつながる点があるとした。楢林らはシステムズ・コンサルテーションについて，ウィンらの主張をもとに，「コンサルタントは，システム論の視点から，コンサルティよりは一段と自由なメタ・ポジションに立ち，問題の背景の多様なコンテクストにまで視野を広げ，問題のリフレームを可能にし，問題をめぐる肯定的な，健康な側面を強調しながら，コンサルティに新たな問題解決のためのオプションを提示する。しかもその際，オプションの選択，実行の責任はコンサルティにあり，コンサルタントはあえて実行責任のある治療者役割を引き受けないことにより，役割上の制約からより自由なリフレームの提示が可能となる」とまとめた（楢林，1994）。

その後，システムズ・コンサルテーションの視点の転換として「解決志向の認識論」の重要性が指摘され（吉川，1999），また，システムズアプローチを背景にしたコンサルテーションが多数報告され，学校への危機介入を含む実践が報告されてきた（吉川・阪，1999，吉川，2000，岡崎・緒方，2003，岡田，2006，川島，2010，丸山，2012，柴田，2015，伊東・吉川，2015）。

まとめ

システムズ・コンサルテーションは家族療法の基礎理論に支えられており，コミュ

ニケーション・パターンに変化をもたらすためのコンサルテーションである。システムズ・コンサルテーションでは，関係者たちの主訴とコミュニケーション・パターンを仮説化し，柔軟で協働的な会話のなかでコンサルティの枠組みの変化を促し，その変化を対応の変化につなげていく。システムズ・コンサルテーションは，コンサルテーションという関係を最大限活用するかたちで家族療法の新たな形態として生み出された。コンサルタントはコンサルティが多様な視点を獲得し，問題解決のためのモチベーションを高め，ケースへの取り組みの姿勢を支援する責任を負うが，ケースそのものの問題解決の主体はコンサルティにある。役割が違うことによって，コンサルタントは，問題に対する認識の自由度を高めることができる。

　教職員，生徒・保護者，スクールカウンセラーのコミュニケーションを対象としたシステムズ・コンサルテーションにおいて，コンサルタントは特定のアプローチや解釈による解決策を提示するわけではなく，いわば縁の下の力持ちとして学校組織を支えることになる。もちろんシステムズ・コンサルテーションに必要な仮説設定の熟練や，会話を構成し新しい発想を生み出す技量は，スーパーヴィジョンによってメインテナンスしていく必要がある。

　コンサルテーションはコンサルティの専門性を尊重しながら，学校であれば担当教員の専門性を尊重しながら進められるものであり，そのような協働的な関係性は学校組織とスクールカウンセラーの関係を良好なものにしていくだろう。学校現場でのシステムズ・コンサルテーションのニーズは今後より一層高まると考えられる。

文献

Allman, L.（1982）. The aesthetic preference: Overcoming the pragmatic error. Family Process, 21.

Auerswald, E.D.（1968）. Interdisciplinary versus ecological approach. Family Process, 7, 202-215.

Bateson, G., Jackson, D., Haley, J., Weakland, J.（1956）. Toward a Theory of Schizophrenia. Behavioral Science. 佐伯泰樹，佐藤良明，高橋和久訳（1986）．精神の生態学，pp.295-329，思索社．

Caplan, G.（1961）. An Approach to Community Mental Health. 加藤正明監修（1968）．地域精神衛生の理論と実際．医学書院．

Caplan, G.（1964）. Principles of Preventive Psychiatry. 新福尚武（監訳）（1970）．予防精神医学．朝倉書店．

Caplan, G.（1974）. Supprt Systems and Community. 近藤喬一，増野肇，宮田洋三（訳）（1979）．地域ぐるみの精神衛生．星和書店．

Dell, P.（1982）. Beyond homeostasis: Toward a concept of coherence. Family Process, 21.

Hoffman, L.（1985）. Beyond Power and Control. Family Therapy Medicine, pp. 382-396.

Jackson, D.（1968）. Family Interaction, Family Homeostasis and Some Implications for Conjoint Family Psychotherapy. Palo Alto Science and Behavior Books, 1968.

Keeney, B., Sprenkle, D.（1982）. Ecosystemic epistemology: Critical implications for the aesthetics and pragmatics of family therapy. Family Process, 21.

Lipowski, Z.J.（1977）. Psychiatric consultation. American Journal of Psychiatry, 134, 523-528.
Tomm, K.（1988）. Interventive Interviewing: part III. Intending to Ask Lineal, Circular, Strategic, or Reflexive Questions?, Family Process, 27（1）, 1-15.
Watzlawick, P., Bavelas, J.B., Jackson, D.D.（1967）. pragmatics of human communication a study of interactional patterns pathologies and paradoxes. WW Norton & Company. 山本和郎監訳・尾川丈一（訳）（2007）．人間コミュニケーションの語用論：相互作用パターン，病理とパラドックスの研究．二瓶社．
Wynne L., McDaniel S., Weber T.（1986）. Systems Consultation: A New Perspective for Family Therapy. The Guilford Press.
Wynne, L.C., Weber, T.T., McDaniel, S.H.（1986）. The Road from Family Therapy to Systems Consultation. In L.C. Wynne, S.H. McDaniel, T.T. Weber, Systems Consultation : A New Perspective for Family Therapy. The Guilford Press.
Yoshikawa, S.（1996）. A Systems consultation as a support system for school mental health: Towards the construction of a support system needed in educational fields. Asian Society for Child and Adolescent Psychiatry and Allied Professions.
後藤雅博（1988）．地域精神医療と家系図．日本家族研究・家族療法学会セミナー委員会編，家系図と家族療法．金剛出版，pp. 125-145.
保坂隆，黒澤尚（1996）．コンサルテーション・リエゾン精神医学の定義．精神科プラクティス 4, pp. 3-4, 星和書店．
伊東秀章・吉川悟（2015）．学校臨床における担任教諭とのシステムズ・コンサルテーション：エンパワーメントのための問題の再構成．龍谷大学臨床心理学紀要，3, 9-16.
川島江美子，学校臨床におけるシステムズアプローチによる合同面接：システムズ・コンサルテーションの視点から．富山大学人間発達科学研究実践総合センター紀要教育実践研究，4, 31-37, 2010.
丸山広人（2012）．巡回相談としてのスクールカウンセリングの試み：小学校におけるシステムズ・コンサルテーションによって効果を高めるために．心理臨床学研究，30（3）, 298-308.
楢林理一郎・三輪健一・上ノ山一寛・吉川悟・湯沢茂子（1994）．学校教育におけるシステムズ・コンサルテーションの可能性：滋賀県での「さざなみ教育相談」の経験から．家族療法研究，11（2）, 99-107.
岡田和久（2006）．コンサルテーション・リエゾンにおけるシステムズアプローチの有用性，総合病院精神医学，18（2）, 149-154.
岡崎光洋・緒方明（2003）．学級崩壊を呈した学校へのシステムズ・コンサルテーション：危機介入の視点から．家族療法研究，20（2）, 112-119.
吉川悟（1993）．家族療法：システムズアプローチの〈ものの見方〉．ミネルヴァ書房．
吉川悟（1996）．教育現場で望まれている「解決」とは：「さざなみ教育相談」を通して見た学校精神保健へのサポートシステムのあり方．日本心理臨床学会抄録．
吉川悟（1997）．システム論から見た被災地援助のマクロとミクロ？―震災ボランティアに対するシステムズコンサルテーション．家族療法研究，14, 37-39.
吉川悟（1998）．協同的学校システムのあり方：教育相談への効果的な学校システム形成に向けて．宮田敬一（編），学校におけるブリーフセラピー．金剛出版
吉川悟（2000）．学校精神保健のサポート方法としてのシステムズ・コンサルテーション，教育現場の要求するコンサルテーションに向けて，家族療法研究，17（3）, 238-247.

第Ⅲ部 コンサルテーションと地域援助——カウンセリング以外の仕事

CASE
システムズ・コンサルテーションの実際

伊東 秀章

はじめに

　システムズ・コンサルテーションは，システム論を背景にコミュニケーション・パターンの変化を目的としたコンサルテーションである。ここでは，コンサルティである教師と保護者の関係を扱った事例1と，教師と生徒，教師間の関係を扱った事例2を題材に，コンサルテーションの導入から，情報収集による仮説設定，問題のリフレーム（再構築）のための対話の実際を紹介する。

　二つの事例は実際の事例をデフォルメし，本質を損なわないように編集を加えている。事例の概要を表1に示した。

事例1

事例がはじまるまで

　スクールカウンセラーはこの中学校に赴任して初年度であった。1学期の間は学校に求められることに応えるように動いており，2学期になり，1学期に関わったいくつかのケースに継続して対応している状態だった。

　週に1度の教育相談会議では，各学年の教育相談担当教員から，「気になる子ども」の出席状況が報告されていた。その情報を教員間

表1　事例の概要

	事例1	事例2
コンサルティ	担任教諭	担任教諭
コンサルティの性別	男	男
コンサルティの経験年数	8年	4年
生徒の学年	中学1年	高校1年
生徒の性別	女（A子）	男（B男）

で共有している雰囲気はあるが、具体的な対応を話し合うことはなく、スクールカウンセラーがコメントを求められることもなかった。スクールカウンセラーは自身が関わるケースの情報と今後の方針を共有することに務めていた。

コンサルテーション

事例概要

いつも通りの教育相談会議が終わり、1年生の教育相談担当教員から相談が持ちかけられた。この教員が担任であるＡ子についての相談であった。

Ａ子は入学後、次第に欠席が増え、中学1年の2学期に全欠状態となった。担任が家に電話しても繋がらず連絡手段がない状態だった。家庭訪問をするとポストには郵便物がつまっており、誰も出てこない状態で、担任は玄関先の大きな土佐犬に吠えられてやむなく退散してしまうという状態であった。

Ａ子の両親は5年前に離婚しており母子家庭であった。Ａ子は4人兄弟の末っ子であり、4人兄弟それぞれが不登校傾向にある。母親が4人と同居しているが、フルタイムで仕事をしているため、帰宅は遅いようである。

1学期に母親に電話がつながったとき、担任は、Ａ子が提出物を忘れたり、不備があったりすることが多いため、母親に対応してほしいと伝えたが、改善されなかった。また、母親は多忙を理由に早く電話を切ろうとしているように担任には思えたとのことであった。

先週、担任が母親の職場に連絡したところ、母親の上司と話をすることができた。来週、母親と職場の上司と3人で喫茶店で会うことになっている。担任は、「いつもＡ子や家族と連絡がとれず、どう対応したらよいかわからず、しんどく思っている」「Ａ子の安否確認をしたいが、どうしたらよいか」とスクールカウンセラーに訴えた。

仮説

ここでスクールカウンセラーが想定したパターンは以下である。

担任：母親にＡ子への関わりの改善を要求する→母親：不満を感じて担任と距離をとろうとする→担任：母親を問題視する

スクールカウンセラーは、担任がＡ子や家族と連絡を取りたいと思っていること、Ａ子の安否確認をしたいという主訴を解決するため、担任と母親のコミュニケーション・パターンを変化させることを目的とした。例えば、担任から母親への改善要求や、母親を問題視する姿勢に変化が起こる余地はないかを話し合おうと考えた。

問題の再構成のための対話

スクールカウンセラー | 先生，連絡がつかないってお聞きしてたんですが，よく来週お母さんと会う約束ができましたね。大変だったんじゃないですか

担任 | いやぁ，まあ，なんとか約束を取りつけたところで，それが今後どうなるかわからないし，心配してるんですよ

スクールカウンセラー | そうですよねぇ……先生としては今後どうなったらいいと思ってらっしゃるんですか？

担任 | そりゃあ，話をしてお母さんがわかってくれて，今後は連絡がついて，A子さんにも会わせてくれたらいいんですけど

スクールカウンセラー | そうですよねぇ，先生，仮の話なんですけど，もし，お母さんと先生が今回お話しされて，お母さんが先生と話をしたくなって，いつでも連絡していい，むしろ連絡したい！ と思うとしたら，その理由はどうしてだと思います？

担任 | うーん，うまく利用できるかなぁ，とお母さんが思うことですかね

スクールカウンセラー | うまく利用ってどういうことです？

担任 | 私がA子の面倒を見てくれるんじゃないかなぁとか思ってもらって，送り迎えとかしてくれるんなら，してほしいと思ってるかもしれません

スクールカウンセラー | それって，お母さんがそういうこと言ったことあるんですか？

担任 | いや，それはないです

スクールカウンセラー | うーん，そう考えたら，お母さんがどう対応してほしいと思っているのか聞くことが先なんじゃないですか？

担任 | そうですね，私にどうしてほしいかわかりませんもんね

スクールカウンセラー | 先生，お母さんから要望をうまく聞きだせそうですか？

担任 | うーん，ちょっと苦手かもしれない

スクールカウンセラー | 苦手？

担任 | なんかいろいろと言われたら嫌ですもん

スクールカウンセラー | できないことをいろいろ言われたら，それは最後は「考えておきますね」ってやんわり拒否してもいいんじゃないでしょうか？ 大事なのは，いろいろお母さんの要望も聞いて，先生とお母さんがいい関係を作ることじゃないでしょうかね

担任 | そうですねぇ，まずは，ご要望を聞くところから始めてみましょうかね

スクールカウンセラー | まずは，この段階では，ですね

担任 | そうですね

その後

後日，担任は母親とその上司と喫茶店で会い，いろいろ話ができたとのことであった。担任が母親に要望を聞くと，母親の困りごと（家が荒れていること，虐待を疑われているのではないかと心配など）が語られ，子どもへの対応についても困っているようであり，お母さんが可哀想に思えてきたとのことであった。担任がお母さんに「それは大変ですねぇ」と言うと，「そうなんです」と号泣された。3時間面談して，1か月後に会う約束もできたとのことであった。

スクールカウンセラーは，担任がうまくお母さんの話を引き出してくれて，その結果，お母さんも担任を信頼しつつあると述べ，その調子でお母さんの思いを引き出すことがまずは重要と言うと，担任は「まずは関係を作ることからですよね」と対応に前向きな姿勢を見せた。

その後，担任は母親と面談を繰り返した結果，母親は担任のことを強く信頼するようになり，母親は「子どもを登校させたい」と思いを述べ，面談に子どもを連れて来るようになり，その後，実際に再登校させることができた。

事例 2

事例がはじまるまで

スクールカウンセラーがこの高校に赴任して3年目のケースであり，相談システムは安定して運営されていた。当校に教育相談担当教員はいたが，むしろ養護教諭がスクールカウンセラーの窓口として機能していた。養護教諭は，保健室をよく訪れる学生に心理的な問題があると考えられた場合にスクールカウンセラーに紹介したいと要望しており，そのような紹介がよくあった。

スクールカウンセラーが面接をした後に，養護教諭が担任や関係する教員に連絡を取り，コンサルテーションをする時間が設定された。養護教諭がコンサルテーションを設定するため，各教員のモチベーションに差があった。

この高校では教育相談部会にスクールカウンセラーが参加する文化はなく，養護教諭がスクールカウンセラーの代わりにケース報告を行う。スクールカウンセラーは養護教諭にケースについて丁寧に説明し，関係者に混乱が起こらないように注意していた。不明な点があれば，いつでもスクールカウンセラーが参加する会議の場が設定できることになっていた。

コンサルテーション

事例概要

高校1年生のB男は,体調不良を訴えてよく保健室に来室するため養護教諭がスクールカウンセラーの面接を勧めたが拒否された。養護教諭が問題視し担任に連絡したところ,担任と学年主任,養護教諭,スクールカウンセラーで対応を考えることになった。

B男は登校はしているものの,欠席することも頻繁にあり,授業によっては単位取得が難しい状態にあった。担任は,「B男が苦手科目から逃げているのが問題」と述べ,学年主任は,「(学年主任が担当している英語の)授業にやる気が見られない」と述べ,養護教諭は「腹痛や頭痛などの体調不良を訴えるB男が心配」と述べた。

仮説

スクールカウンセラーが情報収集から想定したパターンは以下の通りだった。

授業中のパターン

担任:「答えなさい」→B男:「わからない」→担任:「辞書で調べなさい」→B男:「辞書を持って来ていない」→担任:「隣の人に借りなさい」→隣の生徒がB男に貸そうとするがB男は拒否する→担任:「もういい」

コンサルテーションのパターン

担任・学年主任:「B男の問題を指摘」→養護教諭:「B男のサポートを主張」→繰り返し

また,休み時間はB男はヘッドフォンをつけて周囲との関係を拒んでいて,友達はいないとのことであった。B男は,教員や生徒に一貫して拒否的な態度をとっているため,教員への肯定的な態度を引き出すことも今後の可能性として考えた。

担任と学年主任は,「B男の対応に問題がある」という枠組みが強く,その結果,B男への支援が有効に機能しておらず,この枠組みが変わる余地があればコミュニケーション・パターンに変化が起こるのではないかと考えた。

問題の再構成のための対話

スクールカウンセラー | いくつか問題があると思うのですが,どこが変わったらよりよくなると思いますか?

担任 | B男がまともな対応さえしてくれれば,よくなると思うんですが

学年主任 | その通りですね

養護教諭 | でも,彼にそこまでの対応はできないように思うんですけどねぇ

スクールカウンセラー｜うーん，彼が，最終的にまともな対応ができるようになるためにはどうしたらいいかが目標だと思うのですが，ただそれがすぐにはできないということですよね

一同｜（頷く）

スクールカウンセラー｜彼が，まともな対応ができるようになるためにも，まずはどこから手をつけたらいいかが大事だと思うのですが，でも彼は，まともな対応がかなり苦手なんですよね？

担任｜そうですねぇ

学年主任・養護教諭｜（頷く）

スクールカウンセラー｜休み時間もヘッドフォンつけて，友達との関係も広くないんですよね。もしかすると，相当，人間関係苦手ですか？

担任｜そうですね，全然ダメです

スクールカウンセラー｜例えばですけど，周りの生徒がいない状況なんかの方が話したりできそうですか？

担任｜それはそうですね

スクールカウンセラー｜そしたら，授業以外の場面でB男とあれこれ話をした方が，B男も話できますかね？

担任｜話すって，何を話すんですか？

スクールカウンセラー｜いや，本当になんでもいいんですけど，欠席が多いからワークの問題をノートに解いて持ってこいとかでもなんでもいいんですけど，大事なことは，B男がどれぐらいできそうか先生方とB男で相談してもらうことかなぁと僕は思うんですけど

学年主任｜うーん

担任｜そしたら，僕の方からちょっと話してみましょうかね

学年主任｜いやぁ，そこまでした方がいいかな？

担任｜でもまあ，今思うとB男に授業中に対応を求めるのも難しいかなという気になってきました

学年主任｜……確かに，周りが見てたらきついか

養護教諭｜授業以外の場面なら，B男もちゃんとできるかもしれないですね

スクールカウンセラー｜ではまずは担任の先生からB男に聞いてもらう形でいいですか？

担任｜（頷く）

スクールカウンセラー｜でも，B男の態度にイライラしそうじゃないですか？

担任（笑いながら）｜まぁ，ある程度はいまは仕方ないかもしれないですね
スクールカウンセラー｜何もしたくないとか言われたらどうします？
担任（笑いながら）｜とりあえず，どこからやればいいか一緒に考えられるように，ちょっと話してみますわ

その後

担任からB男に話をしたところ，B男は授業中に発言を促さないのなら出席する意向を示した。担任は学年主任らと調整して，そのように対応することとなった。B男は全ての授業に出席するようになり進級できた。

事例を振り返って

事例1は教師と保護者の関係についてのコンサルテーションであり，事例2は教師と生徒・教師間の関係についてのコンサルテーションであった。

それぞれのケースのコンサルテーションにおいてまず重要なのは，パターンを想定し仮説を立てることである。どのようなコミュニケーション・パターンをコンサルタントは想定しており，どのように変化したらよいか，変化する余地があるかを検討することがそのあとの問題の再構成につながる。コミュニケーション・パターンの仮説を立てておくことによって，問題の再構成を評価することができる。

事例1では，教師と保護者のコミュニケーションに変化を起こすことだけを目的に対応したが，事例2では，教師と生徒のコミュニケーションに変化を起こすために，教師間の方針のコンセンサス（合意）も再構成した。このように関係者が，問題解決や支援のために新しくコンセンサスを作り，枠組みが変わることによって，具体的なコミュニケーションに変化がもたらされる。

事例1では，「解決するならば，どういう変化が起こりうるか」という仮定法の前提の中で，コンサルティの想像力と推理力を活用して，新しい対応方法の入り口を考え出した。このような再帰的質問（Reflexivity Question）（Tomm, 1986, 1988）を用いることが協働的な対話を展開するための方法の一つである。

事例2では，「もしかするとB男は人間関係苦手ですか？」など，学生に対するフレームを確認し，強調することを通じて，新たな枠組みを再構成していった。仮定法の前提に加え，「こうも考えられませんか？」というリフレイミングを随所に用いて，新しい考え方をコンサルタントが積極的に持ち込んでいる。しかしながら，強引に新しい枠組みに変更するのではなく，コンサルティの理解に基づいて新しい理解へのシフトを促している。また，常にコンサルティが反論できる余地を残しておく

ことによって，協働的な会話を展開しようとしている。

　両方の事例の問題の再構成において，コンサルタントは「どのように変化すればいいと考えるか」をコンサルティに聞いている。コンサルティのニーズを明らかにし，そのフレームに挑戦し続けるのがコンサルタントの役割である。ただし，そのフレームを変化させるかどうかは，コンサルティの判断や価値観による。コンサルタントはこのフレームに対する語りを多様な立場から語り続けるように話題を展開し，フレームへの挑戦と撤退を柔軟に繰り返しながら，これまでとは異なる新しい切り口で機能的な援助に関するコンセンサスをコンサルティと目指す。それがシステムズ・コンサルテーションのコミュニケーションである。

終わりに

　スクールカウンセラーによるシステムズ・コンサルテーションは，教師－生徒・保護者のコミュニケーションのみならず，教師－教師のコミュニケーションも変化の対象としている。システムズ・コンサルテーションは，コミュニケーション・パターンに変化を起こすことを目的としているため，コンサルティが関わるコミュニケーション全体を対象とすることができる。そのため，柔軟で多様な対策をコンサルティと考えることができ，コンサルテーションの協働性をより高めることができるのである。

文献

Tomm, K.（1987）. Interventive Interviewing: part II. Reflexive questioning as a means to Enable Self-Healing. Family Process, 26（2）, 167-183.

Tomm, K.（1988）. Interventive Interviewing: part III. Intending to Ask Lineal, Circular, Strategic, or Reflexive Questions? Family Process, 27（1）, 1-15.

第Ⅲ部 コンサルテーションと地域援助——カウンセリング以外の仕事

第3章

集団の問題のとらえ方

学級崩壊を例として

中野 真也

はじめに———「学級崩壊」について

　「学級崩壊」は，1990年代後半よりマスメディアなどで報じられるようになった。「学級崩壊」が教育問題としてクローズアップされるなかで，文部省より研究委託を受けた「学級経営研究会」は，1999年に小学校を対象とした大規模な全国調査を実施し，その概要を中間報告書として示した（国立教育研究所，1999）。ここでは，「学級がうまく機能しない状況」と呼んでいるが，その意味するところは「子どもたちが教室内で勝手な行動をして教師の指導に従わず，授業が成立しないなど，集団教育という学校の機能が成立しない学級の状況が一定期間継続し，学級担任による通常の手法では問題解決ができない状況に立ち至っている場合」とされている。

　上記の中間報告書では，いわゆる「学級崩壊」の状況にある102学級を以下の10のケースに分類している（重複回答あり）。

①就学前教育との連携・協力が不足している事例（11学級）
②特別な教育的配慮や支援を必要とする子どもがいる事例（26学級）
③必要な養育を家庭で受けていない子どもがいる事例（21学級）
④授業の内容と方法に不満を持つ子どもがいる事例（65学級）
⑤いじめなどの問題行動への適切な対応が遅れた事例（38学級）
⑥校長のリーダーシップや校内の連携・協力が確立していない事例（30学級）
⑦教師の学級経営が柔軟性を欠いている事例（74学級）
⑧学校と家庭などとの対話が不十分で信頼関係が築けず対応が遅れた事例（24学級）
⑨校内での研究や実践の成果が学校全体で活かされなかった事例（16学級）

⑩家庭のしつけや学校の対応に問題があった事例（14学級）

　これを見ると，学級がうまく機能しないのは，④や⑦のように主に教師が原因と思われるかもしれない。しかし，学級経営研究会は，「問題の要因として，教師の指導力がその一因であった事例が7割」と考察しており，困難な状況への対応により重要なものとして，校内の連携・協力体制や家庭を含めた関係機関との連携・協力と述べている。また，全ての事例が単一の要因ではなく，複合的な要因が絡み合って起こっており特効薬はないとされている。

　学級が「学級崩壊」の状態に陥ってしまうと，担任教師は混迷し，保護者は担任や学校を批判し，子どもたちは混沌とした状態になってしまう。不登校やいじめが生じ，その対応も難しくなる。そうなると，「このような状況に至った原因は誰にあるのか」と批判や非難の声が広がり，教師と子どもたち，保護者それぞれの関係が悪化してしまうことになる。しかし，責任の所在を明確にしても，多くの場合改善にはつながらない。学校臨床において求められているのは援助であり，行き詰まった状態を改善に導くための方策である。集団の問題を扱うには，従来の個人療法の枠組みに沿った対応では不十分であり，集団をシステムとして捉え，援助する視点が求められる（吉川・阪，1999）。

　本章では，学級集団システムの問題としての「学級崩壊」を取り上げる。ここでは，集団を部分に切り離して見るのではなく，それらが関わるさまざまなレベルのコンテクストを含めた全体として捉え，理解するというシステミックな視点から，集団システムの問題について概説する（中野，2014）。なお，本節では，集団をシステムとして捉えたものを「集団システム」とし，「集団システムの問題」を，集団システムの中に問題があることを示すのではなく（学級に不登校の子どもが複数名いる，いじめ問題が起きている等），学級崩壊など「集団のルールそのものがうまく機能していない状態」のことを指すこととする。また，特に指定がなければ，学級崩壊が生じやすい公立の小中学校における学級を想定している。

集団システムの問題の捉え方を柔軟にする

集団システムの問題——ある飲食店の集団システムを例として

　社会集団の一例として，飲食業チェーンの店舗を挙げてみよう。企業は利潤追求のための組織であり（システムの目的），店長などの社員やパート，アルバイトなどのスタッフで構成され（構成要素），接客や飲食物の提供の仕方，勤務体制，経営管理

など，その集団のはたらき方やルールがある（機能）。マニュアルに明文化されたルールに加え，対人相互作用が繰り返されることで，その店舗のスタッフ集団独自のルールが形成される。集団・組織システムは，そのまとまり・秩序を保ち（ホメオスタシス），新人を教育してスタッフの一員になるよう社員や先輩が指導し，困ったスタッフがいれば誰かがサポートするといった対応パターンを有している。人が集まれば人間関係ができ，対人トラブルも生じるが，何かしらの形で対応され集団システムを維持している（例えば店長が仲裁に入る，そのスタッフが一緒にならないようシフトが組まれるなど）。勤務態度が悪いなど，問題となる人がいれば指導が行われ，場合によっては退職などの措置がなされ，人手が足りなければ募集をかけるなどスタッフの入れ替わりを経ながら，その店での集団システムが維持され続けていく。

　次に，この店の「集団システムがうまく機能しない状況」を考えてみよう。スタッフが仕事に取り組まず，サービスの質が低下する。接客トラブルが頻発し，スタッフ間の人間関係がこじれ，協力しなくなる。店長の指導に効果がなく，問題が解決せず，スタッフは「店長は○○だから」などと不信を抱く。退職者が増え，人手が足りず，一部のスタッフに過剰な負担がかかるようになる。スタッフのやる気がなくなり，本来の仕事をする上でのルールが機能せず，変化し，「問題」を孕んだ形で集団のルールが保たれてしまう状態になる。関連するシステムにも影響し，客は「あの店には行きたくない」と足を運ばなくなり，口コミやSNSで悪い評判が広がる。上位システムである企業の本部の介入がなされるも，うまくいかない。関連するシステムを含め全体に問題が生じ広がってしまう。こうした状況に至ってしまうと，飲食店であれば売上が低下し，閉店へと追い込まれ，そのシステムが終わりを迎えることになる。

　一般的な集団の問題の捉え方では，その原因は集団の特性に還元したり，責任者の問題とされる。例えば，「店の○○体質」「店長の経営・管理能力の低さ」が原因とされ，言及される。これらの説明は，ある種の納得は得られやすい。しかし，この捉え方をすると，解決策は店長の交代かその店の再編となり，今できる具体的な対応が見つけにくくなってしまう。

　一方，システミックなものの見方では，店長の指導やスタッフの人間関係・やる気，地域や客層といったさまざまな要因が相互作用する全体として問題を捉える。集団の問題を「個々の要因が悪い方向につながり，エスカレートすることで，問題を孕んだ状態が常態化し，集団のルールになってしまっている」状態と考える。そのため，集団システム全体の相互作用を改善の方向に変化させるという発想となる。つまり，システムとそこでの相互作用を具体的に捉え，扱うこととなる。

学級集団システムの特徴とルール

「学級」という集団システムは学校教育を目的とした集団であり，年齢に応じた学習活動と自立と社会化を促進しようとする。授業など学習活動だけでなく，給食や掃除，学校行事などを学級単位で行い，学校生活を共にする。その構造は，担任らの教師と，公立の小中学校では40人を上限とした子どもたちで構成され，班や係といった下位システムを有している。その機能として，学習を含め，学校生活を送る上で，授業の進め方や一日の過ごし方，指示伝達など学級システムのルールがある。また，対人相互作用を繰り返すことで，学級のまとまりを保つためのトラブルへの対応パターンなど，その学級におけるルールも生じる。

ただし，学級集団システムは，他の社会集団とは異なる特徴がある。学級集団は学校教育が目的であり，教師は職務として教育し指導する立場であり，子どもたちは義務であり権利として教育を受ける立場にある。また，学校と教師には，「心身の発達過程にある子どもを継続的に預かる者として，学校教育に伴って生じる危険から子どもを保護すべき義務」（学校の安全保護義務）があり，いじめ問題などの危険から「学校と教師は子どもを守る」とされている（法務省人権擁護局内人権実務研究会，1994）。そのため，子どもが問題を起こしても責任は問われず，子どもには教育的な指導が施される。このことは解決しない問題の原因を「教師の指導」に求める暗黙の文脈を含み，学級崩壊の原因も「担任の指導」に求められ，責任を問う声が挙がることになる。

また，「学校と教師が子どもを指導し守る」という前提から，公立の小中学校では，メンバーの排除という措置が基本的に存在しない。社会集団システムは，患部を外科手術で取り除く発想と同様に，問題の人物を排除することで，集団システムを維持しようとする。政治や企業の世界で問題や不祥事が起きると，責任の所在が問われ，対象者を辞職させようとする（それで集団システムが改善するかは別であるが）。しかし学校現場では，多少の問題行動があっても教育の範疇で指導し対応すべきとされ，いじめ問題においてさえ，加害側への出席停止の措置はほぼ取られない現状がある（赤田，2012）。また，保護者から担任教師を変えるよう要望があっても，休職や辞職でもしない限り，年度の途中で担任が変わるという措置はほぼ取られることはない。一年間は教師も子どもも固定したメンバーであり，年度替わりに学級編成が行われ，メンバーの構成が変わることになる。

発達的視点から述べると，俗に「小1ギャップ」と言われる小学校入学の段階で子どもたちは学級集団を初めて経験するため，学級集団への適応が求められることになり，教師が親代わりの大人として子どもたちと学級集団を形成することが課題

となる。中学校では，義務教育の終わりとその後の進路選択を見据えた自立と社会化が求められるようになる。教科担任制など関わる大人が増え，小学校と比較して担任教師の役割が小さくなり，部活動など学級を超えた活動に交友範囲が広がる。高等学校になると，逸脱・問題行動に対する停学・留年といったメンバーの除外による集団維持のルールが設定され，システム上学級崩壊は起こりにくくなる。

また，学級崩壊には，以前の学級システム上の課題が関与していることもある。例えば，前年度に厳しく指導され押さえつけられていた子どもたちが，新たな学級で子どもの自主性を尊重する担任に替わると，反動として指導に従わなくなるといった現象も見られる。

学校を取り巻く状況として，家庭や地域の養育力が低下し，公教育に過剰な期待が寄せられるようになっている（田中，2011）。一方で，公教育への不信や権利意識の高まりから，苦情と要求も増加してきている。休職する教師の増加や，若手教師の増加と指導力不足といった問題もある。公立小中学校では十分に指導力がある教師が全学級に揃うことはなく，要所に指導力のある教師を配置し，他の教師をサポートしながら学校全体で教育機能を保っている。学級崩壊など大きな問題が起きた場合は，一般に年度替わりの学級編成時に指導力のある教師を重点的に配置するなどの対応が取られることになる。

学級集団システムの問題への対応

学級集団システムの支援に向けて

スクールカウンセラーが学級集団システムの問題へのコンサルテーションを行うにあたり，以下のことを念頭に置くことが求められる。まず，学級崩壊のように集団システムのルールが機能しない問題は，担任教師と子どもたちの学級集団システムに留まらず，他の関連するシステムにも影響を及ぼしている（図1）。通常は担任が学級運営に困っても，他の教師らがサポートし対応するが，そうした教師集団システムもうまく機能できていないことが想定される。また保護者たちも不満を持ち，集まって学校を非難することもある。場合によっては教育委員会や地域にも影響がおよぶ。そのため，学級集団システムだけでなく，関連するシステムについて，問題の影響がおよぶシステムをどこまで視野に入れるかを考慮する必要がある。

また，学級崩壊の状態では，混沌とした状況のなかで関係者間の良好な関係が損なわれ，子ども，保護者，教師それぞれが傷ついている。どんな問題であろうと，それに対応する関係者たちの「関係が全てに優先する」（吉川，1998）のであり，関係

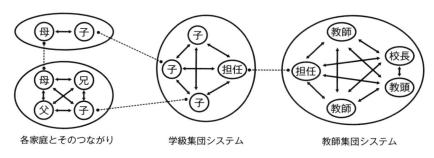

図1　学級集団システムと関連するシステム

者それぞれの立場や認識を理解し，損なわれた良好な関係を可能な部分から協力して支援していく関係へとつなぐことが求められる。学級システムへのシステムズ・コンサルテーションの目的は「集団システムの機能向上」であり，改善に向けた関係が広がることにある。そのために，システムの範囲を考慮しつつ，教師らのシステムに加わり関係を築きながら，協議を行うこととなる。その中で問題を整理し優先順位を決め，働きかけへと展開していく。

　以下，学級崩壊という集団システムの問題に対し，教師集団を対象としたシステムズ・コンサルテーションを行うことを想定して，具体的なポイントについて論じる。システムズアプローチの治療過程では，ジョイニングによる治療システム形成，情報収集，対象システムの仮説設定，介入の下地づくり，治療的介入と展開する（吉川, 1993）。これを学級集団システムの問題に応用し，授業観察を含む集団システムの情報収集と把握，対応会議による教師集団システムの機能化，改善に向けた働きかけ，その後の対応，について述べることとする。

授業観察を含む集団システムの情報収集と把握

集団システムの観察の前提

　家族面接の場合と同様に，個々人をバラバラに見ても，集団システムの動きは捉えられない。それぞれのメンバーの動きが相互作用として「どうつながり，関わり合っているか」を観察し，システムの機能がどのようになっているかを把握することになる。そのためには，「相互要求のキャッチボール」として，それぞれの言動を要求と要求への反応という視点で捉えることが重要である（中野ら，2017）。

　授業風景を思い浮かべてみよう。チャイムが鳴り（開始の合図），決められた子どもが「起立，礼，着席」と号令をかけ，教師が「教科書の〇〇ページを開いて」など

と指示する。それに子どもたちが応じ，それを見て教師が説明・指示をし……という流れで授業は進み，終わりのチャイム（終了の合図）で，また号令によりその時間の授業が一区切りとなる。こうした授業のルールには，教師が指示し教え，子どもらがそれに応じ，また子どもの反応・言動を見て教師が説明するといった「（教師の）要求⇒（子どもの）反応・要求⇒（教師の）反応・要求⇒（子どもの）反応・要求……」という円環的な要求と反応の連鎖がある。私語や立ち歩きといった問題行動が見られ，担任の指示に従わずとも，子どもたちは学級で生活しており，その学級集団システムの動き方を相互作用として把握する。

学級集団システムの動き

　小学校高学年の学級で，担任が国語の授業で問題を出す場面を考えてみよう。担任が板書をしながら説明するあいだ，黒板を見て担任の話を聞いている児童が3割（以後も真面目に取り組んでいる），立ち歩いたり私語をする児童が3割，目立たないが担任の話は聞いていない児童が4割であった。担任が出題した問題に取り組むよう指示した後に，教室を歩きながら私語をしている児童に優しく指導すると，その場ではいったん従うも，担任が他の児童への指導で目を離すと再び私語を始めた。担任が教卓に戻り解説を始めると，そのまま私語をしている児童もいる一方で，5～6名の児童は黒板を見てノートを取り始めた。終わりのチャイムがなると，数名の児童は教室を飛び出し，他の児童は号令に従って「起立，礼」をしたりしなかったりの状態で授業を終える。

　この授業の様子から，どんなことを思い浮かべるだろう。全く授業を聞かない児童が多くひどい状況とも思えるし，担任が厳しく指導せず甘いと思う人もいるかもしれない。システミックな視点では，そうした観察者の価値観をいったん置き，起こっている相互作用を確かなデータとして把握することが肝要である。

　担任が優しく指導⇒児童が私語をやめる⇒担任が離れる⇒児童が私語を再び始める，という相互作用を切り取ると，担任の指導は一時的であっても私語をしている児童に効果があるとも言えるし，担任が見ていないと児童は私語をやめないとも言える。優しい指導をしているのは，担任なりの意図や事情があると想定できる。担任の立場に立てば，「授業を聞かない児童が多く大変な状況でも何とか授業を続けている」とも言えるだろう。また，解説になるとノートを取り始める5～6名の児童は，授業についていこうと気にしていることが想像され，比較的変化しやすい児童であると言えるかもしれない。観察から得られた集団システムの動き方を後の協議につなげることとなる。

問題場面における相互作用

問題とされる場面の相互作用を把握することも重要である。その際のポイントは，「どんな場面で，誰が誰とどのように関わり，どうやって収まったか」である。例えば，算数の授業で各自が課題に取り組む場面で，A子がB子に話しかけて私語を始め，担任がA子を注意し，A子が反抗し，担任がさらに指導するも，さらにA子が反抗し，それを見てクラスがざわつき，担任が諦めて引き下がると，騒ぎを知ったD先生が教室に入り，それを見てA子が私語をやめる，という相互作用が観察されたとしよう。パターン化した相互作用を変化させるポイントは，ⓐ個々の関わり方を変える，ⓑ相互作用の状況を変える，ⓒ個々の現象の意味を変える，である（吉川，1999）。

- ⓐ個々の関わり方を変える｜「担任がA子を注意した」部分に注目し，A子が反抗しないような関わりにする，A子の話につき合うB子に注意するなど，担任の関わり方や対象を変える。
- ⓑ相互作用の状況を変える｜問題の発生に特定の状況が関与している可能性がある。「算数の授業で各自が課題に取り組む場面」で，A子は算数が苦手だから私語を始めたとすれば，担任がA子には別の課題を提示すれば，A子の私語は生じないかもしれない。
- ⓒ個々の現象の意味を変える｜「A子が反抗するのは，担任にわかってほしいことがあるから」と意味づけられれば，問題視されていたA子の行動を担任が理解しようと変化することもある。

なお多くの場合，問題のきっかけやそのエスカレーションに注目が集まるが，問題が永遠に続くことはなく，その収まり方を把握することが重要である。D先生が来たことでA子が私語をやめたことが観察できたのであれば，D先生がA子に影響を与えていると考えられる。D先生からA子に話を聞き，指導することが有効といったことも考えられる。

指示・要求の出し方と要求への反応

教師の指示や要求が子どもたちに伝わっているか，理解した上での反応かもポイントになる。例えば「黒板を見て」という指示であれば，「黒板」を「見る」ことを要求した指示であり，これらが聞こえ理解できれば応じやすい。「明日は△△があるから，○○と××と◇◇が必要です。連絡帳に書いて」となると，この指示を聞いて理解し，記憶を保持し，連絡帳に記入するという作業が求められる。理解・記憶・記載のどれかが苦手であると応じにくい。国語の授業で，「登場人物は，この場面で

どんな気持ちだったか」という質問であれば，課題の文章を理解し登場人物の立場に立って，「どんな気持ちか」という情緒的かつ抽象的な質問について自分の考えを述べることが求められている。知的発達に課題のある子どもの観察では，どんな指示にどう応じられるか／応じられないかを見ていくことがポイントになる。応じられない要求ばかりであると固まってパニックになったり，わからないので私語などの問題行動が反応として生じる。これらが大きな課題となっている場合には，教師の指示・要求を子どもに伝わり応じられる形にする特別な支援・配慮が必要になる。

対応会議による教師集団システムの機能化

対応会議におけるニーズとジョイニング

学校における集団システムの問題において，変化の主体者は，担任を含めた教師となる。前述のように学級崩壊の状態にまで至ると，個々への対応だけではなく，子どもたちや保護者など関連するシステムに対応することが求められる。学級崩壊は担任一人で対応できるものではなく，管理職や学年教師を含めた教師集団が共通認識を持ち，協力しながら対応していくシステムを形成することが必須である。集団の問題におけるシステムズ・コンサルテーションでは，対応の主体者たちのシステムの機能化が最優先される。

対応会議の場には，「当該学級の状態への対応」だけでなく，「担任教師の対応を変えたい」や「問題児童の保護者にアプローチしたい」「なるべくかかわらず，責任を回避したい」などの関係者のさまざまなニーズが関与している。あらゆる会議の場には関係者の思惑が関与し，「対応会議という場に寄せられるニーズ」を考慮して臨むことになる。

会議に参加するにあたり，参加する教師たちのシステムへのジョイニングが求められる。誰がどこに座るか，誰が口火を切り，誰が問題についての窓口として語るかなど，教師らのシステムの動き方がある。校長が主として学級の状況を語る場合もあれば，教頭が場を仕切り担任から詳しい話をさせる場合もあり，それに合わせながら加わり，「問題についてやりとりできるシステム」を形成する。やりとりを始めながら，場に寄せられるニーズを扱い，「どんな目的で何をどう話し合うか」について関係者で共有していくことが求められる。

問題についての語りと情報収集

問題の窓口となる教師から現状が報告される。続けて，参加している他の教師が補足し意見を述べる。この段階ではジョイニングを優先し，疲弊し自信をなくしたり，混乱している教師らの労をねぎらい，理解しようと努め，仲間に加わることが重

要である。教師たちの語りにはそれぞれの認識や見解が含まれる。管理職は学校経営や危機管理上の観点から，担任は学級運営の立場から，生徒指導担当は逸脱行動への指導の観点から，それぞれの立場による違いがある。「誰が何をどのように捉えているか」，その認識の違いが貴重な情報となる。

　序盤は教師らのシステムに合わせつつも，徐々に質問をし，「問題」とされるシステムの把握にむけて情報収集していく。問題に関与している関係者，学級崩壊に至る契機と経過，誰がどう対応しどうなったか。観察から得られた現状の学級システムの相互作用を提示し，担任の行動の意図や事情などを尋ねることもある。学級集団システムだけでなく，関連する教師集団システムや保護者，問題とされる子どもへの対応も含め，広く問題のシステム全体とそこでの相互作用を把握する。問題のシステムの把握は，頭のなかだけで行うのではなく，情報収集しながらも，「○○は××だったんですね」「△△の後で，◇◇になったんですね」と共有しながら進めていく。参加している教師はそれぞれが見聞きした情報から自身の認識を形成しており，会議の場で参加者が問題を共有していくプロセスそのものが次の段階への下地となる。

「問題」設定と改善・解決のための目標の共有

　問題のシステムとそのポイントについて共有していき，改めて「何がどう問題であるか」「何を目的とし，どこからどう取り組むか」について関係者のコンセンサスを形成することになる。問題を整理しつつ，関係者が共通認識を持ち，一定の方向性で協力して対応していくシステムへとつなげていく。

　問題設定にあたっては，把握された問題のシステムを教師ら関係者が対応しやすい形で再構成して提示することが重要である（吉川ら，2001；矢野ら，2002）。教師らが子どもや保護者を問題視したままでは，関係がつなげず，取り組みの効果が上がらない。問題のパターン化した相互作用を変化させるために，学校現場に適した教育的な援助文脈上に問題が位置づけられることが望ましい。子どもや保護者が「自信をなくしている」「困惑している」「助けを求めている」あるいは「教師らの思いを誤解している」など，教育的な援助への一歩となるようにする。

　改善・解決のための目標についても同様であり，目標は教師らが「目標に向けた取り組みをしてみよう」と思えるものにすることが重要である。対応可能で変化しやすい部分から，担任など教師らが主体的に動き出せるように。改善に向けた小さな変化をつなげていくことが大きな変化となっていく。混乱した状態から，目標に向けて担任など教師が主体的に機能するシステムへとつながる一歩となることが求められる。

改善に向けた働きかけ

集団の問題への介入についての前提

　集団システムの問題では，非常に多様な要因が関与しているため，集団の動き全てを予測することは不可能である。また，指導により一人の子どもが変化しようとしても，それによって「一人だけいい子ぶる」など子どもたちの間で浮いてしまったり，あるいは保護者と関係が悪いとその指導を否定され，変化が継続せずもとに戻ってしまうこともある。そのため，改善・解決のポイントとなる可能性の部分に重層的に働きかけることが求められる（吉川，1999）。

　働きかけを始める段階では，関係者全てが納得することは困難であり，「それで本当に何とかなるだろうか」と疑問を持つ教師もいるだろう。しかし重要なのは，改善・解決の方向へ教師らが協力して動き出すことである。懸念をしているだけでは何も変わらない。一定の方向に協力して取り組むことで，その対応の良し悪しも検証可能となる。また，予測不能な部分があるからこそ，「変化することで生じる反応に対応していく」ことを続けていく。何かしらの取り組みは，多くの教師は受け入れたとしても，一部の教師は良く思わないのが普通であり，そうした一部に対応しつつ，全体として集団が改善の方向に進むように働きかけていく。

　また，子ども集団だけでなく，保護者集団や地域など影響する関連するシステムへの働きかけも求められる。学級崩壊の状態となれば学校全体の課題であり，担任だけでなく教師集団として役割分担し，それぞれの立場を活かしつつ対応に当たることになる。一つのシステムだけでは不十分であり，同時並行的に働きかける。例えば管理職は保護者対応を中心に，担任は学級運営中心に，問題行動への指導は他の教師が中心に，というように。当然のことながら，集団レベルだけでなく，個々の子どもや保護者へのアプローチも考慮して行われることになる。

さまざまなレベルへの働きかけ

　実際に働きかけを行うにあたり，必須となるのは「関係をつなぐ」働きかけである。集団システムの問題は，対立や不信などの損なわれた関係が含まれている。そもそも「通常の指導に従わない」状態であり，子どもらを問題視し厳しく指導することは，より関係の悪化を招く。集団システムの立て直しを図る上で，児童・生徒への指導的な働きかけが欠かせないが，それのみでは決して効果が上がらない。そのため「関係をつなぎつつ指導する」ことが求められる。担任は児童・生徒のサポート役で，指導は生徒指導担当が担うなど，役割分担してもいいだろう。これは個々の事例への対応でも，集団への対応でも同様である。児童・生徒にとって，全体として「先生たちがわかってくれるところもあるし，何とかしよう」となるように働き

かけていく。

　保護者へのアプローチとして，学校現場では緊急の保護者会や管理職経由のPTAの集まりが開催され，学級の現状を伝え，保護者への協力要請がなされ，保護者が授業を見学するといったことがしばしば見られる。しかし，やみくもに状況を公開するだけでは逆効果になりかねない。保護者集団のシステムに働きかけるには，学校側の対応の指針を具体的に明示することが求められる。学校側が事態を把握し，現在問題はあるがその対応策を講じていること，そしてその方針に協力してほしいことを明確にする。何にどう協力して欲しいかを保護者がわかるように伝え，一部受け入れない保護者がいても，全体として改善への協力の方向へ動き，学校側と保護者集団との協力関係へとつなげていくことが必要である。

　なお，教職員集団システムへの働きかけも考えられる。対応会議の関係者だけでなく，教師全体への周知と協力体制の確立もあるだろう。担任の負担が過度にならないように，他の教師が何をどうサポートするかを具体化する。一部の対応を他の教師に任せ，授業準備など一人の時間を持てるようにする工夫も必要である。場合によっては，管理職から教育委員会への人員配置要請なども行われる。

　このように，さまざまなレベルにおいて，関係をつなぎつつ改善・解決の方向へ変化していくことが重要である。

継続的な取り組みと検証，学級集団システムの変化

継続的な取り組みと検証

　改善・解決への働きかけを行うと同時に，それによって何がどう変化したか検証が必要である。よい変化が生じたならば，働きかけのどこがどうよかったのかを検証し，継続する。うまくいかなかったならば，検証しつつその結果を活かし，次の取り組みへとつなげる。変化が予測し得ないからこそ，必要に応じて適宜働きかけの結果を検証し，修正し，再度働きかけることを繰り返すことが重要となる。

　学級集団システムは，働きかけにより良い変化が部分的に起こり，それがつながることで様相も変わってくる。例えば，対応会議で教師の連携体制が整うと，担任が落ち着きを取り戻し，担任が問題の子どもと言い合うことが減り，他の子どもたちが安心し，保護者の間で学校に協力しようとする動きが起き……，となる。あるいは管理職がPTAを通じて保護者に協力要請をし，一部の保護者が子どもに態度を改めるよう指導し，その子どもたちが騒がなくなり，担任が授業をしやすくなり……，という場合もある。このように，集団システムが変化していくことで，問題や関わる人の範囲，求められる働きかけやそのための教師の連携も変化していくことになる。

時間経過や状況の変化により，教師それぞれの働きかけや見解に差異が生じることもある。そのため，その時々の働きかけの検証だけでなく，変化した集団システムの状況に応じて，教師の連携や働きかけのポイントも再調整される。コンサルテーションをいつ，どこまで行い，どこまでその役割を担うかはケースバイケースであるが，当事者である教師らが見つけにくい変化を把握しフィードバックすることも含め，システム全体を見ながら支援していくことが求められる。

集団システムの機能化へ

改善の方向に進み，担任ら教師と子どもたち，保護者の関係ができていくと，集団全体の問題が解消されていく。複数の子どもたちが私語や立ち歩きなどをするようなことがなくなり，授業や学級活動が行いやすくなる。平行して，個々の子どもたちの課題が表面化することもある。学級が通常化してくると，混乱した状態では見えにくかった学習の行き詰まりや，教師への反抗的な態度の背景にあった心理的課題など個別の問題が見えてくる。これらは集団の問題とは別の，集団内の問題として個別に対応・支援していくことになるが，教師と子どもや保護者との関係がつながっていれば対応しやすいものになっている。全ての問題がなくなるわけではないが，個別の問題はありながらも学級集団システムが機能するようになれば，集団の問題は解決したと考えていいだろう。

以上，システムズ・コンサルテーションのポイントを示したが，これらはマニュアル的に活用するようなものではなく，むしろ対応の指標となるものである。システム論が認識論である以上，それを支援・介入のために柔軟に使いこなせるかによって，効果も異なるものになるが，読者の学校臨床において役立ち活用されることを期待する。

文献

赤田圭亮（2012）．現場から見た教育改革といじめ．現代思想，40（16），70-84．

国立教育研究所学級経営研究会（1999）．学級経営をめぐる問題の現状とその対応：関係者間の信頼と連携による魅力ある学校づくり．

中野真也（2014）．「精神の生態学」とつながる．家族療法研究，31（2），14-20．

中野真也・吉川悟（2017）．システムズアプローチ入門：人間関係を扱うアプローチのコミュニケーションの読み解き方．ナカニシヤ出版．

田中理絵（2011）．学校と家庭：教師と親との関係．住田正樹・岡崎友典（編）（2011）．児童・生徒指導の理論と実践．放送大学教育振興会，pp. 180-191．

矢野かおり・吉川悟（2002）．虐待の背景を持つ摂食障害患者へのシステムズアプローチ．心療内科，6（1），46-51．

吉川悟（1998）．協同的学校システムのあり方：教育相談への効果的な学校システムの形成に向けて．宮田敬一（編）．学校におけるブリーフセラピー．金剛出版，pp. 105-124．

吉川悟（1999）．「集団の問題」の捉え方とコンサルテーションのあり方．吉川悟（編）．システム論から見た学校臨床．金剛出版，pp. 80-101.

吉川悟・唐津尚子（2001）．システム論からみた予防的対応と治療展開の予測．吉川悟・村上雅彦（編）．システム論からみた思春期・青年期の困難事例．金剛出版，pp. 246-266.

吉川悟・阪幸江（1999）．学級崩壊など集団の問題へのシステムズ・コンサルテーション．吉川悟（編）．システム論から見た学校臨床．金剛出版，pp. 267-277.

第Ⅲ部 コンサルテーションと地域援助——カウンセリング以外の仕事
CASE

学級崩壊への介入

大平 厚

はじめに

　学級崩壊という状況で，スクールカウンセラーが出会うことになる人は，児童であれ，担任を始めとした教師であれ，何かを抱え，疲弊している。この状況においてスクールカウンセラーは，今ここにある「関係」とそこで生じている「やりとり」に着目しながら全体を俯瞰し，教師らが文字通り「チーム学校」として機能することを通して，状況に対応しやすくなるようサポートすることを意識する必要がある。
　ここでは，小学校における学級崩壊という状況に筆者がスクールカウンセラーとして対応した事例について述べることを通して，その動き方の一端を示していきたい。

事例

対応会議に至る経緯

　1学年1クラス（25名程度）の小規模の小学校において，現在4年生になるそのクラスは，学級崩壊と呼べる状態になって1年が経過していた。そのクラスは，もともと問題がないクラスと教師らは考えていたが，急遽40代の男性教師に担任が変更となった3年生の2学期以降，問題が散見されるようになっていった。当初は授業に集中できない児童がちらほらいる程度であったが，しだいに，授業中の私語，教室内の徘徊，指導への反抗と一部の児童の行動がエスカレートしていった。担任の指導により一旦は落ち着くものの，数時間もすれば元の状態に戻ってしまうことが続き，登校渋りや児童間のトラブルを含め，2学期後半からは授業が成立しないなどクラス単位で問題が頻発するようになった。加えて，2学期終盤の授業参観を通して

クラスの状況は保護者の知るところとなり，保護者からも学校に対する不信や苦情が聞かれるようになっていった。

　年度末に担任が学校を離れ，新年度になると，新担任の40代の女性教師のもと，4年生になった児童も当初は落ち着いた様子を見せていた。しかし，その状況も長くは続かず，次第にクラスは3年生後半の状況に逆戻りしていった。担任は児童らにその都度指導しながら状況を改善しようとするも，児童らの変化は一時的なものに留まり，その変化が長続きすることはなかった。この状況に学校は，管理職のもと，担任を中心としたチーム対応を試みようとしていたが，保護者からの不信もいまだ根強いなか，有効な対応が見いだせない現状があった。

　スクールカウンセラーが，地域の教育委員会からこの学校への対応を依頼されたのは，彼らが4年生の9月のことであった。

対応会議｜授業観察による学級の状況の把握

　スクールカウンセラーはまず，担任に通常の授業で普段の児童らの様子を観察したい旨を伝え，養護教諭を伴い担任の授業を見学した。見慣れないスクールカウンセラーの来室に，児童たちは当初困惑や緊張の様子を見せたものの，10数分が経った頃には普段通りの喧騒を取り戻していた。そこでは次のようなコミュニケーションのパターンが観察された。

［パターンⅠ］
　児童：（周囲の児童と）私語をする／出歩く→担任：（教壇から，複数の場合は一番目立っている児童に）注意をする→児童：（担任は無視し）私語を止める／席に戻る→担任：授業に戻る→児童：イライラしつつも大人しくする→児童：（数分経ち）私語をする……

［パターンⅡ］
　児童：授業に集中していない様子を示す→担任：児童に授業に注目するよう促す→児童：8割：授業に注目を示す／2割：パターンⅠの行動を示す→担任：（授業を早々に切り上げ）2割の児童の行動に着目し指導する→8割の児童：半数以上の児童が授業への集中が途切れる（注意散漫，私語が生じる）→教室が騒がしくなる→担任：（児童全体に）授業に集中していないことを指導する→児童：（表向きは従うものの納得はしていないかのような反応を示しつつ）黙るが授業への集中は途切れたまま→担任：授業を再開する……

授業時間の大半で上記のようなコミュニケーション・パターンが見受けられ，授業自体はほとんど進まない様子が観察された．また，比較的騒ぎやすい2割の児童の言動を8割の児童が気にしている様子が見受けられた．スクールカウンセラーには，教室の壁に図工で児童たちが作成したであろう絵や絵日記が人数分飾られていたことの方が印象に残った．

対応会議｜情報収集

対応会議には校長，教頭，担任のほか，養護教諭，教務主任，学習支援員，各学年担任，スクールカウンセラーが出席した．会議は教頭が主導し，まずはクラスの現状についてそれぞれの教師らが発言した．これまでの経緯に始まり，「クラスの担任が毎年変わっており昨年度の男性教師以前はすべて女性教師であった」こと，「少なくとも3年生の1学期までは授業にも意欲的に取り組む問題のないクラスであった」ことなどが語られた．現状報告の後，対応の話になったがすぐに行き詰ってしまい，教頭から発言を求められたスクールカウンセラーが，クラス外での児童の様子について訊くと，「地域のスポーツクラブや学童では何の問題もない」こと，「家庭での様子は落ち着いているが，保護者からクラスの話をされると沈んだ様子を見せる児童がいる」ことなどが語られた．次いで，スクールカウンセラーが昨年度の担任であった男性教師の対応について訊くと，「基本的に良し悪しをはっきり児童に伝え正しい行動をとるよう指導する」ことが多く，担任になる以前は「クラスの児童たちの甘えを指摘していた」ことが語られた．また，担任になって以後は，児童たちの様子を「ワガママ」と認識し「正しい行動をさせようと指導をしていた」ことが語られた（なお，スクールカウンセラーが想定した2割の児童は比較的指導を受ける機会が多かったことも語られた）．また，男性教師が力のある先生だったこともあり「他の教師は口出しできなかった」ことが語られた．

スクールカウンセラーが現在の担任に今の問題点を訊くと，「児童たち一人ひとりは良い子たちなのにクラスとしてやっていくことができていない」「児童だけでなく保護者も学校への信頼を失くしている」と涙ながらに語った．また，「クラスをまとめようと強い指導になってしまうことが多く，余計に児童の気持ちが離れてしまっている感じがする」ことが語られた．

スクールカウンセラーが「そのような状況で壁の絵はどうやって描かせたのですか」と訊くと，担任は「クラスには描くことが好きな子」が多く，自由連想的な内容だったので「テーマ以外は指示せず，児童たちに自由にやらせたところ，児童らは自主的に作業に取り組んでいた」こと，作業中「絵を描くことが苦手な児童を他の

児童がサポートする場面も見られた」ことが語られた。スクールカウンセラーがそのような様子は他の場面でも見られるか訊くと，今現在も行事ごとでは「何かをやり遂げようと努力することができる子」が多く，「勉強や行事の取り組みについて，やったこと，できたことを（養護教諭などに）見せに来てくれることがある」ことなどが語られた。

対応会議｜スクールカウンセラーの見立てとチーム間の共有

　観察や会議での情報をもとに，スクールカウンセラーは，児童たちは担任の突然の交代によって男性担任のこれまでと違う指導方法に遭遇することとなり，（男性担任の意図と異なり）自分たちの取り組みを否定されるような経験を多くすることとなったと推測した。また，その状況で，何が正しいかを判断できずに戸惑ってしまい，意欲の低下や集団としての統率の欠如という状態が引き起こされていると考えた。また，それらの影響から，現在の担任の指導は男性担任の指導と同様のものと児童たちに認識されていると仮説を立てた。さらに，この状況は家庭で保護者が児童らに学校に対する不信を表明することで強化されている可能性があると考えた。

　そのため，現状は担任一人で対応することは難しく，教師が役割分担のもとチームとして連携して対応することが有効であること，そのためには，教師が動きやすい枠組みを用いて現状を共有し，チームとして動く必要があると考えた。

　そこで，スクールカウンセラーはまず会議の参加者に，児童たちの3年生の2学期の様子の変化について「男性担任は優しさを持つ児童たちに〈強さ〉を教えようとしたが，それは厳しさに慣れていなかった児童たちに〈否定〉されたと〈誤解〉された可能性がある」と伝えた。次いで，「その誤解から児童たちは混乱し，何が正しいのかわからない状況の中で，どう集中したらいいのか，どう頑張ったらいいのかわからなくなっている」，「今現在，担任が変わって，担任が頑張ろうとしてもうまくいかないのは，学校への最初の誤解が解けていないから。〈誤解が誤解を招いている状態〉では意図通りに伝わらない」と伝えると，教師らは同意を示した。続けてスクールカウンセラーは，「クラスの状況は，児童たちがクラスという単位で感じた誤解がずっと解けないことが影響した混乱を伴う不安定な状態」であり，（スクールカウンセラーは全体を見渡したあと校長に向かって）「先生方が協力し合い，子どもたちの誤解を解き，混乱を鎮めながら，クラスとして安定を取り戻していけるとよい」と伝えた。すると校長が参加者に対し，「学校が与えてしまった誤解なのだから，私も含め先生方で協力して子どもたちの平穏を取り戻していきましょう」と話し，それに参加者全員が同意を示した。

その後，会議は「どのように誤解を解くか」「どのように児童たちが肯定されていると思える状況を作るか」「教室の平穏をどう取り戻すか」についての議論となった。スクールカウンセラーも適宜アドバイスをしながら議論は進み，下記の対応を行うことを参加者間で取り決め，翌日の職員会議で全教師に周知し，校長が全教師に協力を要請し実行に移された。

① クラスと児童たちへの対応
- 授業には担任のほか，学習支援員，手の空いている教師（補助教師）の3名で対応し，担任は授業の進行を優先する。私語や問題行動を起こした児童には補助教師が対応し，児童のもとまで行きその行動を起こした意図について尋ね，受けとめたあと，授業内容に取り組むことを促す。支援員は授業に取り組む姿勢を見せている個々の児童に声をかけ，取り組みを労い認めつつ必要な支援をする。
- 担任は適宜「わからなかったら聞いてよいこと」を告げ，クラス単位で授業に取り組む様子が見られたら，すかさずそれを肯定的に評価する。
- 様子に変化・異変がみられる児童には，担任・養護教諭が個別に時間を取り対応する。
- 管理職は空き時間に教室の様子を見に行き，問題行動をくり返す児童に対しては教頭が指導をした上で適応的な行動をとれることに児童が自信を持てるよう援助する。適応的な行動が見られたらそれを肯定的に評価し続けるよう促す。

② 保護者への対応
- 教師間で連携し，よりよい学校教育のために尽力していくことを書面化し，保護者への協力を要請する（対応会議翌々日に配布）。
- 先述の書面において学校への要請があれば気兼ねなく学校に相談してほしいと促し，実際に保護者から問い合わせがあれば，管理職や養護教諭を含め，対応する職員が（要請に応えるかは別として）真摯に話を伺う。
- 対象学年のみならず，保護者とやりとりができる場面では，家庭での児童の様子について一言でも話すようにし，学校内での児童の取り組みを一つでいいので肯定的にフィードバックする。

③ 教師間の連携について
- 対象クラスの状況は職員室内で情報を共有し，特に肯定的な変化がみられる様子・状況については教師が折に触れ児童や保護者にフィードバックできるように共有を徹底する。
- 対応について迷ったら，一人で抱え込まず管理職や養護教諭，スクールカウン

セラーにすぐに相談する。

チームによる対応の実際

対応会議翌日から学校教師全体での対応が始まった。クラスと児童への対応は，授業に担任以外の人間がいる状況に当初は戸惑いを見せる児童もおり，より落ち着きがなくなっているかのような反応が見られた。しかしながら，児童のこのような反応は対応会議で想定されていたため，教師間に動揺はなく，1週間を過ぎる頃には児童たちも状況に慣れた様子がうかがえた。授業では担任・支援員・補助教師が連携し合い，2か月程度の時間をかけて徐々に授業が成り立つ時間が増えるようになっていった。また，この頃には，「わからない」と発言してウケを狙う児童を含め，授業内で発言する児童もだいぶ多くなっていた。

対応をはじめてしばらくは，授業の内外で問題行動を起こす児童も依然としていたが，教頭が根気強く指導を続け，教頭が教室に顔を出すと「ちゃんとやろうとする」様子が見られるようになった。その後しばらくして，指導を受けた生徒が「今日はちゃんとやりました！」と教頭に報告に来る様子もうかがえるようになっていった。

対応にあたり，教師のなかには，「自分の対応は誤解を招かないか」と自身の振る舞いに問題がないか不安を持つ者もいたが，ほかの教師やスクールカウンセラーとのやりとりで自分なりの対応を考え，児童相手に試行錯誤を行うようになっていった。

そのような状況と併行して，この1年の様子について，学校への苦情も含めて話をしに来る保護者が散見されるようになった。教師らはそのつど真摯に対応し，「今後の学校全体での対応に活かしていくこと」を伝え，保護者に協力を求め続けた。繰り返し来校し連絡がある保護者には，保護者と相性がよかった教師やスクールカウンセラーが対応を行い，徐々に学校への不信感が軽減されていった。

対応開始から3か月後の学習発表会が成功し，その翌月の絵画を活用した授業参観において，少々の自由行動はありつつも児童が授業に集中して取り組んでいる様子を保護者が目の当たりにしたことで，学校に対する不信はさらに改善の傾向を見せるようになっていった。

なお，個別の対応が必要と判断された児童や保護者は，スクールカウンセラーが適宜コンサルテーションを行い，それぞれのケースを検討し対応を行った。

その後の対応と経過

その後，3学期になるタイミングで，授業の体制は担任と時折支援員という形式に変更した。当初担任は授業進行と指導のバランスに悩むこともあったものの，徐々

に慣れ，学期末には，

　　児童：私語をする→担任：「〇〇くーん？」と名前を呼ぶ→児童：「はーい」と授業に戻る……

といったパターンで対応ができるようになっていった。また，保護者からの信頼がある程度回復できたとの判断のもと，発達的要因が考えられる児童についても個別の対応を行っていく体制が取れるようになっていった。

おわりに

　学級崩壊という状況にはチームでの対応が基本となる。そのためには，「クラス」という集団のみならず，「学校」「学校と家庭」といったよりマクロな対象システムを想定し，今ここにある状況や枠組み，関係性やコミュニケーション・パターンのどこにどのような変化が生じることが有効かを常に考えながら対応することが求められる。また，チームとして機能するためには，チームの一人ひとりが動くことができるかたちで目標を共有し，共通認識を持ちながら対応を行うことがより重要であると思われる。

第Ⅲ部 コンサルテーションと地域援助——カウンセリング以外の仕事

第4章

予防を視野に入れた援助

学内での会議と研修

吉川 悟／佐伯 ちひろ

学校臨床と会議

学校の会議について

　学校は組織であり，組織を維持するためにはその構成員の共通認識の構築や役割分担の機会が必要となる。多種多様な「会議」の場がその主要な機会である。学校全体の運営にかかわる職員の打ち合わせは，早朝からほぼ毎日のように実施され，保護者や地域も含めた行事ごとにかかわる会議，教職員の立ち話まで，会議の形態はさまざまである。

　例えば「職員会議」は，文部科学省により「校長を中心に職員が一致協力して学校の教育活動を展開するため，学校運営に関する校長の方針や様々な教育課題への対応方策についての共通理解を深めるとともに，幼児児童生徒の状況等について担当する学年・学級・教科を超えて情報交換を行うなど，職員間の意思疎通を図る上で，重要な意義を有する」と定義されており，学校現場に関わる職員全体の共通理解，意思疎通を図る場となっている。職員会議は校長の裁量により，毎朝短時間で行われることもあれば，放課後に比較的時間を長くとって行われることもあり，定例の会議以外に必要に応じて臨時会議が開催される。また，各学年ごとの方針を話し合うため，学年を担当する職員のみで行われる学年会議，教科を担当する職員のみで行われる教科会議，進路指導について話し合う会議など，その目的ごとにさまざまな会議が開かれる。

　会議は組織の維持に必要であるが，多忙を極める教職員にとって，建設的な議論とならず効率的と言えない会議は「時間の浪費」であり「無駄」と感じる声が漏れ聞こえることも少なくない。

しかし，スクールカウンセラーが学校臨床の活動を有効に遂行するためには，これらの会議にも注意を払う必要がある。会議を無視すれば，学校という組織体そのものの動きが把握できず，そのつど関係する教職員に伺いを立てなければならない。それは非効率的でもあるし，スクールカウンセラーが学校にとって，「事情を知らない部外者」とみなされる原因にもなる。

実際にスクールカウンセラーが関与できる会議は，学校で行われている会議のごく一部である。主なものとしては，生徒指導部会，教育相談部会がある。生徒指導部会では非行，暴力など「問題行動」への指導方針が話し合われ，教育相談部会では，不登校，リストカットなど「心の悩み」への対応方針が扱われる。しかし実際には，いじめ問題をはじめ，生徒指導，教育相談の両方の機能が求められる事案が多い。

会議でのスクールカウンセラーの立場

生徒指導や教育相談に参与するスクールカウンセラーは，まず臨床心理の専門家として問題となっている事案を見立て，生徒もしくは保護者への対応の指針を会議で提供することが求められる。スクールカウンセラーが会議に出席する意義の一つは，教育の専門家である教職員とは別の専門的視点を提示することである。

後述するように，吉川は，スクールカウンセラーは職務上，個別事案への臨床心理学的視点の提示と同時に，「予防的な視点」の提案が重要であると述べている。会議では校内の個別の事案以外にも，例えば，学区の不審者情報や，ゲームセンター・繁華街の見回りで得られた情報，小学校・中学校からの引継ぎ情報など，多彩な情報が共有される。スクールカウンセラーはこれらの情報を得て，今後起こりうる可能性のある事態をアセスメントし，見解を提供する役割も求められている。

会議と研修

学校では，上述のような会議の延長として「研修」が行われる場合がある。会議と同様にその事案に関わる教職員が一同に介し研修が行われ，スクールカウンセラーはその研修で，講師として進行を任じられることがある。

研修には会議と同様の機能がある。会議同様，研修にも共通理解と意思疎通の機能があり，一方的な知識の伝達だけでなく，その後の学校運営で実際に活用すべき指針が示されなければならない。そのため研修においても，担当者は知識の提供とともに，参加者との協働的な関係形成を目指さなければならない。学校システムが情報を取り入れ，それを柔軟に活用するためには，研修の時間だけでなく研修前後にも関係形成の下地作りが必要となる。

予防の視点

予防の必要性に気づくこと

　学校において「予防」の視点はどのように扱われているだろうか。他の組織同様学校でも，問題の発生が予想され教職員たちの懸念事項になった場合，問題が発生する前に防止する対策が検討されることもあれば，懸念事項のまま惰性的に検討されないこともある。

　教育的発想の外部にいるスクールカウンセラーには，教職員の懸念事項とはなっていないがそのリスクを判断できる場合がある。教職員とは別の専門的視点の提示はスクールカウンセラーの職務であるため，このようなリスクは研修のかたちで共有しておきたい。

　スクールカウンセラーが予防的支援のための研修を行うためには，まず「予防の必要性」に気づくことが重要である（吉川，2001）。カプランらが提唱した地域精神医療から派生した「未然予防（第一次予防）」「早期予防（第二次予防）」「慢性化への予防（第三次予防）」の概念は，学校現場の予防的支援にも同様に適用できる（表1）。

　生徒指導部会や教育相談部会などに参加するとともに，職員室や保健室，廊下などで日常的に可能な限り教職員に話を聞くなかで，スクールカウンセラーはそれらのリスクを判断していく。システム論の視点から学校システムを見立てることは，スクールカウンセラーが予防が必要な学校のリスクに気づくために有用な視点である。システム論では，システム内部の秩序はシステムの三属性である発達・構造・機能の3つの側面から捉えられ，学校システムも同様である。高橋（1999）によれば，「発達」はそのシステムの歴史的な変遷やシステムの時間的変化に伴う各構成要素の分化と統合を指し，学校システムにおいては，入学，進級，卒業，転入出，異動，統廃合などの分化と統合が挙げられる。「構造」はシステムを構成する各要素の編成のされ方を指しており，先生-生徒，校長-教頭-主任，1年生-2年生，1組-2組などの関係づけを指す。また「機能」は，一定のルールによって規定された各構成要素の作動であり，「学校システム」は「子どもの教育」という機能を期待されて構

表1　カプラン（Caplan, 1964）による予防の分類

第一次予防	新規のケースが発生しないようにする活動であり，多数の健康な人々を対象として行われる。
第二次予防	スクリーニングなどを用いて，ハイリスクの人々を早期発見し早期介入する。
第三次予防	すでに問題を抱えている人を人を対象として，再発・悪化・周囲への悪影響を防ぐために行われる活動であり，実質的に治療を指す。

成され，その機能に伴うかたちで構造化されている。また校長・教頭・教師・生徒などの名称はこの機能の分担を示すとともに，システム内部の構造のあり方を表現する。

予防が必要となるリスクの判断には，学校システムを内包する地域システムの変化も念頭に入れる必要がある。

例えば，学校の近くに鉄道の駅ができて交通事情が変化することにより，新たなタイプの入学者が増え，学校がその変化への対応を求められることがある。「やんちゃなタイプの子ども」が多かった地域に「悩みを抱えこむタイプの子ども」が多く入学してきて，症状化など教師のそれまでの理解を超える問題が発生するリスクがある。あるいは新興住宅地が開発され，旧来その地域に住む家族と新しく住み始めた家族の文化差が校内の衝突につながったり，大型スーパーが学校の近隣にできて生徒による万引きのリスクが増す，といった場合には，地域システムの変化から学校システムへの影響を想定して予防的視点を導入しておくことが望ましい。

逆に，学校の変化によって予防・対応すべきリスクが高まる場合もある。中学校では常にトップの成績だった生徒が進学校の高校に入学して，成績優秀な周囲の生徒に紛れてショックを受けるといったように，進学校のスクールカウンセラーには入学者の陥る問題のパターンがわかっている場合がある。しかし進学クラスを新設したり偏差値が急上昇するなどした学校では想定外のリスクである。

スクールカウンセラーは，現在の学校システムに可能であり，従来のパターンに代わる新たなパターンを想定し，学校と相談しつつ変化を促すよう工夫することができる。学校のおかれた環境が変われば対策や予防的視点も異なるため，事前に学校システム全体としての指針があると教師も対応しやすく，状況に応じて改良もしやすくなる。

学校メンタルヘルスの向上

学校における適切な援助の基本は，何らかの「問題」が起こった際に，保護者と教職員が「問題について話し合える関係」を作ることである（吉川, 2001）。この視点は，保護者と子ども，教職員同士，子どもと教職員，スクールカウンセラーと教職員にもあてはまる。

「問題」となる事案について，それを話し合える空気，原因探しに終始しない関係性は研修においても重要である。そのような研修は問題とされる事案について，「悪者探し」「原因追及」ではないスタンスで話ができる関係を教職員の中に取り入れるきっかけを提供できる可能性がある。学校の教職員同士が，問題とされる事案につ

いて話し合える下地が作られていることは，その事案への一次予防として有効であるのみならず，教職員のメンタルヘルスの向上にも大きく寄与すると考えられる。

　昨今，学校現場では単独の教職員が問題となる事案を抱え込むことの危険性が指摘され，教職員間で連携しチームで動くという発想が主流となっている。しかし，実際には問題について互いに話し合うきっかけ作りや，意見が相違した時に折り合いをつけて動くための話し合いなどは，個々の教職員の裁量に任されおり，時にはチームで動きにくいまま，個々の努力で問題となる事案への対応を賄っているという声を聴くことがある。

　このようなシステムになっていると，教職員間で問題となる事案について話し合う空気さえ失われ，互いに不信感，不安感などの否定的感情が高まる場合が散見される。その場合，教職員は仕事に対するストレスを感じやすくなり，モチベーションが下がったり，疲労感がたまるなど，メンタルヘルスが低下しやすくなる。さらに，そういった状況におかれた教職員の言動は，どこか余裕がなくなったり，必要以上に厳しさが増したりして，その間近で最も影響を受けやすい児童・生徒のメンタルヘルスの低下にもつながりやすい。その影響を受け，生徒間でもいじめや問題行動，精神的不調など，さらに問題とされる事案が起こりやすくなる。これを受け教職員の忙しさや疲労感は増すが，問題となる事案について話し合えないシステムが維持されている場合，さらに教職員のメンタルヘルスが低下するといった悪循環が起こり得る。

　このような悪循環に陥らないためにも，前述のようにまず教職員同士が事案について話し合い，相互に協力し合う前提を作りあげるように研修が設定される必要がある。有効に機能している会議と同様に，有効な研修は「問題とされること」に関わる人々の相互作用を潤滑に促し，結果的に学校のメンタルヘルスの向上に寄与することになる。

　このように，スクールカウンセラーがシステム論的視点を活用して学校と関連システムをアセスメントすることで，予防的観点の導入および学校のメンタルヘルス向上の下地作りを行うことができるのである。

システムへの介入としての研修──研修の企画と運営

　スクールカウンセラーはその業務として，主に「教職員」「地域住民・保護者」「児童・生徒・学生」に向けて研修や講話を行う機会がある。例えば，環境の変化によって起こりうるリスクの予防に関する研修は，教職員のみでなく保護者，児童・生徒

を対象として行うことも有効である。

研修の留意点

　では，スクールカウンセラーが学校で研修を行うとき，まずどのような配慮が必要だろうか。心理療法の複数面接と同じく，研修参加者それぞれにニーズ・枠組みがある。例えば，管理職はスクールカウンセラーに，学校で活用できる一般的な臨床心理学的知識の提供を求めており，一方で，管理職以外の教職員はすでに問題になっている個別のケースに役立つ情報を求めている，などである。特定のケースの担任や各種委員など，立場と状況によってニーズはさまざまである。

　スクールカウンセラーは研修にあたって，それらの異なるニーズを捉えそのコンセンサスをどのように作るかを考える必要がある。研修の司会においても，システムズアプローチの臨床同様，依頼経緯や依頼者，参加者のニーズ，枠組みやパターンの確認を活用することが有効である。

　研修にあたって，その学校システムの構造と参加者のニーズを把握する重要性は特に強調しておきたい。漫然とした研修を行ったために，事態が悪化する危険性さえある。もし研修が学校現場にとって「ムダだった」「どう活かしたらよいかわからなかった」とみなされ，教職員が「スクールカウンセラーの研修」をそのように枠づけた場合，多忙な教職員にとって研修の時間は業務の合間の貴重な睡眠時間となってしまう。それならまだしも，研修に関連する分野への教職員の興味関心が失われるのが問題である。例えば，発達障害について研修を行っても，それが教職員のニーズに合わなければ，発達障害そのものへの教職員の興味関心や「情報を収集して学校で適切に対応しよう」という意識そのものが減退してしまう可能性もある。

　スクールカウンセラーは，担当した研修について「この学校の先生は熱心に聞いてくれる」「この学校の先生は興味がないようだ」と，教職員の態度に研修の成否を帰属したくなるが，研修を成功させる責任は心理面接と同様にスクールカウンセラーにあることは言うまでもない。また，教職員が「あの研修はムダだった」とスクールカウンセラーに言ってくれることはめったにない。研修の効果についても，研修後にどのように学校システムに活かされているか，スクールカウンセラー自身がアンテナを張って確認する必要がある。

研修の目的

　講話や研修を行うにあたっては，その内容だけでなく，集中力やモチベーション，参加理由と，対象者ごとに考慮すべきことは異なる。講義のみでよいか，演習も含

むべきか，グループワークを重視すべきかなど，実施場所との関連を含めて，事前に準備しておくべきことは多い。

　学内の誰が，誰を対象に，どのような目的で研修を企画したかが明確であっても，例えば「管理職が全教職員を対象として，発達障害の知識獲得を目的に企画した」場合でも，発達障害が疑われる児童・生徒はそれほどおらず関連した問題もない学校と，問題が発生し学内挙げて特別支援教育に取り組んでいる学校では，目的が同じでも期待されている内容は異なる。

　さらに，同じように学年主任企画の「ストレスマネージメント研修」でも，それが学年全体が対象の場合と，特定のクラスだけが対象の場合では，後者では単なるストレスマネージメント研修ではなく，問題のあるクラスの学級運営への介入的研修を期待している，という学年主任の意図が読み取れる。

　スクールカウンセラーは研修を依頼されたら，その研修の「目的」に託された学校，学年，クラス，地域の期待を読み解く必要がある。もちろん直接企画者に聞いてみれば意図は明確になるのだが，聞いてみなければ「補足説明」はなされない。なぜなら非常勤職員であるスクールカウンセラーであっても，「学内の事情は把握してくれているもの」という教職員の思い込みや誤解があるからである。

　この「事情は把握してくれているはず」という考え方は，学校においては特別な考え方ではない。実際の関心の有無にかかわらず，教職員の意思疎通の前提は，「今，学校で起こっていることは教職員ならば共有していて当然である」というものである。これには，「情報は共有されている」という意味と，「情報が共有されているかは問われない」という意味がある。週に数日勤務のスクールカウンセラーは，学校にとって「当然である」前提を含め，研修依頼の目的を読み解く必要がある。

効果的な研修にむけて

　研修は，学校が現状を改善したり問題の発生を予防する手段の一つだが，まず予防・改善という目的に，「研修を行うこと」が最も効果的であるか考える必要がある。中村（2017）は，研修の必要性について，設備やしくみの問題を「人の問題」にすり替えていないか，規則や制度の見直しや組織開発の取り組みが必要とされていないか，採用の問題や適材適所の配置ができているかなどを検証した結果，やはり研修が必要と判断した場合に，解決策として研修を企画することが望ましいとしている。

　例えば，特定の教師がときどき体調を崩しているという理由から，メンタルヘルス上の問題の予防が必要であると職員全体への研修を企画するのは，有効ではない。

まずはその教師のアセスメントが必要である。アセスメントの結果，仕事熱心なその教師の性格と同時に，過労を生む職場環境のリスクが把握されれば，組織の見直しの必要性を検討し，場合によっては，アセスメントをもとにメンタルヘルス上のリスクを予防する研修を並行して行うことを提案することになる。

研修が有効であると判断されたら，研修のすすめ方について学校との間で検討する必要がある。スクールカウンセラーは，普段から学校でものごとが決定されるパターンを把握し，勤務校で開催する研修に活かしていくべきである。

研修では，相談業務と同様に参加者のモチベーションを上げるよう工夫することが重要である。システムズアプローチでは，ジョイニングによってクライエントのモチベーションを上げる技術があるが，研修でも同様に参加者のモチベーションを上げ，維持する工夫が大切である。例えば，ある学校では研修について養護教諭と教育相談のコーディネーターが教師たちの意見を参考にしつつ話し合って企画し，管理職に提案することになっていれば，誰にどのように働きかければ，学校システム全体の研修へのモチベーションを向上できるか予測することができる。

戦略的目標設定のもとでの研修

「研修会の開催が，同時に別の目的の達成を意図している」ことがある。教育委員会や学校の管理職などから研修会の開催を依頼されるときは，表向きのテーマ設定とは別に，教職員，保護者，児童・生徒の集団的変化を意図した何らかの要望が含まれていることがある。依頼者は何らかの集団の変化を意図しており，研修会はその一環であり，依頼者は研修会の名のもとに参加者を集め，働きかけたいのである。あるいは，学校が直面する何らかのリスクがあり，依頼者は戦略的な方向性を模索しているが方針が定まっておらず，関連する一般的な内容の研修を通してまずは関係者が集まり，そこで様子を見たいという場合もあるだろう。その場合，スクールカウンセラーの役割は，与えられたテーマについて単に専門的見地から情報を提供すればよい，というものではない。

例えば，生徒指導主任と管理職企画の「地域のなかの学校の役割」と題した研修が，地域に大型店舗が出店したタイミングで依頼されたとする。その目的は大型店舗への児童・生徒の出入りに関連する「生徒の問題行動の把握と非行防止」であり，共通認識の設定と意見集約から，対策委員会の設置・担当者の決定の流れが容易になることを意図した研修である。研修は教職員全体の意思疎通とリスクの共有の機会であり，児童・生徒を取り込もうとする地域の反社会的な活動と，これまで行われたリスクマネージメントによる児童・生徒の非行行動抑制効果を示し，その後，

学内での体制を作るために何が必要か，対策に伴う教職員の負担などを検討する機会が設けられることになるだろう。

あるいは，教職員と保護者が合同で，「子どもの良いところに気づいて伸ばす」と題した研修会を企画したとする。研修会では，良いところに気づくために子どもとどう接するかというテーマのもと，心理発達のプロセスが解説され，子どもの成長においては，子どもが自分の体験を意識化すること，そのためには「他者に体験を語ること」の重要性が強調された。また子どもが学校で体験した苦難を家庭で話すことで成長した例と，一人で抱え込み否定的な自己解釈を膨らませてしまった例が対比的に示され，子どもが自分を語る機会を大人たちがどう作っていくかが示された。

合同研修会の本当の目的は，「学校と保護者のつながりを深めること」であった。研修会を受けて，保護者が子どもと語る機会を学校と教職員がどうサポートできるか，という問題設定のもと，一部の教員と保護者の間で，週に一度教員が子どもの学校での変化を連絡帳に短くコメントすること，また保護者便りに教員のオフィスアワーを記載して，保護者が気兼ねなく教員に電話連絡できる時間帯を設ける取り組みが始まり，この交流は学校に定着していくことになった。

研修のテーマとは別に目的がある研修を「戦略的な研修」と呼ぶとすれば，戦略的な目的を達成するために，研修の対象者が，何にどのように関心を寄せているかを把握し，どのような意識の向け方が有効であるかを考慮し，その上で「話題設定」をする必要がある。この点は，学校組織へのジョイニングの際の「話題設定」と同様である。

前者の例では，生徒指導主任と学校管理職に「大型店舗の出店に伴う生徒の問題行動の把握と非行防止」という目的があるが，それをテーマに研修を行えば「あまりにも具体的過ぎて」，生徒指導担当以外の教員は「担当外の事案」と安心して，貴重な睡眠時間に充てることになるだろう。「地域のなかの学校の役割」であれば，潜在的にあらゆる教職員が関連するテーマであり，情報が共有され，方向性が見えてくるまで教職員は注目せざるを得ない。

後者の例の場合，「学校と保護者のつながりを深める研修会」では，そもそも「つながり」の必要性を感じていない保護者は参加しないであろうし，そのような目的の元に集まれば，教職員と保護者のいずれかが「協力を求められる」，いずれかが優位な内容だろうと事前予測がなされかねない。「子どもの良いところに気づいて伸ばす」ならば，教職員も保護者も共通して関心が持てる「子どもへの接し方」が話題であり，どのように関心をもつかは異なっても，懸念なく研修会に参加することができる。目的は，なるべく多くの保護者と教職員が一堂に会する場を設定することなのである。

繰り返しになるが，戦略的な目的を達成するためには，研修の対象者が，何にどのように関心を寄せているかを把握し，その上でどのような意識の向け方が有効であるかを考慮する必要がある。これは，システムズアプローチで集団にアプローチする方法と同じであり，まさに，「今，ここで，何が起こっていくのか」を時系列的に想定し，仮説を設定し，介入を行う。面接と同様，予測したとおりに集団は動かない場合もあるため，研修の場面で仮説はそのつど修正し，目的の達成に近づいていく必要がある。
　研修の場合は事前の準備を入念に行えるが，情報収集を元に対象者のニーズや枠組みを把握し，仮説設定を行った上で研修の有効性を考え，参加者のモチベーションをあげる方法を準備して実施となる。研修ではジョイニングを行いつつ，事前に設定した参加者のニーズや枠組み，仮説にずれがないかを言語・非言語の反応からチェックし，さらに下地作りを進めていくことになる。
　研修でも，システムズアプローチによる面接と同様に，少なくとも三つの頭を同時に使う必要がある。今ここでの参加者と講師の相互作用に着目しやり取りしていく頭，研修参加者の枠組みとパターンの仮説を立てる頭，そして参加者の動向を見定めてより有効な戦略を立てる頭である。講師と参加者のやり取りは相互に影響を与え合っているが，講師は掲げたテーマを展開しながら，その場で起こった相互作用を目的の達成に向けて活用していくことになる。
　また，こうした戦略的な研修は，講師の配属先で行われる場合や継続して研修の機会が持てる場合は，フォローアップにより効果の検証を行うことができる。そうでない場合にも，研修担当者や管理職，養護教諭など，連絡が取れる教職員に研修後の話を聞く機会を作れるように前もってお願いしておくことが望ましい。研修後のフォローアップは研修効果の定着を促し，フォローアップによって得られた情報はスクールカウンセラーが今後の研修に活用すべき資源となる。

介入としての研修
　学校の職員研修において，システム論の視点から依頼者のニーズを多層的に把握し，枠組みを活用して研修を構築した事例が福崎（2010）によって報告されており，研修構築についての示唆を与えてくれる。
　事例では福崎は某中学校のスクールカウンセラーである。勤務校の地域の教育委員会は，全教員の参加を義務づけた小中合同の職員研修を実施しており，勤務校が今回の担当で，福崎は今回の研修担当者である勤務校の管理職から研修を依頼された。教育委員会が与えたテーマは「子どもの理解について」であったが，福崎は研

修を行うにあたってどのようなニーズがあるかを情報収集した。研修担当者のニーズは「小中学校の職員同士が穏やかに愉しく，2時間半交流できるような内容にしてほしい。これまでフリートークの時間を設けていたが，小学校と中学校の職員では子どもへの対応に関して意見が異なり，毎回，望ましくない雰囲気になって終わっていた。そのため，今回はフリートークはやめてほしい。そして，できれば現場で役に立つ内容がいい」ということがわかった。

さらに，福崎は小学校と中学校の教職員の考え方についても情報収集を行い，おおむね小学校の教員は「子どもの目線に立ったアプローチ」を，中学校の教員は集団生活ができるなど「他者の目線に立ったアプローチ」を好み，小学校の教員は中学校に対して「もっと子どもの目線に立った対応をしてほしい」と感じ，中学校の教員は「小学校のうちからもっと学校の規律を守れるような対応をしてほしい」と感じている，といった枠組みの相違を抽出した。また，共通の枠組みとして，いずれにしても「子どもたちの幸せを願っている」ことを把握した。

以上の情報から，福崎は研修そのものを，「子どもに対する願いは同じでありながら，アプローチの方法が違うことで，お互いのやり方をよく思えず，気まずくなっている家族が，お互いを知り合い，仲良くなって一つの目的のために協働していく」よう働きかける家族面接の過程になぞらえ研修の構成を検討した。研修は，フリートークは行わず，「考え方は違った方がよい」という前提をレクチャーで共有し，その上で相手を知り共通点を探す複数のワークを中心に組み立てられ，そのワークは教室で子どもたちと行えるものとして「現場で役に立つ」というニーズにも答えた。

福崎は，「それぞれの持つ枠組みを壊さない形で共通点を探すことで，両者の枠組みを超える新しいステージを創造したり，共有したりできると感じた」と考察しており，また，「情報そのものを事実として扱わず，〈依頼者の提示した枠組み〉として，その情報をどう役立てることが有効であるかを，さまざまな方向から情報収集し，検証していく必要を（中略）実感した」と述べている。

福崎の事例からは，研修が組織に変化を導入する一つの介入であることがよくわかる。吉川（2010）は「情報収集－仮説設定－介入」という過程を丁寧に扱っており，システムズアプローチの視点を効果的に研修構築に活かしていると評価し，村上（2010）は，システムズアプローチの視点に立てば，治療でも研修でも講演でも同じように取り組むことができるが，入手が難しい参加者の枠組みの情報を仮説設定に取り入れている点で，見事な研修であると述べている。

情報・知識提供／ワーク

　研修の目的が素直に専門知識の提供である場合も，研修の効率的な運営について考える必要がある。言うまでもないことのようだが，単純な情報提供であっても難しい。教師は多様な情報の参照が求められるが，そのような情報が実践的な場面で活用されることは少ない。講師であるスクールカウンセラーは，情報を教育実践の現場用に組み立て直し，その学校のその組織において活用できるように加工して提供する必要がある。

　また，情報量は制限しなければならない。教師の仕事を増やす無駄な情報は，スルーされるか混乱をもたらすだけである。組み立て直した情報には優先順位をつけ，フローチャートのような活用の流れを作って同時に提供するなどの工夫を行う必要がある。

　精神疾患の予防の観点からスクールカウンセラーにストレスマネージメントの研修が依頼されることが増え，児童・生徒が対象となることも少なくない。子どもたちも日常的にストレスに対処しているが，子どもはストレスコーピングのモデルが確立しておらず，ストレスに対処しているという意識は低く，場当たり的なコーピング行動が問題行動につながっている場合もある。そのため，児童・生徒が対象の研修では，具体的なワークを取り入れた研修が望ましいとされている。手法は定型的なものならどのような方法を用いてもよいが，しかし教育の場である「学校で行うワーク」としてふさわしいかどうかを考慮する必要がある。スクールカウンセラーの特別な取り組みは子どもたちから保護者に伝わり，それが保護者がもつスクールカウンセラーの枠組みを形成することになるからである。

　教職員を対象としたストレスマネージメント研修であっても，児童・生徒と同様の配慮が必要である。「教育現場での臨床実践」に共通する問題であるが，教職員がストレスコーピングについて考え，実行できる環境を考慮する必要がある。学校組織を構成する教職員集団は，子どもたちを前にして教育という目的のために共同作業を行っているものの，企業と同様に教職員間の私的なつながりは必ずしも強くない。ストレスマネージメントはいわば「自分のこと」であり「私的な人間関係への対処」であることが多く，教育現場では企業以上に「自分のこと」を優先する態度は抑制される。一部の教職員はこうした研修の重要性を理解して取り組むが，そのような態度が教育を目的とした集団との落差となることがあり，さらにその教職員の「教育への姿勢」として解釈される危険もある。高校生などを対象とした場合にも同様の配慮が必要である。

　専門知識の提供や，ストレスマネージメントなど臨床的ワークを目的とした研修

依頼には，一般的な心理学や臨床心理学の知識を活用して，専門家として粛々と要望に答えるべきである。ただし，学校組織を見渡して，その研修の「位置づけ」は，常に判断しなければならない。

おわりに

メンタルヘルスへの意識が高まり，臨床心理学的専門知識を生かした研修へのニーズは続くと考えられる。システムズアプローチでは，心理面接と同様にスクールカウンセラーの重要な職務である研修も「情報収集－仮説設定－介入」の視点で取り組むことができるのである。

文献

Caplan, G.（1964）. Principles of Preventive Psychiatry. 新福尚武（監訳）（1970）．予防精神医学．朝倉書店．

福崎はる（2010）．［誌上コンサルテーション］学校における職員研修の内容の構築過程についての一考察——職員間の枠組み活用という視点を用いて．家族療法研究，27（1），90-95．

宮田敬一（編）（1997）．解決志向ブリーフセラピーの実際．金剛出版．

村上雅彦（2010）．［誌上コンサルテーション］リコメント．家族療法研究，27（1），97-98．

中村文子，ボブ・パイク（2017）．講師・インストラクターハンドブック．日本能率協会マネジメントセンター．

高橋規子（1999）．システム理論の概論．吉川悟（編）．システム論からみた学校臨床．金剛出版．

吉川悟（2001）．学校現場でできる範囲の予防的介入．近藤直司（編著）．ひきこもりケースの家族援助——相談・治療・予防．金剛出版．

吉川悟（1993）．家族療法——システムズアプローチの〈ものの見方〉．ミネルヴァ書房．

吉川悟（2010）．［誌上コンサルテーション］リコメント．家族療法研究，27（1），96．

吉川悟（編）（1999）．システム論からみた学校臨床．金剛出版．

吉川悟，東豊（2001）．家族療法のすすめ方．ミネルヴァ書房．

第 **IV** 部

支援の留意点
システムズアプローチのバリエーション

　スクールカウンセラーに期待されている職能は多様だが，それぞれの職域に関して限界設定を考慮すべき留意事項も存在する。ここでは，システムズアプローチによるスクールカウンセリングの実践から得られたいくつかの話題を提供する。個別の面接での留意事項から学校システムでの職業的倫理，近年の急速なネット環境のコミュニケーションの拡大，そして教職員へのメンタルヘルス支援まで，スクールカウンセラーとして今後知見を深めるべき内容を示すこととした。

第Ⅳ部 支援の留意点──システムズアプローチのバリエーション

第1章

本人に会わない保護者支援

赤津 玲子

はじめに

「本人に会わない保護者支援」は，従来のカウンセリングにはない面接構造である。カウンセリングは，あくまで問題を抱えた来談者を対象として行われる面接を指すものであった。しかし，システムズアプローチは来談者の心を問題として扱うのではなく，心の成長を目的とするのでもなく，もちろん本人の葛藤を直接的に扱わなければならないものでもない。あくまで来談者が現在陥っている状態から日常生活を取り戻すこと，来談者のニーズに応えることが目的である。そのため，「本人に会わない保護者支援」は，システムズアプローチならではの面接構造であると言えるだろう。

このような「本人に会わない保護者支援」を行う際に考えたいことは，保護者支援＝保護者の個人面接／カウンセリングではないということである。例えば，子どもの不登校で悩む母親が不安で眠れなくなり，心療内科を受診することになった場合も，「カウンセリングを受ける」と表現されるだろう。しかし，ここでの母親は「○○さん」であって，「□□のお母さん」という役割は，カウンセリングで母親が話す内容の一部に過ぎない。カウンセリングでは，子どもの話題だけではなく母親自身のさまざまな悩みが話される。現在の家族，原家族，夫婦関係，仕事，さまざまな人間関係のことなどが話されることで母親個人のカウンセリングが成立する。しかし，学校における保護者支援は，本人に会うにせよ会わないにせよ子どもへの対応を前提としていることから，保護者個人のカウンセリングとすべてが重なるものではない。ここでの保護者は，「○○さん」というよりも「□□のお父さん／お母さん」，ときに「□□のおじいさん／おばあさん」など養育の主たる担い手である。そのため，

前述の心療内科でのカウンセリングのように受容共感的な対応だけではなく，子どもを理解するため，子どもに対応するための心理教育的なアプローチや支持的アプローチ，ときにはスクールカウンセラーの考えを示したり提案したりすることが必要になる。スクールカウンセラーの頭の中で保護者個人を理解する枠組みとしてどのような理論用語を用いても構わないが，システムスクールカウンセラーであれば，起こっている現象を常にシステムとして認識する必要がある。システムとして一歩引いて考えられることから，学校現場における保護者支援について俯瞰して考えることができるのである。

また，保護者支援のためには，スクールカウンセラーと担任および学校がチームで取り組む必要があり，それらをすべて含めて保護者支援と言える。システムスクールカウンセラーであれば，保護者支援をスクールカウンセラーとの個人面接やカウンセリングとしてのみとらえるのではなく，保護者をどのように支援できるかという広い視野を持ち，保護者面接を学校現場の支援の流れに位置づけることが求められる。スクールカウンセラーや教員らが保護者を支援することによって，保護者とともに本人支援を行うことができれば解決への近道となる。さまざまな例外があっても，子どものサポートの主体はあくまで保護者である。子どもの将来を長い目で見据えると，保護者支援によって保護者に養育者としての自信をもってもらうことには大きな意味がある。

「本人に会わない保護者支援」の三つのポイント

本章では，重要なポイントを三つ挙げたい。

一つ目は保護者のモチベーションであり，これは何にも勝る支援のためのリソースである。そのため，保護者支援においてはそのモチベーションを作り出す，維持する，高める工夫が欠かせないと考える。

二つ目は担任のコンサルテーションであり，特に本人に会わない保護者支援においては本人への対応の一翼を担任が担うことが多いためである。スクールカウンセラーによる保護者面接の情報から本人への対応に必要な部分について担任と共有し，学校現場における支援の流れに位置づける必要がある。もちろん，ケース会議なども支援の一つとなるためここに含まれる。

三つ目は本人の状態の間接的なアセスメントである。本人に会わない場合には，担任や保護者の話から本人の状態を間接的にアセスメントする必要がある。不登校が問題とされている子どもでも，発達障がいや精神障害の可能性など精神医学的な

アセスメントや，身体疾患の可能性に関するアセスメントなど多様な視点が求められる。必要に応じて，医療機関の受診を勧めたり，他の相談機関に紹介をすることもあるだろう。状況によっては非常に難しいこともあるが，本人の状態を間接的にアセスメントすることは，本人に会わない保護者支援では重要なポイントである。

保護者のモチベーション

「モチベーション」は，やる気や動機づけから，前向きな気持ちや小さな希望までを含む広い概念である。担任にカウンセリングを勧められ，少しゆううつな気持ちで来談した保護者には，子どもに何かできるかもしれないという気持ちを持ってもらうことが大切である。万策尽きたという挫折感で来談した保護者には，スクールカウンセラーや担任と一緒に問題に取り組む気持ちになってもらえることが必要かもしれない。保護者が「それならできそう」と思えるような提案ができることもある。このようなことも含めて，保護者の苦労をねぎらうだけでも，保護者のモチベーションを作り出す糧になると思われる。

まず，保護者の来談経緯は非常に重要である。保護者の方から面接を申し込んだ場合と，担任か他の教員が勧めた場合とでは全く異なる対応が求められる。保護者の方から申し込んだということは，保護者の頭の中に何らかの問題があり，対応したがうまくいかない，これで大丈夫だろうかなど，問題について話すつもりで来談しているのである。しかし，担任の声掛けで来談したということは，担任の方に先に問題意識があった可能性が高い。保護者がその問題意識に納得して来談したのか，担任に言われたから来なくてはならないという義務感で来談したのかは，保護者と話してみなければわからない。この来談経緯の違いはグレーゾーンがありながらも大きく，スクールカウンセラーが事前に教員に確認しておくなり，初回面接の冒頭で保護者から教えてもらうなりして把握しておかないと，保護者のモチベーションを上げることにも下げることにもなる。慎重に対応したい点である。

学校側からすると子どもの不適応について保護者が相談にくるのは当たり前のことだと思われがちであるが，来談を勧められた保護者は，どこかで自分の責任でこうなったのではないかという不安を抱えている。スクールカウンセラーといえども赤の他人に話をするのだから，責められるのではないか，保護者失格であると指導されるのではないかと緊張して当然である。地域性にもよると思われるが，カウンセリングを勧められた時点で，そんなひどい状態なのかとショックを受ける保護者もいるようである。

例えば，不登校の子どもの家庭での状態を知りたいために，「お子さんは昼間はど

うしていらっしゃるのですか」と質問をした時に，子どもが部屋にこもっていて何をしているのか把握していなかったり，仕事で不在がちな母親は，子どもの状態を知らないことを責められていると感じてしまうことがある。初回面接時にはどうしてもアセスメントのための情報収集が必要であるが，質問は話の文脈と聞き方によって，スクールカウンセラーの意図とは違って受け取られる可能性が高い。子どものことだから保護者が相談に来ることは当然と思われるかもしれないが，そこにはさまざまな思いがあることを理解する必要がある。初回面接時には特に質問の文脈を考え言葉を慎重に選び，来談してくれた保護者を責めるような文脈や質問にならないように配慮したい。このような些細なやりとりの積み重ねが，結果として保護者のモチベーションを高めるための下地づくりにつながるだろう。

　モチベーションには期待や不安がつきものであるため，それらに目を向ける必要がある。例えば，不登校の子どもが朝7時に起きられるようになったとする。母親は，今日できたのだから明日も起きられる，明後日は制服に着替えられるかもしれないと思う。しかし子どもは起きてこない。このようなことを繰り返していると，多くの母親は期待するだけ無駄だと思うようになるだろう。期待は母親のモチベーションを上げる一方で，同時に落胆も大きくしてしまうのである。期待と不安はコインの裏と表であり，期待が高いとモチベーションが上がり，不安が大きくなると怖くて下がってしまう。母親の不安には，子どもが引きこもりになってしまう不安，学力が低下してしまう不安などさまざまな不安が想定される。それらを含む母親の気持ちを肯定した上で，母親が納得できるような何らかの説明をしたり，そのためのベリー・スモールステップを提案できたらいいと思う。必要であればノーマライズしたうえで，母親の気持ちが少しでも安心できるような下地作りをすることもできるかもしれない。

　また，モチベーションがないときには作り出すことが必要であるが，気持ちが挫けないように維持することも大切である。子どもに身体症状がある場合について考えてみよう。子どもが腹痛や頭痛を訴えているが，母親は多少の無理をしても子どもを登校させたいと思っていたとする。担任とスクールカウンセラーは，無理は禁物という方向性を母親と共有できるようにしたいと考えている。システムスクールカウンセラーであれば，母親の思いを肯定したうえでリフレイミングを行い対応の方向性を合わせることができる。母親が子どもに無理をしても登校をと思っているなら，まずは多少の無理をしても登校させたいという母親の訴えの背景にある思いを把握する必要がある。例えば，子どもが楽な道を選ぶようになってしまったらどうしよう，怠惰な生活が日常化してしまったらどうしよう，という思いがあるかもしれない。そ

のような母親の思いを肯定したうえで，母親が思ってもいない枠組み「子どもには登校しないことへの罪悪感がある」を提示することができるかもしれない。母親から子どもの行動を丁寧に教えてもらえば，それに類するような枠組みはいくつも可能性として浮かんでくる。大切なことは，「腹痛が治まるまで少し休ませたらどうでしょうか」と母親の思いを無視するような提案をすることではなく，母親の思いを肯定し，そう思うのは当然であると伝えることである。せっかくの母親のモチベーションは，どのようなものであれ理解に努めること，そして維持することが必要である。

担任とのコンサルテーション

本人に会わない保護者支援では，担任のコンサルテーションを保護者支援の一つと位置づけることが必要である。コンサルテーションでは，担任から本人の情報をもらい，本人に声を掛けるなど対応を依頼することができる。もちろん，本人に会おうが会うまいがどちらにしてもコンサルテーションは欠かせないものである。しかし，本人に会わないという選択肢を選ぶ場合，担任から教えてもらう本人の学校生活の情報は貴重である。担任が本人をどのように思っているのか，その理解の枠組みを把握することで，その後スクールカウンセラー－担任間で話題として扱うことができる。細かく丁寧に状況を聞くことで，リフレイミングの可能性が広がる。

例えば，身体症状を呈して欠席日数が増えてきた子どもへの対応について，担任がもう少し本人に頑張ってほしいと考えていたとする。スクールカウンセラーのアセスメントや母親の要望から，ひとまず休ませて腹痛が治まるのを待つことに決めた場合でも，もう少し本人に頑張ってほしいという担任の思いを尊重する必要がある。そのため，「頑張りどころは今ではなく腹痛が治まってからである」「担任の思いを伝えるためには本人の気持ちが落ち着く必要がある」など，担任が納得できるような枠組みを示しながら説明し，支援の流れを作ることで方向性を共有することができるだろう。コンサルテーションにおいては，担任のモチベーションを維持し，保護者と担任が同じ方向を向いて，同じくらいのペースで子どもに対応できるようにしたい。

本人の状態への間接的なアセスメント

システムズアプローチでは，来談していない第三者の間接的なアセスメントから仮説を立てることが多々ある。本人に会わない保護者支援においては，この間接的なアセスメントが重要である。

身体的あるいは精神的に本人が日常生活を送るのに支障があるような疾患に罹患していないかどうかは，常にアセスメントをする必要がある。特に腹痛や頭痛など

の症状による器質的疾患の可能性については，保護者が納得しやすいため医療機関の受診を勧めやすい。身体に器質的な疾患がないと明らかにすることが今後の対応に有益であるという心理教育的なアプローチは，専門家として必要な説明であろう。万が一重篤な疾患が隠れていた場合に取り返しがつかないという説明も必要である。

　保護者が納得しやすい器質的疾患に比べ，精神疾患に関しては慎重なアセスメントが求められる。その際に気をつけたいことは，保護者を不安にさせないことである。例えば，手を洗う回数を聞いたり，家から出られない理由を聞くときに，何らかの疾患を疑っているような態度を示すことで保護者に否定的に受け取られないよう配慮する必要がある。保護者は，スクールカウンセラーの質問には何らかの意味があると思うのが当然である。そのため，「少し気になるので教えて欲しいんですけど」など前置きをすることがあるし，何気ない感じであっさり質問することもある。そのときの保護者の状態とスクールカウンセラーとの関係，話の文脈によって聞き方はさまざまに工夫できるだろう。これは，発達障がいを疑う場合も同じである。保護者の説明の様子から発達障がいを疑っている可能性が伝われば，「もしかして」という話ができるだろうが，そのようなことが全く感じられない場合は，母親を不安にさせないよう慎重にならざるを得ない。例えば，出生時の状態や幼少期の話を聞くときにも，それなりの自然な流れを作り出す必要がある。

　また，本人の対人関係の特性については，保護者のフィルターを考慮する必要がある。例えば，母親が本人のことを「昔から内気で人前で話すのがとても苦手な子どもだった」と言っても，担任は「確かに内気だけど仲良くなればそうでもないし，声は小さいけどみんなの前で全く話ができないわけではない」と言うかもしれない。保護者と担任の枠組みが違うことはよくあることである。システムスクールカウンセラーであれば，ここで「内気で人前で話すのが苦手な子ども」という表現を鵜呑みにすることはできないだろう。「内気で人前で話すのが苦手というのは，具体的にはどのような場面でのことでしょうか」など，状況を把握するための質問をすることができる。その結果，「人前で」という説明の根拠が，教室で前に出て話すことであるとわかるかもしれない。もう少し聞いてみたら，話す予定や内容が決まっていたりすると，意外と落ち着いて話せることが明らかになるかもしれないし，小学校1年生のときと比べると少し話せるようになったことがわかるかもしれない。その状況の小さな差異を見出すための質問によって，人前で話すのが苦手な子どもの状態をアセスメントするのである。「内気」についても，内気の枠組みの根拠となっている状況を確認することができる。社交的な母親が言うのであれば，もしかしたら自分と比べて内気であるという枠組みなのかもしれない。もう少し詳しい程度を把握したい

場合は，他の子どもと比較したり，きょうだいがいるのであれば比較して説明してもらうことでも把握できるだろう。活発な子どもと比較しているのであれば，単に母親の理想と比較しているだけかもしれないのである。根拠となるものさしがわかると，その程度を把握しやすくなる。

システムズアプローチは，問題を個人の心の中に求めるのではなく関係や状況次第であると考える。アセスメントに必要なことは，保護者の枠組みができあがった状況，相互作用である。そのため，会ったことのない本人を理解するためにどのような情報が必用なのか意識することが大事である。システムスクールカウンセラーであれば，リフレイミングの可能性を広げるために，表面的な言葉で納得せず状況を丁寧に聞くことを心掛けたい。

「本人に会わない保護者支援」の二つの場合

ひと言で保護者支援といっても，経過のなかで子どもとの面接が設定されたり，子どもとの面接が中断して結果として保護者支援になったりすることがある。「本人に会わない保護者支援」は，本人に会わないという選択肢を意図的に選ぶときに，「本人に会わなくてもいい場合」と，「本人に会えない場合」の二つに分けられる。

本人に会わなくてもいい場合

「本人に会わなくてもいい場合」は，担任－本人関係が良好で，担任や保護者へのコンサルテーションによって，本人がある程度落ち着いたり改善したりできるときに当てはまる。スクールカウンセラー－本人の個人面接が設定されなくても，保護者や担任の働きかけで改善したということは，保護者の今後の自信にもつながるだろう。

本人に会わなくてもいい場合は，小学校低学年に多い。小学校低学年では，子どもの教室での振る舞いを見て欲しいという要望から，スクールカウンセラーが教室で本人を観察することがある。集団のなかでの観察は，本人と確実に話せるわけではないため，広義の「本人に会わなくてもいい場合」に当てはまる。集団のなかでの本人の行動を観察し，担任の本人へのかかわり方を把握し，担任のニーズに応えなければならない。現在は，発達の偏りの有無に関するアセスメントが多いかもしれない。担任は，他の子どもと同じような対応でうまくいかない理由や，自分の対応を変えた方がいいのではないかと考えている。そのため，可能であれば担任が何を心配しているのか，子どもへの理解の枠組みを聞いたうえで教室に入りたい。しか

し学校現場は忙しいためにそれがかなわないことが多い。そのため，教室観察をセッティングしたコーディネーターや管理職から，担任がその子どもをどのようにとらえているか，対応しようとしているかなど可能であれば聞いておきたいところである。特に，小学校低学年の場合には保護者の影響が大きいために，教室観察－担任コンサルテーション－保護者面接－担任コンサルテーション，の繰り返しだけで改善することが多々ある。保護者に何らかの問題意識があり，スクールカウンセラーとの面接を希望しているという前提があれば，この流れを作ることは容易である。一方で，教室観察の結果，担任もスクールカウンセラーも保護者面接が必要だと考えたときには，まず保護者への声掛けから慎重に考える必要がある。

　もう少し子どもの年齢が上がると，担任および保護者が子どもの問題について，「私たちの支援」だけで改善できるだろうと考えるのであれば，「本人に会わなくてもいい場合」に当てはまる。保護者自身が，スクールカウンセラーに子どもと会ってほしいという希望がありつつも，自分の対応を変えることで改善できるかもしれないと思っていることが大きなポイントである。本人面接は設定できなくても，学校内で本人を見かけたり観察したりするチャンスは作れることから，そのようなスクールカウンセラーの対応で安心する保護者もいるだろう。学校現場は時間が限られていることから，全てのケースにおいて本人と保護者の両方の面接を設定することは難しい。そのため，保護者面接の要望が高い場合はそちらを優先したい。

　子どもの年齢に関係なく，担任らが保護者に問題があると考えているときも，「本人に会わなくていい場合」に当てはまる。本人に学校で大きな問題がないのに保護者の不安が高かったり，要求が多かったりする場合である。例えば，子どもが家で母親の言うことを聞かない，宿題をしないのは宿題の出し方に問題があるのでは，などと訴える母親がいたとする。教員は母親をなんとかしてほしいと考え母親面接を設定するであろうが，母親面接では教員のとらえ方が適切かどうかも含めてアセスメントをする必要がある。またこのようなケースでは，母親からスクールカウンセラーに，子どもへの学校や教員の対応についてクレームが出されることがある。母親の背景を把握し，訴えたくなる気持ちには共感的に対応しなければならないが，学校へのクレームの内容にコメントすることは難しい。学校側と保護者の関係修復のための入り口として伝言役を担うことがあるかもしれないが，経過のなかで両者から誤解されないよう，慎重な対応が求められる。

本人に会えない場合

　担任や保護者が本人のカウンセリングを望んでいても，不登校で子どもが全く登

校できないために本人面接が設定できないことがある。担任からの情報が必要であるが，その際に気をつけたいことは，担任が子どもにどのようにかかわっているのかわからないという前提である。担任によっては，さまざまな理由で子どもと距離をとっていることもあるし，子どもや保護者に否定的な感情を持っていたり，疲弊していることもある。担任あるいは保護者が本人にカウンセリングを勧めて，拒否されていることも考えられる。担任に対して本人へのかかわり方を聞くことが，担任を責めるような質問にならないよう配慮したいものである。

また，高校生ぐらいになると本人がスクールカウンセラーとの面接を拒否することがあり，「本人に会えない場合」に当たる。保護者や担任に対して，保護者面接や担任のコンサルテーションだけで十分であることを伝え，改善の手ごたえを感じてもらうことが大切である。

おわりに

あるお母さんが，中学に進学したばかりの長男が不登校気味なことについて相談するために，中学校の相談室に来談された。そのお母さんは小学校5年生から不登校になっていた長男のために，小学校のスクールカウンセラーに相談をしていたとのことだった。お母さんは「いつも私のカウンセリングになってしまうんです」と悲しそうに話した。お母さんは心療内科に通院中であり，夫である父親との間に深刻な問題を抱えていた。おそらく，そのことが子どもに影響していると理解されがちであることは想像に難くないが，お母さんが求めていたのは子どもの不登校状態への対応であった。この場合，スクールカウンセラーが両親間の葛藤について聞くことは不適切ではなく，ある程度は必要だろう。しかし，「子どもへの対応を一緒に考える」という学校現場の一員としての立場が，スクールカウンセラーにとっては重要である。

保護者支援は保護者の個人面接で成り立つものではない。学校や学年が一つの支援チームとして機能するように，スクールカウンセラー自身がどのような関係のなかでどのように対応すべきであるのか考えることが望まれる。マニュアルにもとづく正しい対応があるわけではないため，その場に応じて状況を俯瞰する視点を得ることが適切な対応に結びつくのである。

第Ⅳ部 支援の留意点——システムズアプローチのバリエーション

CASE

本人と面接しない・できないケース

大平 厚

はじめに

　スクールカウンセラーは，生徒本人への対応を行うことが最も基本的な動き方である。しかしながら，システム論によるものの見方を活用しながら状況の変化を志向する場合は，本人への直接的な対応は必ずしもその変化のための絶対条件ではない。もちろん，問題を取り巻く関係性や相互作用を把握できていることが前提ではあるが，それができているのであれば，本人との直接の関わりが必要ない／困難であると思われる場合には，教員らと形成する治療システムの協働を志向しながら，本人以外の関係者，特に保護者へのアプローチが功を奏する場合もある。ここでは，本人以外への対応を行った二つの事例を提示し，その実際について示したい。

生徒とのカウンセリングは必要ないと判断した事例

事例概要

IP｜A子（14歳女子／中学2年）
家族構成｜母（40代，主婦）・父（30代後半，自営）姉（高校生）・妹（小学校低学年），敷地内に父方祖父母が居住

来談の経緯

　A子の家族は，A子が小学校で周囲とのトラブルを多く抱えていたこともあり，中学進学に合わせ父の実家に転居している。A子は中学進学後，新たな環境で友人を作り生活できていたが，感情のコントロールが難しく，「自分の意見を言わずに我慢

して他者の要求に応えることでストレスをため込む」という行動パターンがうかがえた。しかしA子の自尊感情の高さや頑張ろうとする姿勢を考慮し，スクールカウンセラーは直接のカウンセリングは行わず，必要に応じて担任とのコンサルテーションを行っていた。2年生に進級する頃には，感情面の不安定さは改善を見せていたが，「他者と距離をとる」「周囲にサポートを要請する」などの対応が一時的にはできるものの，すぐに元の我慢する行動パターンに戻ってしまっていた。2年生になって以後，A子から担任に，両親が喧嘩になったときや姉や妹が感情的に不安定になったときに，巻き込まれることがストレスになっていると語られるようになり，担任はA子ができる範囲で家族と距離をとることを促した。しかしA子の状態は安定せず，他生徒との関係だけでなく，家族との関係もつらい状況にあることがうかがえた。担任は，A子より現状を何とかしたいという気持ちが語られ，同じころ母が，「A子がストレスを感じていて心配である」と話していたことから，スクールカウンセラーに今後の対応についてコンサルテーションを依頼した。そのなかでスクールカウンセラーは，「A子の学校での困難はA子自身の課題があるものの，A子が自身の課題に焦点をあてられるよう，まずは家族との関係の安定に向けた対応が必要である。A子は学校内での課題への取り組みで手いっぱいの状態なので，家族との関係の改善にあたっては母の助力を得られたほうが効果的である」と考え，その見立てを担任と共有した。それに基づき，担任がA子に継続的に対応を行うこと共有したあと，担任から母に面接をすすめ来談となった。

母とのカウンセリングの経過

面接冒頭，母は，「A子のストレスは学校が原因」であり，A子のストレスを軽減するのは，「A子は何があったのか聞いても言わないので無理」だが，A子にとって楽な話題であれば話を聞けると話した。母は，A子の学校でのストレスは「関係の変化」が大きいが，A子が不満を呈しても「A子が（周囲に）合わせる」よう伝えていると語った。A子の中学進学に合わせた転居による環境の変化は，「思っていたより大変」で「経済的に厳しい」ため，「それで（夫と）喧嘩になることが多い」と話した。夫婦のこれまでの経緯を訊くと，職場で出会い優しい父に母が惹かれ結婚したと答えたが，母は父が「物足りない」「男らしさが足りない」と話し，家庭内でも父は力が弱く，母が最も強い力を持っていると語った。また，母は父が「子どもの面倒を見ない。そもそも子どもとあまり関わりがない」ため，「親として二役を私がやっている」「4人兄弟の親をやっているようなもの」と自身の状況を評した。スクールカウンセラーは母が親としての責任を一手に背負ってきたことを労い続けた。

スクールカウンセラーは母の,「A子はストレスは抱えている」が「中2なんて反抗期だし,もっと親の手がかからなくなってもいいんじゃないか」との考えに,「反抗期というより思春期」で「手がかからなくなるというのは,A子が自立できるようになること」と伝え共有した。スクールカウンセラーは思春期の子どもの親役割を一人で担うことの困難を示唆し,それでも親役割を一人でこなしていくか母に問うと,母は「私がやります」と答えた。スクールカウンセラーはその上で,思春期の頃の母自身の親との関わりについて情報を収集し,母に「親を反面教師にしていたんですね」と伝え,A子は両親を反面教師にしていないことを共有した。そしてそれは,自分が親からされた嫌なことを子どもにしないようにしてきた母の努力の結果であると伝えると,母は涙ぐみながら頷いた。そこで,親には親自身が思春期の頃とは異なる関わりが求められていること,A子が親の背中をうまく取り入れ,自分なりのものを作っていけるようサポートする必要がある,と伝えると,「ほんとそうですね」,「（そのサポートを）自分にできることなら,やります」と母は語った。

　スクールカウンセラーは,母のモチベーションは高く,課題を実行可能な状態にあると判断し,「三つやって欲しいことがあります」「どんなことでもやって頂けますか？」と問うと,母は「やります」と答えた。その上で,A子が夫婦の様子や喧嘩を気にするのは,夫婦関係が悪化することを危惧しているためと伝え,A子は不安を表明しにくいことを共有し,まず夫婦喧嘩をしたときは,母がA子の不安がエスカレートしないよう気遣いすることを要請した。次に,A子が母に相談してきたら,まずはA子の気持ちを受け入れ,その上で母の意見を選択肢の一つとして提案することを要請した。また,「受け入れること」がA子の居場所を作ることに繋がると意味づけ,姉や妹にA子が巻き込まれるときには,母はA子の側に立つ／A子を場面からすくい上げるなど,サポーティブな対応をすること,母自身のストレス軽減の意味を持たせつつ,買い物帰りに二人で話す場面をつくることを要請した。母はスクールカウンセラーの要請に同意を示し,スクールカウンセラーは母のモチベーションが維持されるよう対応して面接を終えた。

その後の経過

　面接後,母は課題を順調に行い,それに伴ってA子の家族内でのストレスは軽減した。また,母とスクールカウンセラーの面接後に担任がA子と話をしたところ,母がA子に「優しくなった」こと「味方になってくれている」ことが語られ,A子から見ても「良くなった」と思える変化が起きていることがうかがえた。その後の担任へのコンサルテーションでは,家族システムの変化に伴い,A子が家庭内で我慢

する行動パターンをとることが少なくなったことを共有し、学校場面でもA子の行動パターンを変化させることが可能と判断し、担任からA子に再度働きかけを行った。その後、A子は学校場面においても少しずつ我慢する行動パターンを変化させ、自分がつらくならない範囲で周囲と関われるようになっていった。また、家族内でのストレスが軽減したことで、家族内における振る舞いを振り返る余裕が生まれ、A子が行動を変化させたことで姉妹との関係も良好なものとなっていった。

小考察

A子は、「自分の意見を表明せず我慢する」という行動パターンを学校場面で繰り返しており、教員の介入による変化は一時的なものに留まっていた。その行動パターンがスクールカウンセラーと母の面接後に変化に向けて動き始めたことは、行動パターンへの家族システムの影響が大きいものであったことを物語っていると考えられる。A子が繰り返していた行動パターンは、家族内のA子の立場や他の家族のA子に対する考えの影響を受けており、A子の行動パターンと連動するものとして家族システムを捉え、家族システムにおいて最も重要な役割を担っていた母に介入できたことが、変化に繋がったと考える。

生徒自身のカウンセリングは困難であると判断した事例

事例の概要

IP｜B子（小4女子）
家族構成｜母（40代）、父（40代後半）、兄（中学生）、母方祖母

来談の経緯

B子はX-2月から週に1日程度学校を休むようになり、X-1月に連続で欠席して、以後保健室登校となった。しかし、現状を改善するための方法がなく、B子に「どう対応したらいいか悩んだ」担任の申し出からコンサルテーションが設定された。なお保健室登校に至った経緯のなかで、担任からのスクールカウンセラーとの面接の提案をB子は明確に拒否していることもあり、スクールカウンセラーが直接B子と接点を持つことは難しいことが事前に担任より語られていた。

コンサルテーションにおいて担任は、保健室登校をしているB子と関わろうと試み続けたが、担任の働きかけにB子は言語的な反応をみせず、「B子の気持ちがわからずどう対応したらいいのかわからない」と語った。しかし友人らから声掛けをさせ

ると教室に入れることもあると話した。また家庭環境について，母が養育を担っており，母は「B子が学校に行かないと私が叱られる」と話していることが語られた。また担任は，B子はノーと言えず，自分の気持ちを話すことが苦手だと捉えていることが語られた。スクールカウンセラーは，B子がほかの子と同じように学校生活を送れるようになることを担任のニーズとして共有した。その上で，B子とのカウンセリングが困難な状況であるため，他の教員や家族とのより緊密な連携が必要となると伝え，母との面接と管理職を含めたコンサルテーションの設定を要請した。また，スクールカウンセラーはB子が教室に入っているとの情報から授業を見学し，B子が他者の目や行動を気にする素振りを繰り返していたことから，「B子は他者の評価に過敏な傾向がある」と仮説を立て，担任と養護教諭にはB子が登校できていることを肯定的に評価されていると思えるような関わりをすること，B子の様子を見ながら教室に入れる働きかけを継続することを要請した。また，担任には教室復帰に向けたクラス内の環境調整を要請した。

母とのカウンセリングとコンサルテーションを並行させた事例の経過

母との初回面接において，母はB子を学校に行かせたいと考えているものの，B子が「学校に行きたくない」と強く訴えることに対応できず，学校に行かせようとする試みをやめてB子を休ませることが続いていると語られた。また，学校を休んだB子はもっぱらゲームをして過ごしており，学校を休んでも習いごとには行っていることが話された。家庭環境について，父は養育にほとんど参加しておらず，祖母もB子に腫れ物に触るように接していることが語られた。スクールカウンセラーは，「B子のつらさをやわらげ」教室に復帰させたいということを母のニーズとして共有し，父の助力なしでB子に対応していきたいという母の意向を尊重して，今後の面接を組み立てることを選択した。また，スクールカウンセラーは，母がB子を学校に連れてくることが変化へのポイントになると考え，朝の場面に焦点を当てた。母はB子の起床から学校に連れてくるまで，B子に行動を指示し，またB子が学校に行く気になれるよう支持的にも関わりながら学校に連れてきていると語った。母はB子を学校に連れてくるだけで「結構いっぱいいっぱい」であり，スクールカウンセラーは毎朝の母の苦労を労った。スクールカウンセラーは，学校に着いて以後のB子への働きかけに母を参加させることは母の負担になると考え，学校に着いて以後の働きかけについては担任らを中心に行うが，そのとき積極的に学校に入れる動きがある可能性を伝え，母の了解を得た。その上で，今しばらくは朝の働きかけを続ける必要があることを伝え，加えてB子が朝，自発的に行動したら，母は肯定的に評価

することを要請した。また，B子を学校に向かう車に乗せたら，学校の話はせず日常会話をするよう伝えた。また，毎晩B子に学校の様子を聞き，B子が頑張っている部分を肯定的に評価することを要請した。

　母との面接と同日に，担任・養護教諭・教頭が参加したコンサルテーションを行った。スクールカウンセラーは冒頭に母との面接の経過と母に提示した課題の意図を伝えた。その上で，学校に来てからのB子に対する働きかけに焦点を当てると，車内で学校に入ることを渋るB子に担任が学校に入るよう迫るもうまくいかず，養護教諭がB子の状態を見ながら受容的に対応して保健室に入れることが繰り返されていることが語られた。同様のやり取りが繰り返されていたため，スクールカウンセラーは「担任がムチ，養護教諭がアメの役割を担っている」と伝え，教室に戻すことを考えるとB子の気持ちが担任から離れてしまうリスクがあると伝えると，担任らも同意を示した。スクールカウンセラーは，養護教諭が教室復帰に向けた指導をし，担任は必要な指導は行いつつもB子を受容・肯定するよう指示し，それぞれの動きを詳細化・イメージ化してモチベーションと実行可能性が高まるよう働きかけた。また，登校時のB子の居場所の確保や時間の使い方，学校と母がB子の問題の変化のために協働しているチームであることを確認し，母の言動に理解と尊重を示すことを確認した。

　初回面接1週間後に行った母との面接では，「この1週間はB子の状態が安定せず早退・遅刻・欠席があった」ことが語られた。また，この面接当日に学校側の対応に不手際があり，母のなかに「学校ってそんなもんか……」という不信感があることがうかがえたため，スクールカウンセラーは学校に対する母の不信感が増大しないよう対応を行った。その上で，B子への対応に焦点づけを行うと，B子が荷物を使って車のなかに柵を作って籠ってしまい，女手だけでは車から出すことが難しいことが語られた。また，B子は学校を休むと母の職場についていき，車中でゲームをして過ごしていることが語られた。加えて，状態が安定しないながらも習いごとは楽しいようで行っていることが語られた。また，母は家庭内でのこととして，母としてうまくいかないという思いが強いものの父に助力を要請することはなく，スクールカウンセラーは父に対する母の思いを受容しながら，父を頼りたくはないという母の考えに同意を示した。スクールカウンセラーは，学校でのB子への対応に男性教員の協力を得ることについて母に了解をとり，B子を車から出しやすくするために車内の荷物整理をお願いした。また，状態は安定しないが「母がB子を学校に連れて来れるかが重要」と伝え，だましだましでも学校に連れてくることをお願いした。また，学校は行かなくても習いごとには行っていることを共有し，学校に行けなかったら習

いごとを休ませるようお願いした。また，B子が朝ゲームを持って家を出ないよう確認することをお願いした。

同日のコンサルテーションでは，現状について，担任が学校で少しずつB子と話ができるようになってきたことが語られ，スクールカウンセラーは担任がうまくアメを渡していると評価した。また，母との話から，B子が学校に来たら教頭が中心となり数名の先生で保健室に連れていくことをお願いした。さらに，母が不信感を抱いていたことを共有し，学校が否定的に評価されやすいことを自覚するよう促し，先生方ならこの状況をうまくのりきれると確信しているとエンパワーメントした。

その後の経過

B子には，母や担任らが継続的に働きかけを行い，1週間程度で学校に着くと強い抵抗を見せず自発的に学校に入るようになった。その後，学校内のB子の取り組みを，学校では担任が，家庭では母が肯定的にB子にフィードバックしながらエンパワーし，1か月後には他の児童と同様の生活が送れるようになった。

小考察

スクールカウンセラーは，B子の抱える問題に対し，B子自身への働きかけは行わず，家族と学校で繰り広げられていたB子の問題に対する取り組みに働きかけ，母や担任らとB子とのやり取りに変化が生じ状況が好転した。本事例でスクールカウンセラーが行ったようなIP以外の人物への働きかけを有効な援助へと繋げるためには，IPがどのような状況で他者とどのような関わりをもち，それらが問題とどのように影響し合っているのかを見立てながら，戦略設定および働きかけを行うことが重要と考える。

まとめ

学校臨床において，IPとなる生徒本人に対し直接の対応を行わずに状況の変化を志向する場面では，保護者の力をどのように変化につなげていくかを考えることが先決となる。そして，その変化をよりよいものにしていくことを考える際には，スクールカウンセラーがIPを取りまく状況について逐次確認し，家族と学校が協働して対応にあたれるよう援助すると，よりよい変化に繋がりやすいと思われる。

第IV部 支援の留意点——システムズアプローチのバリエーション

第2章
本人にしか会えない本人支援

赤津 玲子

はじめに

　本章で扱う「本人にしか会えない本人支援」は，何らかの事情で保護者と会わない，あるいは会えないという選択をしながら行う本人支援のことである。「選択しながら」という表現はわかりにくいかもしれないが，ケースの経過のなかで常に多様な選択肢を模索しながら本人支援を選択するという意味である。例えば，本人の面接だけで始まった経過のなかで，保護者に会わなければならないときがあるかもしれないし，保護者と会えるチャンスがあるかもしれない。保護者面接と並行で本人面接を行っていたが，何らかの事情で保護者面接ができなくなり本人面接だけになるときもある。本人にしか会えないから「本人の個人面接」と単純に捉え，本人との良好な関係づくりや本人に対するアセスメントと働きかけだけに目を向けていては，システムスクールカウンセラーとしては失格である。

本人にしか会えない本人支援の背景

　本章では，「本人にしか会えない本人支援」について，まずその支援が成立する背景について，保護者の影響力，現場の協働という二つの視点から捉えたい。その上で，本人にしか会えない本人支援が成立する場合を提示し，単なる個人面接という枠組みを超えて事例を見通し，支援の可能性を広げるためのアセスメントのポイントや働きかけについて検討する。

保護者の影響力

　まず,「本人にしか会えない本人支援」が成立する背景を,保護者の影響力という点から考えてみたい。子どもの発達段階からみた場合,保護者の影響力は成長につれてしだいに弱くなる。小学校低学年の子どもの問題は,保護者や家庭の影響が大きいので,保護者の対応次第で改善することが多い。本人のなかで葛藤が明確化されていないことが多く,言語化できることも多くないことから,スクールカウンセラーが本人面接を行うことは少ない。担任が子どもの立ち歩きや暴言など,教室での対応に困っているときには,「教室観察に来てほしい」という要望が出されるだろう。本人にしか会えないわけではないが,教室内のことだけであれば,担任の対応を変えることで問題行動が改善することがある。このように,低学年の場合には「本人にしか会えない本人支援」は成立しにくく,保護者や担任のコンサルテーションで改善することが多い。小学校3～4年生,つまり思春期以降になると,自分自身や他者への明確な認識枠(臨床心理学的に「自我」でもよい)ができてくることから,保護者の影響力が少し弱くなってくる。いわゆる反抗期突入といえるだろう。わが子に大人顔負けの正論を主張されたり,反論されたりしてタジタジとなる保護者が増えるのはこの頃からである。中学生になると,保護者の影響力の弱体化が目に見えて明らかになってくる。保護者にとっては寂しいことだが,叱咤だけでは子どもをコントロールすることができず,あの手この手の技が必要となる。堂々と大人のように自分の主張をすることもあれば,小学生のように子ども返りすることもあるわが子の状態に驚き,理解に苦しむ。高校生になると,友人など社会的な影響力が目に見えて大きくなる。保護者の影響力の弱体化は本人の成長の証であり,保護者自身もそれを受け入れつつ認めざるを得ない。

　このような保護者の影響力の弱体化と,「本人にしか会えない本人支援」は,当然であるが深い関係がある。保護者の影響力が弱体化するほどに,本人支援が求められるのである。つまり,両者は負の相関関係にあると言える。保護者からすると,自分の言うことを聞かない子どもの相手をすることが負担となり誰かに任せたい気持ちになる。保護者として何とかしたいし心配であっても「勝手にしろ」と言ってしまう。本人からすると,親の心配はわかっていても腹が立ったり反発したくなるから,第三者の方が素直に話しやすくなる。「本人にしか会えない本人支援」は,「勝手にしろ」の保護者と,「自分で何とかする」という本人の関係を背景に成立しがちである。そのため,義務教育ではない高校生に多く求められがちな支援になるだろう。しかし,保護者の影響力が弱体化したからといって排除するわけにはいかない。本人が自分なりの思いを持った大人になりつつある部分を強調肯定しながら,スクー

ルカウンセラーと担任と本人が，保護者に対する枠組みを一時的なものと捉え，否定的に扱わないよう配慮したい。

学校現場における協働

次に，学校現場における協働という視点から「本人にしか会えない本人支援」を考えたい。子どもの成長に伴い，前述した保護者の影響力に代わって台頭してくるのが学校というコミュニティの影響力である。学校現場において，スクールカウンセラーが本人支援で使える重要なツールは，担任－スクールカウンセラーの関係である。学校ではスクールカウンセラーの影響力だけを駆使し，本人との関係だけ，つまり個人面接だけによる問題解決を目標とすることは適切ではない。「本人にしか会えない本人支援」は単に個人面接を意味するものではない。むしろ面接室における一対一の閉鎖的な支援がハイリスクになることを常に頭の片隅に置く必要がある。例えば，スクールカウンセラーが面接のなかで「疲れているみたいだから少し休みが必要かもしれないね」と言ったことで，本人が翌日から登校しなくなった場合，担任や保護者からスクールカウンセラーにクレームが出されるかもしれない。個人面接では，スクールカウンセラーの言動が別の文脈に置き換えられて使われるリスクがある。そのため，個人面接だけで何かを決めてしまうことには十分な配慮が必要である。可能であれば，本人の個人面接前に担任がどうしたいと思っているのか教えてもらい，その方向性を尊重したい。そして，担任から本人の学校生活や家庭環境の情報を得ること，スクールカウンセラーが面接について報告し担任と情報を共有することで，担任の本人へのかかわり方も含めた支援の流れを作ることが望まれる。

そのため，学校現場の協働の視点からとらえると，担任－スクールカウンセラーの良好な関係がケース改善への早道となることは明らかである。スクールカウンセラーにとって，そのケースが担任と初めてタッグを組むケースであれば，担任との良好な関係を築く大きなチャンスとなる。担任が児童・生徒とどのような関係を形成しているのか，その特徴を把握し，担任の得意技，例えば対人コミュニケーションの特徴や長所を理解する機会となるだろう。それは同時に，担任にスクールカウンセラーのことを知ってもらうチャンスにもなる。

また，学校で未成年の本人との個人面接を行う前提を考えると，本人がカウンセリングを受けることについて，当然ながら保護者の許可をもらう必要がある。ただし，問題が小さく本人が話すだけで安心できるような場合，1～2回のカウンセリングで何とかなる場合には，保護者にまで許可を得ることはないと思われる。学校によっ

てはその辺りが明確に決められていない場合が多いが，スクールカウンセラーから提案し，あえて保護者に許可をもらって保険を掛けるという作戦もある。ここでいう保険とは，保護者の許可をもらうことによって，「子どもさんのことでお伝えしたいことがある」「子どもさんのことを教えていただきたい」など，後で保護者との面接を設定できる可能性を広げておくことである。保護者をカウンセリングに誘ったり，どうですかと声をかけるのではなく，スクールカウンセラーが教えていただきたいというワンダウンポジションを作り出すことができる。また，スクールカウンセラーの立場で保護者に会えないのであれば，保護者に会えている担任－保護者関係を良好にすることは重要である。コンサルテーションを通して，担任からスクールカウンセラーが会えない保護者に対する働きかけができるかもしれない。このような学校現場における協働のスタンスは，スクールカウンセラーが会わない保護者を本人支援の一部と位置づけることにつながると考えられる。

　現代は，SNSなど他者と簡単にコミュニケーションできるツールがあるため，保護者の影響に代わって，学校コミュニティの影響だけが本人にとって大きくなるわけではない。しかし，児童・生徒が対面でコミュニケーションをとる場所，一日の多くを過ごす学校における支援が，それに勝ることは言うまでもない。システムスクールカウンセラーには，本人面接以外に学校で使えるツールを探し出し，なければ作り出し，支援のために駆使することが求められる。スクールカウンセラーのスタンドプレーにならないためには，本人の支援チームの一員であるという自覚で動くことが必要である。

本人にしか会えない本人支援

　「本人にしか会えない本人支援」について，保護者の影響力，現場の協働という二つの視点から検討した。次に，「本人にしか会えない本人支援」が成立する四つの場合を提示し，支援の可能性につなげるためのアセスメントのポイントや働きかけについて検討する。

担任や教員らが本人を何とかしてほしい場合

　担任や他の教員らが，「とにかく児童・生徒の行動を何とかしてほしい」と思っていたり，「この子にはカウンセリングが必要ではないか」と思っていたりする場合である。小学校の低学年では，このような児童について「学級に見に来て欲しい」という要望が出されることが多い。担任自身が教室での児童の行動に困っているとき

や，その背景にある家庭環境について思うところがあり，スクールカウンセラーに児童の授業中の様子や，休み時間の様子を見てもらいたい，児童への対応について考えたいという要望である。そのため，児童本人との面接が成立することは多くない。ここで対象となるのは，小学校の高学年以上の児童・生徒である。中学生になると，本人がカウンセリングを希望することがあり，学年が上がるほど本人の希望によるカウンセリングが多くなる。ちなみに生徒本人からのカウンセリングの要望の扱いには学校ごとに違いがあるため，本人が希望したというだけではなく，その背景にある学校ごとの特色を把握しておく必要がある。

　担任や教員らが本人を何とかしてほしい場合，そのなかには，「ひとまずスクールカウンセラーに会ってもらってから対応を考えたい」「児童・生徒が本当はどう思っているのか知りたい」など，さまざまな要望が含まれている。また，時には否定的な意味合いではなく「スクールカウンセラーが何とかしてくれるならそれで済ませたい」と思っていることもある。

　本人面接では，来談経緯をアセスメントするところから始めなければならない。システムスクールカウンセラーであれば，担任，養護教諭，学年の教員ら，管理職，保護者など，児童・生徒に関わる人の数だけ主訴があると考えるのが当然なので，ケースの来談経緯について事前に把握し，本人面接の仮説の一部として面接に生かしたい。しかし，残念ながら学校現場は多忙で，そのような事前の情報がほとんどない状態で本人と会わなければならないことが多い。面接前の情報が正確かどうかも含めて判断し，慎重に臨まなければならないだろう。児童・生徒に関する情報が断片的で，時期や出来事，さまざまな枠組みが実際とは異なって伝えられることが多々あるため，情報量が多いほどよいとも言えない。カウンセリングを，誰がどのように本人に勧めたのかわからない，あるいは明確ではない場合は，面接で本人に教えてもらう必要があるだろう。もちろん，スクールカウンセラーが本人面接の前にケース会議や担任のコンサルテーションなどで本人について聞いている場合でも，本人がどのように面接をとらえているのかについて，スクールカウンセラーが知らない前提で教えてもらうことも大切である。

　その上で，学校側が問題ととらえていることについて本人がどう思っているかなど，本人のとらえ方をアセスメントする必要がある。なかには，自分なりにカウンセリングを勧められた理由について想定できても，話したがらない児童・生徒がいる。そのような場合は，本人と良好な関係を作り，動機づけを高めるところからスタートしなければならない。次回面接につなげるために関係づくりだけで終わる場合もあるだろう。また，スクールカウンセラーが情報の少なさから問題を明確に把握でき

ていなかったり，担任の要望を聞くことができていないときには，次回面接につなげるだけに留めることもある。担任や学校の要望を把握していないときは，働きかけは控え，面接後のコンサルテーションで担任らと方向を決めた方がよいこともある。

本人との面接後は，担任へのコンサルテーションも含めて関係する教員らを巻き込み，支援に必要な情報を共有して方向性を決めることが大切である。巻き込むといっても，教員らに無駄な負担をかけるという意味ではない。システムスクールカウンセラーであれば，個人面接であっても広く網の目のような人間関係のなかで面接が成立しているととらえ，支援の方向性について教員らと共に検討することをまずは優先したい。もちろん，緊急性の高いケースなど状況によってさまざまではあるため，状況を見て考えることも大切である。そして，どのような形であれケースについて話し合うなかで，担任や他の教員らの特徴を把握することが重要である。児童・生徒との関係の作り方，児童・生徒に対する理解の枠組みを把握したい。対人関係の作り方や理解の枠組みに良し悪しはなく，システムスクールカウンセラーはそれらを本人面接に使えるように工夫し，本人支援の流れを作りだす必要がある。

また，もしスクールカウンセラーが個人面接だけで問題を解決できても，それが担任や他の教職員らの依存を招くことがあれば注意しなければならない。スクールカウンセラーに任せれば大丈夫という評価はもろ刃の剣である。スクールカウンセラーは現場における支援の一翼であり，スクールカウンセラーと一緒に取り組めば大丈夫という協働ポジションと，すべてスクールカウンセラーに任せておけば大丈夫という神ポジション（神様のようなアップポジションの意味）は異なるものだと自覚し自戒したい。

本人が保護者に隠したい場合

本人が保護者に隠したい場合は，カウンセリングを受けていることを保護者に言ってほしくない場合と，カウンセリングの話題を保護者や教員らに報告してほしくない場合が考えられる。中学校以上，特に高校生を対象とする場合に多い。カウンセリング前に本人が担任と話をするなかで，話の内容やその一部を「家族に言わないでほしい」と訴え，担任がその枠組みをどのように扱ってよいか困っていたり，すでにその枠組みで話が進んでいることもある。特に，担任が生徒の家庭環境をある程度理解していて，本人が内緒にしてほしいという事情に共感できるときに起こりがちである。言わないでほしい内容は，リストカットをしていることやSNSに関するトラブル，異性関係などがあげられるだろう。しかし，保護者に言わないでほしい内容には慎重なアセスメントが求められる。例えば，妊娠やSNSでの個人情報の流出な

ど，聞いていましたでは済まされない問題が多々ある。本人の要求を呑むことによって，のちに取り返しのつかない事件につながったり，保護者から学校側の対応にクレームが出たりすることもあるので十分な注意が必要である。学校現場の一専門職として，スクールカウンセラーが「把握していて手を打たなかった」という立場に陥る事態は避けたい。それは保身ともとられかねないが，協働ポジションから考えると当然のことである。

このような場合，システムスクールカウンセラーであれば，本人との面接で守秘義務を遵守することを考えると同時に，何が本人の支援につながるのか，大きな文脈で本人との面接を俯瞰する必要がある。本人が納得できるような説明の上で，必要な情報の共有を了解してもらう方法を考えなければならない場合もあるだろう。本人との良好な関係維持と並行して，協働ポジションにいる一人の支援者として面接で何ができるのか考えなければならない。

保護者に来談してもらえない事情がある場合

保護者に来談できない／したくない事情がある場合にも「本人にしか会えない本人支援」になる。その背景には，保護者側の事情と担任側の事情がある。まず，保護者側の事情は，保護者が明らかに来談困難な状況にあること，保護者が何らかの理由で来談を拒否していることの二つが考えられる。この二つは重なりあって明確に区別できないことが多い。たとえば，経済的な事情から長時間働いていたり欠勤が難しい仕事をしているために来談の時間が取れないことがある。保護者の服役や精神疾患のために祖父母が養育の主たる役割を担っていることもある。保護者が来談できない事情としたくない事情は，複雑に重なり合っている。

中学生の子どもが身体症状を訴えて学校を休みがちになったとしよう。担任が本人にカウンセリングを勧め本人の個人面接が成立したとしても，母親が精神疾患で薬物療法中だとすると，状態によっては来談してもらうことが難しいかもしれない。本人が小さいころからそのような状態が継続していて児童相談所が関わっているときには，本人支援のために連携が必要になる。このように，本人にしか会えない本人支援とならざるを得ない状況について，児童相談所など外部機関との連携が必要になることがある。外部機関が以前から関わっているケースであれば，学校での本人支援について連携の必要があるだろうし，関わっていない場合は紹介と連携を検討しなければならない。保護者の影響力から考えると，小学校の低学年のように影響力が大きい場合ほど，早急な連携が求められる。本人の年齢が上がるほどに学校コミュニティの影響力が大きくなるため，本人の意思を尊重し十分に話し合いなが

ら連携も含めて支援の方向性を考えることが求められるだろう。

　担任側の事情には，担任が保護者の来談を最初から諦めている場合，声を掛けたが断られた場合などがある。担任が子どもの家庭事情を詳しく把握しており，保護者に声をかけても難しいだろうと判断している場合には，スクールカウンセラーがその事情について担任から教えてもらい，本人面接に活用したり，担任の保護者へのかかわり方を検討することもできる。また，担任が保護者にカウンセリングを勧めて断られた場合，どのような文脈で保護者に進めて断られたのかについて情報収集をして，アセスメントをする必要がある。たとえば，担任にそのつもりがなくても，自分に保護者として問題があると責められたように受け取っている保護者や，カウンセリングにネガティブな印象を持っている保護者，子どもが問題を起こして指導されるたびに学校に呼び出され，学校や教員らに拒否的な態度をとっている保護者がいる。そのため，本人がカウンセリングを受けることは了解するが，自分自身は行けない，あるいは行きたくないということがある。

　このような場合，まず担任－保護者の関係をアセスメントし，その関係に至るまでの流れを把握しなければならない。その上で，まずは本人支援のために担任－保護者の良好な関係形成を目的とすることがある。たとえば，保護者に「カウンセリングを受けてみませんか」「カウンセラーに相談してみませんか」と勧めることと，「カウンセラーが子どもさんについて教えてほしいそうですので，一度来ていただけないでしょうか」と勧めるのでは，保護者の受け取り方は全く異なる。担任－保護者にすでに良好な関係があるのなら，スクールカウンセラーが担任に本人面接について情報提供を行い，スクールカウンセラーの本人面接と並行して，担任から保護者への働きかけを模索できる。また，前述したように，保護者の来談がかなわないのであれば，スクールカウンセラーによる本人面接の許可を担任から保護者に取ってもらい保険をかける手がある。保護者の許可をもらうことによって，本人支援の流れに来談しない保護者を位置づけることができる。

　保護者が来談できない／したくない事情がある場合について，保護者側と担任側の事情から検討した。保護者に事情がある場合も，保護者を非難したり当てにしないということではなく，来談しない保護者を支援の流れのなかに位置づけて積極的に情報収集を行い，保護者が本人にどのような影響を与えているかについてアセスメントして，担任らと共に支援の方向性を考えていくことが大切である。

その他

　さらに保護者に声をかけることで本人に何らかの芳しくない影響がある場合と，

本人に影響力のある保護者を特定しにくい場合を考えたい。

　まず，保護者に声をかけることで本人に何らかの芳しくない影響がある場合とは，担任が保護者をカウンセリングに誘うことによって，保護者の本人への適切なかかわりに支障がでる場合である。例えば，カウンセリングを勧められた保護者が子どもを過剰に非難する可能性や，元来不安定な保護者がさらに不安定になり子どもに関われなくなる可能性がある場合である。そのような事態が引き起こされると想定される場合は，本人支援だけにならざるを得ない。この場合，担任の方が事情を把握していることが多く，スクールカウンセラーが事情を教えてもらうことで，その情報を本人面接に活用できる。

　一方，本人に影響力のある保護者を特定できない場合とは，離婚や別居，祖父母同居などで主たる養育者と親権者が異なる場合である。たとえば，一人親家庭で，同居の実父あるいは実母が非常に多忙なため実際に養育をしているのが祖父母である場合，離婚によって離れた親との関係が大きく影響している場合，離婚した親の間を行き来している場合など，家庭事情によって親権のある保護者と実質的な養育者に違いがあることがある。年に2〜3回の三者懇談会にしか保護者が来ない高校生の場合には，始めから本人面接だけで支援することがある。さまざまな理由で本人にしか会えない本人支援になることがあるが，保護者との関係を十分にアセスメントしながら支援の方向性を検討したい。

おわりに

　「本人にしか会えない本人支援」について，保護者の影響力，現場の協働という二つの視点から検討し，いくつかの場合を提示した。このような支援は保護者の影響力が弱くなり，年齢が上がるにつれて増えてくるが，高校生といえども未成年である。システムスクールカウンセラーであれば，解決策がいくつか仮説として考えられたとしても，独断で何らかの働きかけをすることのないよう留意したい。自分に与えられた権限は学校現場における支援であり，学校は一つのチームとして機能している。その限界を理解し，その中でできる支援の選択肢を増やすために，チームの一員としてどのように働きかけるかについて，常に検討し続けることが求められるのである。

第Ⅳ部 支援の留意点——システムズアプローチのバリエーション
CASE
保護者に会えないケース

渡邊 整

はじめに

　学校臨床では，児童・生徒だけでなく保護者も相談対象となる。子どもへの支援のリソースとして保護者と連携するのはもちろん，保護者の訴えから教育相談を実施することもある。特に相談対象となる子どもが幼いほど，内面の言語化の難しさから保護者と連携する事例も多く存在する。また，本人だけでは詳細がわからない場合に，家庭の状況などを教えてもらうために保護者面接を行うこともある。筆者は小中学校での勤務が多く，本人面接を行った場合は可能な限り保護者面接も合わせて行うようにしている。しかし，さまざまな事情によって保護者と繋がれない場合，どうすればいいのだろうか。

　ここでは，本人支援のために保護者と繋がる必要があったが，さまざまな事情によってそれができなかった事例を二つ提示したい。事例を通して，保護者と繋がることを困難と判断したアセスメントのポイントや，本人にしか会えない状況で学校にあるリソースをどのように活用することが本人支援に繋がるか，などについて述べることとする。

事例1／中学1年生，A男のケース

　1学期も半ばになったある日，1学年の担任教師から相談を受けた。30代になったばかりの男性教師は，眉間にしわを寄せた難しい顔で「A男のことなんですが……」と話を始めた。

　A男は中学1年生にしては小柄で大人しそうに見えるが，先日些細なことからク

ラスメイトとトラブルになり，喧嘩の末に手を出してしまったと担任は語った。小学校からの申し送りでも「すぐカッとなる児童」と報告があり，似たようなトラブルを何度も起こしていた。担任はＡ男のすぐカッとなるところをなんとかしたいと考えており，「クラスでトラブルを起こさないようになって欲しい」と語った。担任の目には，Ａ男は１学期ですでに「トラブルメイカー」と映っていた。

　よくある話ではあり，すぐにＡ男の面接依頼を引き受けたが，担任に保護者との面接を打診すると，担任の眉間のしわがさらに深くなった。「Ａ男の父親は，要注意とされてるんです」と担任は語り出した。小学校当時，担任がＡ男のトラブルを父親に報告して来談を促すと，父親は呼び出しに応じたが，担任との面談中に怒りだして帰ってしまった。それ以来，小学校の担任は父親に連絡しても取りあってもらえず非常に大変な思いをした……と伝え聞いたのだという。

　筆者は，家庭の事情もありそうだし，資源として父親を活用したいが，今すぐは難しいかもしれない，と考え，まずはＡ男と会って話を聞くことにした。その際，無用なトラブルを避けるためにも，父親からＡ男との面接許可をもらうことを提案すると，近くで話を聞いていた管理職が「私が窓口になった方がいい」と名乗り出てくれた。担任は少しほっとしたように見えた。しかし，父親と連絡がつかないまま翌週になり，担任・管理職と相談して「偶然居合わせたと装ってＡ男と接触する」という作戦を立てた。すると，絶好のタイミングでＡ男がトラブルを起こした。

　養護教諭に連れられて保健室でクールダウン中だったＡ男は，表情は硬く身体を強張らせていた。筆者は「偶然」保健室に立ち寄って，Ａ男を見つけて声をかけた。初めは何も喋らなかったＡ男は，筆者と養護教諭の即席漫才を見て緊張が解けたのか，ゆっくりとクラスで起こったことを語った。聞けば「クラスメイトから間違いを指摘され，カッとなって喧嘩してしまった」のだという。Ａ男の心境に寄り添い，Ａ男が「いかに困っているか」という話をたっぷり聞いたあと，筆者は「Ａ男くんともっとお話したいんだけど，できればお父さんにＯＫもらいたいな。聞いてみてもいい？」と聞くと，Ａ男は表情を強張らせた。話を聞くと，小学校時代にＡ男がトラブルを起こした際，連絡を受けた父親は「何でそんなことをした！」と怒鳴り散らし，恐怖で動けないＡ男に物を投げつけたことが何度もあったという。「俺また問題起こしたと思われるかも」と涙目のＡ男に，まずは試しに「Ａ男の困り感の解消のために，お手伝いさせて下さい」と平身低頭の姿勢で父親に提案すると言うと，Ａ男も「それなら大丈夫かも……」と頷いた。

　教室へ戻るＡ男を見送った筆者はすぐに職員室へ戻り，管理職に先ほどの話を報告した。そこで管理職と授業が終わって戻って来た担任と，「現時点で父親に来談を

促すことは学校との関係を悪化させるリスクがあること」「今すぐ父親にA男への対応を変えてもらうことはかなり難しいこと」を考えて,「まず,A男の学校適応を向上させ,結果を父親に示したあとで可能であれば父親と学校で連携をとれる形を作る」ことを目標とした。

担任には,A男がカッとなったらすぐに別室でのクールダウンを促してもらい,養護教諭と連携して落ち着くように対応してもらうことにした。そして,管理職が窓口となって父親と連絡を取り合い,父親の訪問があれば管理職が主体で担任も同席して対応することに決めた。ほどなく,父親と連絡が取れたのでカウンセリングの件を伝えると,「そんなのして何が変わるか知らないが」というニュアンスの許可が下りたと苦笑いを浮かべた管理職から報告が入った。そして,筆者はA男と面接を行えることとなった。

A男は自分のすぐカッとなる点を「悪い癖。治さなきゃいけないんだけど……」とうなだれていた。どうしても自分でコントロールできないというので,まず担任と協力してクールダウンの練習をすることにした。初めはA男もうまく対処できずに怒り出してしまうこともあったが,だんだんと担任に指示されずとも自分から「ちょっと落ち着いてきます」と別室に行けるようになった。すると,クラス内でのトラブルも減り,距離を置いていたクラスメイトもA男と雑談する場面が見られ始めた。トラブルが減ると,A男が担任から指導を受けることも減少し,A男が父親から怒鳴られることもなくなっていった。

2学期半ばの家庭訪問で担任は父親に,「最近のA男は落ち着いています」という話を皮切りに,A男の良い変化を目一杯伝えたという。また,A男も学校で友達と遊んだ話を父親に聞かせたとのことだった。それ以降,父親は今まで返さなかった学校への電話をしだいに折り返すようになり,家庭内のA男の様子を担任に伝えるようになったという。A男は,ときどきイライラしてしまうこともあったが,落ち着いて学校生活を送り,無事「トラブルメイカー」を卒業した。

事例2／中学3年生,B子のケース

B子は中学3年生であり,クラス内での疎外感や被害感を訴えていた。「私はみんなに嫌われてる」と周囲にネガティブな感情を抱き,実際にB子はクラスメイトとの交流を拒絶していた。そんなB子に周囲は距離を取り始め,B子はさらに周囲との距離を開けていく……という悪循環が続いていた。担任はそんなB子によく声を掛け,周囲と関わりを持たせようとしたが,B子に拒否されうまく行かなかったとい

う。今年から担任になった女性教師は，「今年で卒業だし，なんとかしてあげたいんだけど……」と頭を悩ませていた。筆者は担任から話を聞き，B子との面接を設定してもらう前提で相談を受けていたが，詳しく聞くとなかなか難しいことが山積みだった。

　B子は5人家族で，両親と祖母，5つ上の兄と暮らしているが，両親は無職で自宅にいて，父親は昼間から酒を飲んでは家族に対してキツく当たり，母親は足と耳が悪く会話が噛みあわないことが多いのだという。祖母も足が悪く自宅から出られないが，B子はあれこれと生活態度を注意されるという。兄はアルバイトをしているが高校を卒業してからほとんど自宅に戻らない生活をしているようだった。担任は「それとなんですが……」と言い淀んでから，「昨年，お父さんが学校に怒鳴り込んで来て……」と家庭と学校のトラブルがあったことを話した。些細な連絡ミスだったようだが，その日以来B子は1週間欠席したという。その件があってから，学校から見たB子の家は「対応が難しい家庭」となっていたようだった。

　筆者はこの時点で頭痛がしたが，とにかく学校のニーズを教えてもらうと，「B子と第三者が繋がること」と返って来た。実は昨年もスクールカウンセラーとB子の面接が組まれたが，一度会っただけでB子は「もういいです」と面接を拒否し，教師陣は頭を抱えたのだという。「B子が誰かと本音で話せるだけでも違うと思うんです」と担任は言うので，まずB子と面接するためにも保護者からの了解を得ることを提案すると，担任は「すぐに電話します」と家庭に電話を入れた。母親が応対し，B子の状況と筆者との面接について伝えると，母親は「よくわかってない様子」だったらしいが許可をくれた。その後，帰りのホームルームで担任からB子に伝えてもらい，筆者はB子と面接するに至った。

　放課後になり意外にも素直に来談したB子は，小柄だが細身でマスクで顔は隠れているが大きな目が印象的だった。B子は筆者の真正面で窓の方を向きながら座った。「何でそっち向いてるの？ 正面は嫌？」と聞くと「いや，この方が楽なんで」とB子は答えた。特に気にしないふうにB子の来談経緯を確認すると，「さぁ，私が一人だから心配なんじゃないですか？」と素っ気なく答えた。「心配されるようなことがあったの？」と筆者が聞くと，B子は言い淀みながらも，他の生徒との関係が良くないことを不満げに語った。B子を労いながら筆者は，「そういう不満って話す相手はいる？ たとえば家族とか」と聞くと，B子は「いません。友達。家族は絶対にありえません」と強くきっぱり答えた。「友達いないって——」「いません」と，質問に対して食い気味に否定され，筆者は少し遠くを見たあと，「家族は絶対にありえないってどういうこと？」と聞くと，担任から聞いた情報とほぼ同様だった。B子が家

で話せる相手は母親のみだが，母親は耳が悪く話が嚙みあわず，「途中でめんどくさくなる」と眉をしかめた。以前は兄も話し相手だったが，ここ最近家に帰らず話す機会がないのだという。また，父親と祖母は仲が悪くすぐに口喧嘩になり，酷いときは近くにいるＢ子や母親にまで被害が及ぶのだという。言い終えるとＢ子は「家に帰りたくねー」と机に突っ伏し「学校にも居場所ないし……」と小さく呟いた。筆者はＢ子に対して「そんな大変な状況だったら不満も溜まるよねぇ。できればもっと聞かせて欲しいんだけど，また時間とってもらってもいい？」と言うと，Ｂ子も同意したので継続面接に繋げた。

　家族のＢ子に対する印象など，まだ不明瞭な点もあったので，「できれば一度，お母さんとかにもお話聞いてみたいんだけど」と提案すると「絶対嫌。学校に来て欲しくない」と強く否定した。その反応から，これ以上はＢ子との関係に悪影響になると考え，今は家族と会わない方向で対応することにした。

　面接後，筆者はすぐ担任と作戦会議を始め，「Ｂ子の見立てと対応」を話し合った。「Ｂ子は対人交流を避けているが，そもそも苦手な可能性が高い」こと，「自分の対応が相手の否定的な反応に影響していることに気づいていない」ことを共有した。家族との連携については，Ｂ子が強く拒否しており，こっそり親と会ってそれをＢ子が知ったら学校を拒絶してしまう可能性があることを考えた。Ｂ子は他人への信頼感が低く，警戒心が高いと思われたので，一度つながった関係を維持するためにも今は家族との連携を保留とすることにした。

　担任は筆者の見立てに同意し，今後の課題として「コミュニケーションの練習が必要」と考えた。そのために，Ｂ子にとって学校がもっと居心地よくなることを目標にして，Ｂ子周辺に「Ｂ子にも合う生徒を配置」するなどの働きかけを行うことにした。また，「担任－Ｂ子」間のやりとりを促進する必要もあると考え，担任から「コミュニケーションの練習」という名目で，何かにつけて「ちょっかいをかけてもらう」ことにした。Ｂ子の否定的な反応で周りが離れていくが，それでも離れない大人と関わることで，Ｂ子の信頼感や学校での居場所作りに影響すると担任に伝えた。担任は「任せて下さい！」とやる気になって，すぐにＢ子を「かまいに」行った。

　その後，Ｂ子との面接では相変わらずクラスの愚痴や家族への不満が多かったが，だんだん「さっき職員室の前で先生に絡まれた」「通せんぼして全然行かせてくれないの」と笑いながら話すことが増えた。その影響か，担任と楽しそうにやりとりしているＢ子を見て，大人しい生徒がＢ子への距離を縮め始めたと担任から報告を受けた。担任と相談し，そのなかでもＢ子と趣味が合いそうな生徒を見つけ，担任とＢ子のやりとりにその生徒を混ぜてみるなど試行錯誤を繰り返した。すると，Ｂ子

からその生徒（C美）の名前をよく聞くようになった。「C美ちゃんと仲良いみたいだね？」と聞くと「え？ あー，どうなんでしょう？」と微妙な表情で返事をした。「友達じゃないの？ だってこの前も廊下で話してたじゃない？」と言うとB子は神妙な顔をして「だって私嫌われてるし……」と下を向いた。B子に「C美ちゃんとどうなりたい？」と聞くと，B子は少し間を置いて「友達になりたい」とはっきり告げた。「そのためには何が必要？」「どんなふうに仲良くなれたらいい？」などいくつも質問して，B子の希望とそれを叶えるために必要なことを具体的に共有して，「C美ともっと仲良くなるために，上手なコミュニケーションを学ぼう」というテーマで面接をすることとした。

　B子は途中何度もへこたれそうになりながらも，C美との交流を続け，ときに筆者や担任も協力しながら練習を続けた。C美と休日に出かけるほどになったころ，三者面談が行われた。B子と母親，そして担任で進路などの話をすることになったのだが，担任から最近のB子の様子をたくさん伝えてもらうようにした。「欠席がゼロになった」「特定だが友人を作り，笑顔を見せるようになった」「先生もいっぱいお話できて嬉しい」など，横で聞いているB子が「もうやめてください！」と赤面するまで続けたという（面談後に担任と話すと，「やりきった顔」をしていたのは言うまでもない）。当然母親は上機嫌になり，自宅でもその話を家族にしたようだった。翌週の面接中，B子は不貞腐れた様子で担任への不満を語っていた。筆者は「家族に何か言われた？怒られたとか？」と聞くと「怒られてないですけど……」「……お父さんは何にも。おばあちゃんは褒めてくれた。『あんたはやればできるんだからちゃんとやりな！』って」と照れながら呟き，家族の評価はおおむね良好なようだった。そして「あと！お兄ちゃんにゲーム買ってもらいました」とも語った。どうやら久しぶりに会った兄から「最近頑張ってるらしいから」とご褒美をもらったようだった。B子は笑顔でそのことを話していた。

　その後も担任は，ことあるごとに母親へ，「B子が○○をしてくれた」「B子が○○で入賞した」などの報告をしてくれた。そのおかげか，母親も大変そうだが学校に訪問するようになり，担任と雑談をして帰る日も増え始めた。

　そして3月，B子は無事受験にも合格し，C美と同じ高校に進学することになった。家の状態は大きく変わったわけではないが，少なくとも以前のように父親が怒鳴りちらしたり，祖母がB子を叱責することはみられなくなったという。B子はときおり家族の不満を言いながらも，高校でやりたいことを希望に満ちた表情で聞かせてくれた。

まとめ

　どちらの事例も家庭と学校が繋がらず，本人支援のリソースとしてそのまま活用するのは難しかった。「保護者が学校からの連絡を嫌がる」ことや「家庭内の混乱で子どもに支援の手が行きわたらない」ことがこれらの困難をより強固なものにしていた。

　また本事例でスクールカウンセラーは，「現時点での家庭への介入は，本人への不利益になりかねない」という観点から「本人にしか会えない」とアセスメントしたが，本人の強い要望で保護者への連絡を行わない場合もあれば，保護者と連絡をとっても学校に不信感を持っていたり，保護者自身の心身の病など連携を取りにくい場合もあると思われる。

　学校臨床において「本人にしか会えない」という状況は，家族などのサポートを得られる場合と比べ，変化のために活用できるリソースが少なくなる可能性が考えられる。そのため，その限られたリソースを最大限に拾い，また活用しようとする姿勢が求められる。その際，事例1で見られた「トラブルメイカー」や「父が問題」などといった，現状や生徒に対する既存の価値観や考え方，捉え方に縛られることなく，より柔軟な視点を持ってアセスメントや戦略設定を行うことが重要と思われる。

　また，本人にしか会えない本人支援においては，本人自身の変化へのモチベーションを喚起し，主体的かつ実行可能な変化に結びつくよう対応を行うことが不可欠になる。そのためには，事例2で示したように「この子はどんなふうに思えたら頑張れるだろう」「この子に何があったら（問題に）立ち向かえるだろう」と考えながら，本人がモチベーションを持ち変化に向かおうとしていくことを援助できる関係形成や対応を試行錯誤し続ける姿勢を持てると，より有効な援助に繋がりやすいと考えられる。

第Ⅳ部 支援の留意点——システムズアプローチのバリエーション

第3章

守秘義務と集団守秘

田中 智之

「守秘義務」について

　現在，全国に配置されているスクールカウンセラーは，地方自治体により多少の違いはあるものの，その約8割以上が臨床心理士であると言われている。臨床心理士には，専門的職業人として社会的責任と道徳的責任を自覚し，一般社団法人日本臨床心理士会が定める倫理綱領を順守する義務があるが，スクールカウンセラーとして学校現場で活動する臨床心理士もまた同様である。基本的人権を尊重することはもちろんのことであるが，学校現場に深く関わる倫理的な問題は守秘義務である。

　たとえば弁護士や医師，公務員など，職務の特性上，個人的な情報を入手する可能性がある場合，秘密保持の観点から，それぞれの職務を規定する法により守秘義務が課されている。臨床心理士は，対象者の個人的な情報を相談において取り扱う職種であり，秘密保持が不可欠の義務である。臨床心理士の守秘義務は，一般社団法人日本臨床心理士会が定める倫理綱領「第2条，秘密保持」において定められており，「業務上知り得た対象者及び関係者の個人情報及び相談内容については，その内容が自他に危害を加える恐れがある場合又は法による定めがある場合を除き，守秘義務を第一とすること」と明示されており，自傷他害の恐れや法に触れるような例外を除き，相談内容や相談者についての情報は一切漏らしてはならない義務があると解釈することができる。これに従えば，基本的には相談室内でクライエントと相談して知りえた内容は，相談室外に持ち出してはならないことになる。臨床心理士として，さまざまな現場で行われる心理面接やコンサルテーションなど相談業務全般に守秘義務は適応され，もちろんスクールカウンセラーにおいても例外ではない。基本的には，学校現場においても臨床心理士として職務を遂行する以上，この守秘

義務の観点に従いクライエントとの相談において知り得た情報は、一切外に漏らさないことが前提となる。

　臨床心理士の守秘義務は、主に相談者の基本的人権を尊重するという意味と、相談業務が契約に基づく信頼関係によって成り立っているという意味から、絶対に侵害されてはならないものである。相談者はカウンセラーを信用し、個人的な内容の相談を行っているわけであるから、その相談内容を相談外に持ち出すという行為は、相談者を深く傷つけるだけでなく、カウンセラーの専門的職業人としての存在そのものをも否定することになりかねない。つまり臨床心理士の守秘義務は、個人のモラルのようなあいまいな裁量が許される規範ではなく、臨床心理士である以上決して侵されることがあってはならないものである。しかし、倫理綱領には規範の細則が明示されているわけではなく、実際の業務ではそこに多少なりとも解釈を行わざるをえない余地があり、それがまた守秘義務を「ややこしいもの」としている。

　以下具体的に、学校現場で守秘義務をどのように考えるべきなのかを見ていくこととする。

スクールカウンセラーの特殊性

　まず、実際の学校現場のスクールカウンセラーの業務をイメージすると、前述の臨床心理士が順守すべき倫理綱領とかなりのギャップを感じるかもしれない。学校現場でスクールカウンセラーやその他の業種として勤務されたことがあるなら、ピンとくる方が多いかもしれないが、例えば生徒や保護者との面接の内容や情報を、スクールカウンセラーが一切誰にも口外しないということが実際にあり得るだろうか。実際の学校現場では、クライエントから知り得た情報を担任やその他の教員にコンサルテーションのような形式で伝えることがあるかもしれないし、円滑な相談業務のためにコーディネーターの担当教員にケースについて把握しておいてもらおうと情報の共有を行うことがあるかもしれない。

　勘違いしてはならないのは、相談上知り得た情報を開示しなければスクールカウンセラーとして業務を遂行できないということでは決してない。教員に相談内容の何をどのように伝えるかということが最も重要であるが、それは後に述べるとして、一般的に組織の一員としての業務が必要になればなるほど、情報を共有しなくてはならない局面は多くなる。

　いずれにしても、スクールカウンセラーの相談業務には、一般的な個人対個人の契約で行われる相談とは異なる文脈が存在する。スクールカウンセラーの守秘義務

について考える前にその前提を確認しておく。

　まず，制度上の前提が関係している。公立学校勤務の場合，スクールカウンセラーは地方公務員の非常勤特別職に準ずる身分であることがほとんどであり，そのような制約のなかで業務を行う。公立学校の場合はそれぞれの学校に配属されることになるが，他の教員と同様に配属された先の学校長や管理職の管理下で勤務することになり，それぞれ学校長の指示・依頼に基づきカウンセリング業務に当たることになる。つまり学校長や管理職への報告義務が発生するとともに，学校現場の指示系統のルールに従う必要があり，それが相談業務を規定する。勤務形態においては，スクールカウンセラーは現状週1〜2日の勤務が多く，公立学校の場合常勤化されていることはまずあり得ない。そのためスクールカウンセラーは，生徒や保護者と関わる頻度が常勤で勤務している教員に比べて圧倒的に少なく，常時対応も難しい。そこでスクールカウンセラーには，教員が自分の不在時に児童・生徒や保護者への対応に支障をきたす可能性を考慮し，入手した情報の共有を判断する必要性が発生するのである。

　二つ目に，制度上の前提とも関連するが，学校が連携・協働をより求められるようになってきている現状がある。文部科学省は初等中等教育の学校現場において新たな学校組織のあり方を推進しようとしており，それが「チームとしての学校」(以下，「チーム学校」)である。「チーム学校」は，昨今の学校における複雑化・多様化した課題に対応するため，教員が担っている業務を見直し，専門能力スタッフと教員が連携して問題の解決に当たる必要性の上に提唱された。これまで以上にスクールカウンセラーを含む専門能力スタッフの学校現場への参画が期待されており，スクールカウンセラーは学校現場の課題に対して，教員も含め他の専門職と連携していく必要性が高まってきている。

　学校現場，特に学校の管理職はこのような新たな方針に非常に敏感であり，従う義務があり，結果として管理職以外の教員も含め，スクールカウンセラーなど校内の専門職種やその業務内容への関心が高まるかもしれない。上からの指示への対応は，まずは形式上の対応が優先される可能性が高い。つまり，連携自体の具体的な内容が不鮮明なまま，形の上での対応となりやすい。いちばんやっかいなのは，「連携のためには情報を共有しなければならない」という思い込みにより，スクールカウンセラーが守秘義務とのはざまで連携が難しくなる可能性である。そういった意味で，連携を見据えた守秘義務について整理しておく必要がある。

　三つ目に，専門性や立場の違いがある。学校現場は，教育の専門家である教員がほとんどを占めており，そのなかでスクールカウンセラーは一人だけ専門性が異なる特異な存在である。スクールカウンセラーは組織の一員として，最低限教員と対

立的ではない関係を築いておく必要があるが，一人専門性が異なるがゆえに，より組織へのジョイニングを意識し，自分から組織に加えてもらうアプローチが必要となる。しかし，頑なに基本通りの倫理規定の解釈に則り情報を周囲に一切開示しなければ，教員からは受け入れられず，最悪の場合スクールカウンセラーの独りよがりとみなされ，教員集団の反発を招くことになる。こうなってしまっては組織へのジョイニングどころか学校内で孤立してしまい，学校から浮いた存在と認識され，本来の業務遂行も困難になる。

スクールカウンセラーの守秘義務

　では，これらのことを踏まえ，学校現場では守秘義務をどのように考えればよいだろうか。前述の通り，臨床心理士の倫理規定通りの秘密保持は，学校現場に即して考えると現実的ではないことがわかる。しかしながら，スクールカウンセラーが組織に受け入れてもらうために，あるいは関係者との連携を優先して，相談者の権利が損なわれることはあってはならない。学校現場の特徴を踏まえた守秘義務が必要である。

相談者本人の同意

　まず，関係者間での情報共有によって，相談者が不利益を被らないようにするために最も望ましいのは，相談内容を他者に伝えることについて，相談者本人に同意を得ることである。一般社団法人日本臨床心理士会が定める倫理綱領「第2条，秘密保持」の「2情報開示」にも，「個人情報及び相談内容は対象者の同意なしで他者に開示してはならないが，開示せざるを得ない場合については，その条件等を事前に対象者と話し合うよう努めなければならない」とある。

　関係者間の連携を考え，どうしても相談内容の一部を関係者に話さなければならないケースが出てくる。そのときは相談者本人に，どのような目的で・誰に・どのような内容を話すかについて説明を行ったうえで，それに同意してもらえるか判断を仰がなければならない。ここで重要なのは，その情報を関係者に話すことがなぜ必要かということを，本人が納得できる，あるいは理解できる形で説明しているかどうかである。個人情報や相談内容が，目的もないまま「とりあえず関係者と共有される」ことへの抵抗感は誰にとっても強い。しかし，その情報の開示目的が有益であると相談者が判断したり，相談者が情報の開示に目的を見出した場合には，開示に納得してもらえる可能性がある。

　その際には，情報の開示の必要性だけでなく，誰に対して，どのような情報を，

どこまで話すのかについても，あいまいな形ではなく明確に相談者に説明しなければならない。たとえば，不登校傾向の生徒との面談で，相談者本人が教室に入りづらい理由を話し，それをスクールカウンセラーが関係者と共有したいと考えた場合，その情報を「担任に伝える」場合と「クラスに伝える」場合とでは，相談者にとってまったく話が違ってくる。「教室に入りづらい理由について誰かに伝えること」の了解が相談者本人から得られたとしても，「担任が怖くて教室に入れない」と伝える場合と，「教室が怖いから入りづらい」と伝える場合ではまったく意味が異なる。このように，誰に開示するか，どのような情報を開示するかについてあいまいにしたままでは，本人の同意が得られたとは言えず倫理規定違反になる可能性が高まる。

　これらに配慮して説明を行っても，本人の同意が得られないことがある。その場合は，その内容が自他に危害がおよぶ恐れがある場合か法に触れる場合を除き，他者に開示してはならない。しかし学校現場においては，これだけでは対応が難しくなるケースが出てくる場合があるかもしれない。

集団守秘

　そこで次に考えられるのは，集団守秘の考え方である。近年言われ始めたが，集団守秘については明確に規定されているわけではなく，どこまでを想定するか難しいところも多い。

　前述の通り公務員にも守秘義務が存在する。つまり，地方公務員である教員にも守秘義務が存在する。地方公務員法第34条（秘密を守る義務）に，職務上知り得た秘密を漏らしてはならないことが明示されている。多少の解釈の余地はあるが，これによれば，教員はスクールカウンセラーから得た生徒や保護者の情報をむやみに他人に漏らしてはならないことになる。

　その上で，連携の必要性から，相談者に関わる関係者，特に問題の状況に深く関連している教員と，どうしても共有せざるを得ない情報について，公言しないことを前提に共有する必要性が出てくるかもしれない。万が一共有する際も，情報の伝え方には工夫が求められる。情報を共有する関係者がその情報をどのように理解するかについて考慮し，またどのような伝え方ならば相談者にとって最も不利益が生じないかを常に考えなければならない。例えば，不登校生徒との相談で，相談者本人は原因を友人との人間関係であると話しており，担任は自分の対応が原因であると考えている場合，担任には友人との人間関係のことは共有せず，「担任が原因であるとは述べていなかった」と伝えるにとどめる，といった具合である。

　また共有する際は，必ず本来は共有すべきではないこと，関係者以外には口外し

ないことなどを関係者間で確認しておく必要がある。それでもやはり、相談者が特に口外されることに拒否的な反応を示すことが予想されるような情報は口外すべきではないし、相談者にとって不利益となる可能性がある情報についても口外すべきではない。いずれにせよ、相談内容をそのまま情報として共有することはせず、情報の取捨選択を常にスクールカウンセラー側が行う必要と責任がある。これらのことが守られ、また関係者間で情報の扱いについて統一されている場合にのみ、集団守秘という考え方は成立するかもしれない。

終わりに

　以上簡単ではあるが、ここまで学校臨床の現場において考慮しなければならない守秘義務について述べてきた。

　学校現場での守秘義務については、スクールカウンセラーの勤務体系や特殊な状況設定ゆえに、一般的に考えられる守秘義務では不十分であるかもしれない。だからこそ現場に合った考え方、あるいは解釈が必要になるわけだが、それはあくまで個人の権利やクライエントの尊厳を第一に考えた上で可能となることであって、そのことを決して忘れてはならない。学校臨床の現場においては、その特殊性ゆえに集団守秘の考え方を適用しなくては困難な場合がいくつも起こり得る。ただ集団守秘という考え方も、スクールカウンセラーが自身の置かれている立場について熟知し、そのなかで起こり得るさまざまな可能性について考慮できて初めて、その考え方を適応できるものである。

　本稿で紹介した内容はほんの一例であり、現場ではケースバイケースの対応が求められる。スクールカウンセラーは、守秘義務についての理解を深め、情報の共有とその影響について現場に合わせて常に考慮し続けることが不可欠であると考える。

文献

Corey, G., Corey, M.S., & Callanan, P.（2003）. Issues and Ethics in the Helping Professions, Sixth Edition. Pacific Grove: Brooks/Cole, a division of Thomson Learning.（村本詔司（監訳）（2004）. 援助専門家のための倫理問題ワークブック．創元社）

日本臨床心理士会（2009）. 一般社団法人日本臨床心理士会倫理綱領.

津川律子・元永拓郎（編著）（2017）. 心理臨床における法と倫理. 放送大学教育振興会

中央教育審議会（2015）. 2.「チームとしての学校」の在り方. 文部科学省.［http://www.mext.go.jp/b_menu/shingi/chukyo/chukyo3/siryo/attach/1365408.htm］（参照 2018-03-27）

第Ⅳ部 支援の留意点——システムズアプローチのバリエーション

第4章

心理アセスメントの伝え方

テストの「力」を援助につなぐ

唐津 尚子

心理アセスメントとは何か

　公益財団法人日本臨床心理士資格認定協会は,「臨床心理士の専門業務」が四つあることを紹介しており,その一つ目に「臨床心理査定」について記している。そこには,「臨床心理査定とは,種々の心理テストや観察面接を通じて,個人の独自性,個別性の固有な特徴や問題点の所在を明らかにすることを意味します。また同時に,心の問題で悩む人々をどのような方法で援助するのが望ましいか明らかにしようとします」とある(日本臨床心理士資格認定協会,2014)。つまり,心理テストの結果や観察面接を経て援助者が得た見立てを示すにとどまらず,それらを使って,クライアントを援助する方法を導き出すところまでが査定(assessment)であると記述されている。

　言い方を変えれば,いくら心理テストで結果を得て,観察面接を通してクライアントやクライアントの置かれている状況,クライアントを取り巻くシステムを見立てても,それらを使ってクライアントを援助する方法や方向性を見出すことができなければ,それはアセスメントとは言えない。心理アセスメントについて記述されているあらゆる文献には,このように心理テストや観察面接を援助につなげていく必要性が記されている。「異常の有無」の確認に留まったり,結果の数値化や専門用語の羅列,グラフや表の提示で済ますのは,心理アセスメントとは呼べないのである。

　また心理アセスメントを実施するにあたって,施行前にある程度の結果を予測することが多いが,援助者が予想した通りの結果が得られるとは限らない。たとえば,「感情のコントロールが効かない」子どもに対して,知的能力にばらつきがあるのではないかと予想し,それを明らかにするためにWISC-IV知能検査を施行したとする。

ところが実際検査をしてみると，全検査IQは平均で，指標得点間にも下位検査間にもディスクレパンシー▼註1が認められなかったとしよう。その際に，「知的能力に問題はありませんでした」とフィードバックするだけで終わってしまっては，何の役にも立たない。知的能力に問題があろうがなかろうが，「感情のコントロールが効かない」ことで，本人も周囲の関係者も困っているのだから，その困りごとを解消するための方法を導き出すところまで行きついてこそ，知能検査を施行した意味があるのだ。事前の予測とは異なる結果に行きつく可能性もあることも含め，複数の仮説設定を行い，「子どもが感情をコントロールできるようになる」ための提案を準備することが求められる。ことに知能検査は，一度施行すると一定期間以上空けなければ再検査はできない。一人の援助者が無目的かつ不用意な検査を行うことで，別の援助者が方針を立てるためにその検査を行う機会を奪うことにもつながることを肝に銘じて，検査を実施したのであれば，何としてでもその検査を活かすという意識を持ってアセスメントツールを使うべきである。

　心理アセスメントのツールはさまざまあるが，どのツールにも共通して言えるのは，あくまで被検者のありようの「一部」をアセスメントしているということである。そのため，テストバッテリーが推奨されるわけであるが，バッテリーを組んだとしても，やはりその人のすべてを分析しきれるわけではない。ツールを使って算出されたデータを妄信するのではなく，被検者に関するあらゆる情報とのすり合わせを行い，被検者の実態と齟齬がない検査結果を導き出さなければならない。そのため心理アセスメントには，検査自体のデータだけでなく，検査中の行動観察，被検者の日常生活に関する第三者的情報なども必要になってくる。

　援助者は，その専門知識を駆使してもクライアントのすべてを解明することはできず，入手できたあらゆるデータと情報から，被検者の状態の可能性についてまとめている立場に過ぎないことを自覚すべきである。

心理アセスメントの結果は強力な枠組みとなりうる

　援助者はクライアントのすべてをわかっているわけではない。しかし「援助者が提示するアセスメント結果」は，多くの場合，クライアントに多大なる影響を与える

▼註1　ディスクレパンシー〈discrepancy〉：ウェクスラー式知能検査における，言語性IQと動作性IQ,群指数,指標得点間の差のことをいう。WISC-Ⅳ知能検査においては,指標得点間に1.5SD（23点）以上の差がある場合に「大きな差」と判断する基準が提案されている（Flanagan & Kaufman, 2009）。

こともまた事実である。「援助者は専門知識を駆使して，相談者にはわからない〈事実〉を提示してくれるのであろう」「標準化された検査は〈間違いない〉ものであろう」といった専門性への信頼によって，提示したアセスメントの結果がクライアントにすんなり受け入れられることもある。心理アセスメントの結果は非常にパワフルな枠組みとなりうる場合があるのだ。システムズアプローチの観点で言うならば，枠組みが変われば行動が変わり，関係が変わるのであるから，せっかく影響を及ぼすことができるのであれば，むしろそのことを積極的に活用し，心理アセスメントの結果を使って，クライアントを取り巻く環境に対して，有効な変化を意図したフィードバックがなされるべきであるし，その影響力について事前に仮説を立てておく必要がある。

　その際の留意点について，以下にまとめる。なお，ここでは実施した心理アセスメントをおもに知能検査，フィードバックを受ける相手を保護者と仮定して記述していく。

心理アセスメントを受ける児童・生徒，その関係者，カウンセラーの関係性

　当然のことだが，困りごとを抱えたクライアントといえども，信頼関係が成り立っていない援助者から言われたことを素直に受け容れられるはずがない。場合によっては，援助者とクライアント（保護者）との信頼関係には，援助者を紹介した人（たとえば教職員）と児童・生徒，保護者との関係性も影響する（例：「信頼できる担任が信頼して紹介したスクールカウンセラーの言うことなら間違いないだろう」と思える）。そのような関係者間の関係性もアセスメントする必要がある。言っていることが保護者に受け容れられるほどに信頼関係が構築されていなければ，フィードバックするアセスメント結果は有効な枠組みとして機能しない。援助者自身が保護者との信頼関係をもアセスメントし，もし良好な関係が構築されていなければ，心理アセスメント自体の実施にも慎重になる必要があるだろう。

心理アセスメント結果を伝える相手の理解力

　専門用語を使わず，平易な日常的に使う言葉でアセスメント結果をフィードバックするのは当然のことであるが，相手の理解する力に応じて伝え方を工夫する必要がある。言葉に置き換えて説明する方が理解しやすいか，視覚的情報を提示するべきか，たとえ話を多く取り入れることでイメージしやすいタイプかなど，人によってどのようなフィードバック形式であれば理解しやすいかは異なる。提示されたフィードバックが保護者の腑に落ちるほど，アセスメント結果は枠組みとして効果的に機

能し，状況の変化に影響を与えやすくなる。また，わかるように伝えようとする姿勢そのものが保護者との信頼関係をより深いものにし，その関係がまた援助者からの適応的な枠組みの受け入れに繋がるのである。

心理アセスメント結果を伝える相手の状態や状況

心理アセスメントを受けるような状況では，児童・生徒自身が，あるいは保護者が何らかの困り感を抱えている。ときには精神的に追い込まれた状態のこともありうるだろう。保護者であれば，子どもの育てにくさで日々苦労が絶えない上に，祖父母や近隣住民から「しつけの問題」とみなされることで，長らく自責的な思いを抱え続けてきたかもしれない。このように精神的に追い込まれた状態では，提示された情報を受け取る余力がなくなってしまい，必要以上にネガティブに捉えてしまう可能性がある。また子どものこと以外に心配を抱えていたとしたら（たとえば経済的困窮，就労困難，など），余裕がなくなってしまい，内容によっては情報を受け容れられなくなることもあるかもしれない。

援助者が伝えようとする情報が，保護者に狙い通りの枠組みとして受け取ってもらえているか，受け取れる状況かを慎重に見極めながら，ときには伝えるべき結果に優先順位をつけて，保護者が受け取ることが可能な量・内容にとどめるなどの工夫が必要になる。心理アセスメント結果はどう伝えてもよいわけではなく，情報を伝えることによって，伝えられた側が必要な変化を起こせなければ意味がない。

心理アセスメント結果を伝える相手の理解の傾向

相手の状態や状況にも通じることではあるが，保護者がネガティブな情報に焦点を当てがちなのか，ポジティブな情報に焦点を当てがちなのかによって，情報の影響は変わってくる。ポジティブな情報に焦点を当てた方がよいとも言えない。たとえばWISC-IV検査で，全検査IQが平均であっても指標得点にディスクレパンシーがあった場合，適応の問題を想定し，能力を補うための手立てが必要になってくるわけだが，「全検査IQが平均だから」というところだけに焦点が当たってしまうと，必要な手立てを講じられなくなってしまうかもしれない。それでは有効な影響を与えるフィードバックとは言い難い。またネガティブな情報に焦点が当たりすぎて絶望的になり，手立てを講じる気力を失わせてしまっては，フィードバックの意味をなさない。したがって保護者が情報をどう受け取る傾向があり，その結果どのような行動をとる可能性があるかを考えることも必要になってくる。

介入としてのフィードバック

　心理アセスメントのフィードバックが伝えられる相手にとってどのような枠組みになりうるかを検討したら，次は（または同時に）その枠組みを使った介入のプランニングが必要になる。フィードバックの前後では何かが変わるわけだが，漫然と変化を見守るのではなく，「このような変化に結びつけよう」と意図を持って変化を起こしていく方が明らかに安全である。そもそも最初に述べた，心理アセスメントの本来的意義である「クライアントを援助する方法を導き出す」ところまで行きつくためにも，援助者が意図を持ってフィードバックをすることは必須条件である。

　このように記述すると，専門家が方向性を決めていく，と誤解されそうであるがそうではない。「フィードバック後にどうなっていくとよいか」は，専門家が「こうあるべし」と決めることではななく，児童・生徒・保護者のどうなりたいかという希望によって方向性が決まる。そのため言わずもがなであるが，児童・生徒，保護者のニーズを明確に把握しておくことが大前提である。

　「心理アセスメントを受けること」自体はニーズとはいえない。たとえ保護者から「子どもの発達検査を実施してほしい」「発達障がいの可能性の有無について知りたい」と依頼があったとしても，何のために検査実施を希望しているのか，発達障がいの可能性の有無について知ってどうしたいのかについてインテーク面接等で明確にしてこそ，ニーズを把握したことになるのである。繰り返しになるが，それが明確にならなければ援助の方向性を見出すことができないわけで，当然アセスメントとして成立しない。そして児童・生徒，保護者が望む方向性に沿って，援助者はそれが実現するためにはどのような変化が起こればよいかを模索するのである。

　心理アセスメントの結果が出て，それに基づいて変化を構築すべく枠組みを提示する際は，机上の空論を並べ立てても変化は起こらない。その児童・生徒，保護者の家庭や近隣，地域，所属する学校，そしてフィードバックする援助者自身に，フィードバックに基づいた行動変容を可能にするスキルやリソースがあるのか，何を使うと（誰がどのように関わると）目指す方向に変化が起こるのかを事前に検討しておく必要がある。援助者一人で検討するのが難しいのならば，複数で，ときには当事者である児童・生徒，保護者もいっしょにそのことについて話し合うことがあってもいいだろう。大切なのは「それならやれそうな気がする」と，当事者に思ってもらえるようなフィードバックをすることである。心理アセスメントの結果と，関係者・関係機関のスキルやリソースとの懸け橋になるのが援助者の役割である。

　困りごとを抱えている児童・生徒，保護者は，来談するまでにその困りごとを解

消しようと，すでに何らかの対処を行っていることがほとんどである。にもかかわらず，思うように問題の解消に至らなかったから来談している。その努力をねぎらうこと，そしてこれまでの思いや行動が，「無駄ではなかった」「すべて否定する必要はない」と思ってもらえるようなリフレイミングをすることも大切な作業である。人は無力感を抱えたままでは，次の行動を起こしにくい。

　たとえば，「制服を脱ぎっぱなしにしない」ように，しつこく注意してきた保護者が，指示通りにしない子どもに毎日のように平手打ちをしてきたとしよう。その行為自体は認められないし，「虐待」とみなされる可能性もある。しかし「着たものひとつ整えられなければ，将来あらゆることで困ってしまう」と子どもを心配する親心は肯定できるものである。その思いを保護者から引き出し，それをねぎらい，その思いを大切にしてもらいながら，「その思いを実現するための具体的な方法をお互いに知らなかっただけ」と枠組みしたうえで，子ども本人にも保護者にも実現可能な方法を提示することで，変化を促すことを試みるのである。

　心理アセスメントの結果，言語的に提示されてもピンとこないが，視覚的な表象（絵や写真など）を提示されれば瞬時に理解できる子どもの特性を保護者に理解してもらい，指示書を絵入りにしてもらうなどの工夫を施す。そして，ハンガーに制服をかけるのが難しいなら，脱いでおく場所を限定してみたり，決まった籠の中に入れてみたり，椅子の背に掛けることなどができるかどうか——など，段階を細分化して負担の小さいものから取り組んでみる。そしてその小さな変化を実行できた子どもと，指示の出し方に今までとは違う工夫をして，子どもが小さな段階の取り組みから行ってみることを受け容れてくれた保護者をねぎらう。それが定着したら，次の段階にチャレンジしてもらう——その繰り返しが，大きな変化へと繋がっていく。

おわりに

　援助者として，児童・生徒・保護者・学校関係者に心理アセスメントの結果を活用することで，本当に多くの場面でシステムのあり方が変化する。アセスメント結果を捻じ曲げることは断じてしてはならないが，少し伝え方を工夫することで，誰も傷つくことなく，納得して具体的な行動を変えることができる。「耳から入る情報を保持しておくことが困難であるからメモを取るように」という内容を，「聞いたことを覚えておくのは難しいけれど，メモを取ることがマスターできれば，その苦手さがうまくカバーできる」と，伝え方を変えてみる——というひと工夫を，援助者自身が行っていくことの積み重ねが，大きな変化へと繋がっていくのである。

文献

橋本忠行, 佐々木玲仁, 島田修 (2015). アセスメントの心理学——こころの理解と支援をつなぐ. 培風館.

唐津尚子 (2011). ［家族臨床・私の見立て］スクールカウンセリングの現場にて. 家族療法研究, 28, 169-173.

公益財団法人日本臨床心理士資格認定協会 (2014). 臨床心理士の専門業務. ［http://fjcbcp.co.jp/rinshou/gyoumu/］ (2018年2月12日取得)

上野一彦, 松田修, 小林玄, 木下智子 (2015). 日本版WISC-IVによる発達障害のアセスメント——代表的な指標パターンの解釈と事例紹介.

吉川悟 (編) (1999). システム論からみた学校臨床. 金剛出版.

第Ⅳ部 支援の留意点――システムズアプローチのバリエーション

第5章

インターネット環境とSNSを視野に入れる

大平 厚／吉川 悟

はじめに――20年の変化

　ここでは，急速に発展・普及しているインターネット環境と，それに伴い児童・生徒の間でも今や当たり前となっているSNS（Social Networking Service），オンラインゲームなどとスクールカウンセリングの関係について述べる。

　『システム論から見た学校臨床』の初版が発行されたのは1999年であるが，当時の児童・生徒にとっての当たり前と，現代の児童・生徒にとっての当たり前は大きく異なるものとなっている。1999年当時，携帯電話を持っている小学生などいなかった（少なくとも筆者の近辺には一人もいなかったと記憶している）。そのため，友人との会話は直接のやりとりが主で，遊びの約束は常に学校で取りつけ，連絡するときは家の電話にかけるのが当たり前であった。異性に連絡を取るときは「どうか親御さんが出ませんように」と祈るのが多くの児童・生徒にとっての普通であった。子どもにとって，他者との関係を深めるツールは，直接のやりとりのほかは電話や手紙だけで，クラスメイトが休みの日に何をしていたかは後から知る術はなかった。当時もゲームはあったが，友人と対戦するためにはゲーム機を持ち寄って有線ケーブルでつないで楽しむ必要があった。インターネットは普及していたが，子どもには縁遠い世界であった。

　20年の時を経て，児童・生徒を取り巻く環境は大きく変貌した。総務省の2017年の調査によれば，スマートフォンの個人保有率は13～19歳で79.5％であり，ゲーム機やテレビなど他の機器の使用を含めると96.9％がネット環境を利用している（総務省，2018）。ケースで出会った高校生は全員，中学生であっても3人に1人以上の割合でスマートフォンを所持している。また，その他の多くの生徒も，小学生を含めゲーム機や親のスマホで友人らとやりとりができるネット環境がある。小学生から

中学生までは動画の視聴やゲームなどで活用し，中学生から高校生では友人との連絡手段として活用している。今を生きる児童・生徒にとって，友人との主たる連絡手段は，対面でも家の電話でもなく，友人とゲームをするために同じ場に集まる必要もない。さらに，連絡を取る相手やゲームをする相手が，必ずしも友人や現実に関係のある人物である必要すらなくなってきているのである。

　ここで述べる内容は，児童・生徒がインターネット環境を利用している学校，特に高校でのスクールカウンセリングにおいて重要なものとなると思われる。しかし，学校臨床で以下に述べる視点を活用することは容易なことではない。インターネット環境への注目は「ケースの理解」に使える視点ではなく，むしろ「現代のスクールカウンセラーの振る舞い方を考えるための視点」である。とりわけシステム論のようなディレクティブなアプローチをスクールカウンセリングで活用する場合には考えざるを得ない。したがって，「より高度な学校臨床を志向する場合」または「SNSを無視できないケース」が増加していることへの留意事項を示したものと考えていただきたい。

ネット時代の生徒システム

初期の関係形成と生徒システムへの影響

　ここ数年，高校の入学式の放課後に，自己紹介程度でしかお互いのことを知らない生徒たちが，LINEやTwitter，InstagramなどといったSNSアプリで友だち登録をし合う光景が見られる。SNS上には早々に「クラスのグループ」が作られ，友だち登録をしていなくとも，グループへの招待をしあうなかでSNSを活用するクラスメイトは同じグループに属することとなる。そして，「時間を共有し対面でやりとりする」現実の生徒システムが形成されるよりも早く「SNS上の生徒システム」が形成される。

　この「SNS上の生徒システム」が登場することで，クラスの連絡ごとはこのグループを通してなされ，その情報はグループのメンバー間で共有される。このとき，現実の生徒システム（クラス）には，対人関係が苦手だったり，対人緊張が強かったりという理由から，または親や周囲の言いつけやスマホを持っていないなどの理由から，SNS上の生徒システム加入の流れに乗れなかった生徒が少なからず存在する。現実の生徒システムではその存在を認識はされているものの，SNS上においてそれらの生徒は「あたかもいないもの」であるかのように扱われる。「昨日SNSでこんなやりとりがあったんだよ」と，SNS上の生徒システムに属していない生徒に対しても情

報を共有しようと試みる生徒もなかにはいるが，そのようなサポートがない場合には，SNS上の生徒システムに属していない生徒は情報を知る由もない。例えば，ある情報がグループ上に共有された翌日に，学校で「昨日助かった」「ありがとう」などといった言葉が飛び交っていても，属していない生徒には何のことかわからない。「何のこと？」と周囲に聞けばよいのだが，それを聞くことができる生徒が，初期のグループ形成の流れに乗り遅れることはほとんどないように思われる。このような「自分が知らない情報を生徒システムに参与する他の生徒は知っており，それを全体が共有している」という状況は，「SNS上の生徒システム」に属していない生徒の居場所感や所属感の形成に影響を与え，現実での生徒システムの形成の大きな障害となっている。

　また，学校は「集団で決められた作業に取り組む」ことを前提とした場であるため，高校生にとって初期の関係形成の主たる場は，現実のコミュニケーションよりもSNS上でのやりとりとなっている。今や学校で始まった関係を学校で徐々に深める必要はなく，SNS上でのやりとりが見えなければ，教室でそれほど話していなかったように見えた生徒たちが，突如仲良く振る舞いはじめるような事態が起こる。他者とのコミュニケーションが苦手な生徒にとっては，周囲が必要以上に社交的に見え，「急にみんな仲良くなった」という状況に，漠然と「周りは自分とは違う」「居心地が悪い」という感情を持つまでになってしまう。

　ここで問題となるのは，「SNS上で関係の形成が行われているため，現実の教室で生徒が関係を形成するための取り組みを積極的に行わなくなる」ことである。学校側はオリエンテーションなどを用意するが，多くの生徒たちはすでにSNS上で関係を構築し友人グループを形成している。日々SNS上でつながり，その結果現実でも関係が深くなる状況では，現実場面で，例えば初期の関係形成の流れに乗り遅れた生徒と積極的に新たな関係性を構築しようとするモチベーションは生まれなくなる。いわば，「SNSありき」で形成された関係がさらに加速することとなる。

　さらに，学校からの情報もSNSで共有が主となっている。例えば，ホームルーム以外で担任が生徒に「〇〇を皆に伝えておいて」と言った場合，大声で周知したりクラスメイトを探すことはなくなった。生徒は手を動かしスマホを操作して，担任の伝言は「△組に拡散希望！」と画面を通して共有される。この状況において情報を共有できなかった生徒は「自分を除いた情報共有システムに担任が属している」と考え，その後の学校生活に大きな遺恨を残す危険がある。ひとたびそう考えてしまえば，現実の生徒システムにおける所属感の喪失にしか着目できなくなるからである。

　学校もSNSによるトラブルの抑制を意図して，ある程度の指針を持ち対応してい

る。しかしそれは個人の利用の仕方と個人間のやりとりに焦点を当てたものであることが多く，現状では「SNS上の生徒システム」の影響を考慮したものとはなっていない。

　スクールカウンセラーがこの段階で相談を受けることはないが，初期のクラス構築，特に高校の初期のクラス運営に関する教職員へのコンサルテーションでは，生徒がどの程度SNSなどを利用しているかの把握に努め，生徒のどのようなグループがネット上に成立しているか，それが生徒間の関係にどのような影響をもたらすものであるかを，心理職の立場から担任らに理解してもらえるよう努める必要がある。また，現実の生徒システムの速やかな形成と安定的な生徒間の関係の構築だけでなく，「SNS上の生徒システム」に入れない生徒に対するフォロー体制をどのように構築するかにも留意すべきである。

　スクールカウンセラーが行う初期のオリエンテーションでは，SNSについて後述する「言葉の重さ」や「他者との距離感」だけでなく，属するグループがSNS上に存在することによって，現実の関係形成に消極的になっている可能性を考慮すべきである。生徒たちが現実場面での新たな関係の構築に興味をもって臨むことができるプログラムを形成できるとよい。

　例えば，教職員の協力も得ながら笑いも交えた穏やかな雰囲気を構成しつつ，生徒たちの間に実感を伴った積極的な他者との交流を創造することができる。これは，アトラクティブな時間を提供しようとしているのだが，この点についてもシステム論を活用しているスクールカウンセラーには一日の長があると考えられる。

すぐに繋がれてしまうことがもたらす影響

　さて，小・中学生が楽しむオンラインゲームの世界においても，関係形成の初期の段階でSNS上でのつながり（オンラインゲームの場合ゲーム環境上でのフレンド登録）が生じる。生徒たちは，「クラスが同じになったから」「部活が一緒だから」「一緒にゲームをやったから」という理由だけで，実際の交友経験がなくとも現実での友人システムの形成を待つことなく，SNS上での繋がりを作り上げていく。それは，「友達の友達」や「たまたま同じフィールドでゲームをしていた人」，果ては「見ず知らずの人」までもが，SNS上で繋がれてしまうという状況にある。SNSのサービスの一環として「相手をよく知らない」ままの繋がりは，別のSNSアプリでの繋がりへと伝播してゆき，「よく知らない他者が自分の日常を知ることができる状況」となる。

　スマホが普及し始めた2008年以前の児童・生徒の携帯電話の電話帳には，現実の世界で直接的な繋がり持っている相手しか入っていなかった。つまり，「友だち登録」

は相手との直接の繋がりの経験のなかで，相手を知った上で成立していた。その過程で，携帯電話では「友だち登録」に至らなかったものの，クラスメイトや知人としての関係性を築いていた者も多くいたのが当たり前であった。しかし，「会って相手を知ること」からはじまり，その後携帯やSNSでより深い関係性を構築していくという過程は，現代のSNS上の繋がりに必要な条件ではなくなっている。顔の見える深い関係の者同士でしか起こり得なかった「日常を他者と共有すること」が不特定多数の相手との間で生じる。そこで共有されている情報は，かつては顔の見える関係で，相互に相手への理解を深め，相手に対する信頼を持つに至った情報そのものである。先に情報が共有されてしまうため，その情報は個人の文脈で理解するしかない。

　例えば，ある女子生徒が自撮り写真を数枚SNS上にアップしたとする。この女子生徒を実際に知っていて，その人柄が理解の文脈となるならば，「やっと良い角度が見つかったのかな」とか「迷っているのかな」などと考え，「かわいいね！」「〇枚目がいいと思う！」とコメントとともに「いいね！」を押すだろう。しかし，不特定多数からすれば，「女子生徒が／自分の自撮り写真をアップしている」と理解し，「自分のこと可愛いと思ってんだ」とか「調子に乗ってる」といったコメントをつけたり，翌日の他者との話のネタにするかもしれない。「理解は情報と文脈から生じる」ということは，システム論を活用する者にとって最も重要な視点であるが，SNSでは，次々と供給される日常生活に関する情報を「各々の文脈で理解すること」が許されている状況になっている。

　SNSは，かつてプライベートであった空間・時間に，よく知らない他者を招くことである。それがつながり続けたい相手なら問題はないが，人間は時間を共有するなかで本性が見えてくるものである。現実世界でもそうであるように，「つながること」は容易であっても，関係を「切ること」が難しいのはSNS上も同様である。むしろ，繋がりを強化するよう設計されたSNS上の繋がりは，「現実の関係よりも一歩進んだ関係性」と錯覚されがちで，現実世界以上に関係を「切ること」が難しいように感じられる。また，SNS上のコミュニケーションは，グループトークなどを除き二者関係であるため，「逃げ場がない」と感じられ，有効な対処を講じることができず，相手との繋がりにストレスを増幅させることも多い。

　さらにこのストレスは，「SNS上の生徒システム」で同じ生徒に対して同様のストレスを感じた者同士の間につながりをつくり，共有され，エスカレートしていく。この過程は，現実の教室の関係性を観察してもわからないが，エスカレートの結果，現実・SNSの双方において当人を排除する動きが見られることもある。それはあた

かも「親密なはずの友人グループでいきなり仲間はずれが起きている」「つい先日まで無関係に思われた生徒の関係が急に悪化した」という印象をもって観察されることになる。

SNS上のコミュニケーションは，感情面でも強固な否定的枠組みが作られやすい。他者の目がない二者関係では，やりとりの過程で表現がエスカレートし，否定的感情が強化されやすく，加えてSNS上では，同様の感情を共有しているグループが，他の見方を排除して「同じ気持ち」の仲間で相互作用を繰り返すからである。現実の排除の動きの前に，SNS上では「心理的境界を相手に侵害されている」という当事者への否定的な感情が当人を除いた友人グループで強固に共有され，現実の関係の変化は唐突であり，対処が極めて困難な問題となることが多い。

このことを事前に知っておけば，スクールカウンセラーとしては，第一に「予防的対応」を考える必要がある。新年度には教職員から生徒へのSNS利用に関する指導がなされ，トラブルを回避する一定の効果がある。しかし生徒は，現実場面での交流をより良好にしたいという思いからSNSでつながりを持とうとする。したがって，SNS利用の指導とともに，SNS上のコミュニケーションの特性について生徒が理解できるようにする必要がある。

特に「情報と文脈」の関係については，生徒だけではなく，教職員であってもあまり意識していない。可能であれば教職員と情報を共有し，教職員が生徒とコミュニケーションの効果の違いについて，理解を深める場を提供できるとよい。また，そのような時間を提供できれば，SNS上で起きた問題は解決が難しく，生徒は教師に相談してもよいという文脈をつくる効果も期待できる。

SNS上の相互作用によって生じている変化に対応するためには，生徒間の現実場面でのコミュニケーションの，より繊細で敏感な観察が必要となる。ある特定の生徒の言動に対して「今この瞬間に初めて共有されたとき」と，「すでになんらかの枠組みが共有されているとき」では，他の生徒がそれぞれ，または相互に見せるリアクションや視線の交わし方が異なる。リアクションだけでなく，リアクションの静まり方など言語・非言語を問わずさまざまな差異があるが，特に非言語情報においてより大きいものとなる。

小・中学生が楽しんでいるオンラインゲーム上でも同様の状況は生じる。しかし，オンラインゲームの世界では，現実ではまったく関係のない人が相手となる場合が多く，現実場面での対応が行いにくい。結果的に「親がネット環境の利用をコントロールする」という対応が必要になるのである。

SNS・オンラインゲームと個々のケースの関連

　ここからは個々のケースに関して，SNSやオンラインゲームがどのように関連しているか，また，日常においてSNSやオンラインゲームとのつながりが深いと思われる生徒への対応において，考慮しておくとよいと思われる点について述べる。

個人が特定できるSNSか否か，匿名性の有無

　まず「主として活用しているSNSが個人を特定できるもの」ないしは「最初からこの人だとわかるもの」であるかという点を把握する必要がある。児童・生徒が活用するSNSやオンライン環境を分類すると，LINEやFacebook，Instagramなどは，アカウントが誰のものか比較的明白である。しかし，Twitterやオンラインゲームなどのフレンド登録は，本名や個人を特定できる形で登録している場合を除き匿名性があるもので，SNS上では現実世界の誰であるかはわからない。個人が複数のアカウントを所持できるか，電話番号でSNS上のアカウントを検索できるかにも関係する。

　学校臨床においては，個人が特定できるSNSでの繋がりは，例えば学校で出会い，SNSでも登録し合うという経緯でつながりがはじまることが多い。また，現実世界では関わりがないものの，「友達の友達」などの関係から，直接のやりとりが発生することもある。つまり，個人が特定できるSNSのつながりは，大なり小なり現実世界の関係性に影響を与える。学校で現実に生じる生徒間のトラブルは，個人の特定できるSNS上でのやりとりが少なからず影響を与えている。このとき，現実とSNSには相互に影響し合う関係がある。

　例えば，女子生徒A子が，「B子となんか全然うまくいってない気がしてストレスになってる」ことを相談しに来たとする。このとき，「周囲に他の生徒がいる現実の状況下での二者関係」や「二人が現実場面で所属している友人グループ」での違和感と，「SNS上での二者関係」や「二人がSNS上で所属している友人グループ」での違和感が相互に影響し合っていると考えるべきである。

　匿名性が担保されているSNSは，現実世界ではまったく関係のない他者と交流がはじまることが多い。趣味や興味，考え方や生き方，生活のスタイル，同じ境遇，同じゲームをやっている，といった「何らかの共通項」をきっかけとして関係が始まる。受け身的な傾向がある生徒は，「自分に興味を持ってくれたから」といった理由で関係が始まることも少なくない。現実でのコミュニケーションが苦手なケースや，生徒個人が精神的な不調や情緒不安定，活動性の低下などを訴えている場合，個人が特定できるものだけでなく，匿名性の高いSNSの影響を疑う必要が生じる。学校

臨床において援助の対象となる年代にとっては，匿名性の高いSNSは「現実世界にはない居場所の代わり」や「現実世界では得られない他者から注目・承認・称賛を得られる場」など，本人にとって肯定的な場として機能している。匿名性の高いSNSにおいては，「本人が何のためにやっているのか」を把握することが不可欠となる。そのような，SNS上に築いた肯定的な「拠りどころ」が不穏な状況や不安定になったことが，現実生活の不調に反映されている可能性ある。

　心身症の症状を呈しているC子の症状が悪化し，学校に登校することができないとする。C子の学校生活での様子はそれまでと変わりなく，家庭での様子も変わりがないとすれば，「もともと心が弱い」「わがまま」などと判断されてしまうかもしれない。しかし，実際には「前日の夜に，SNS上で不特定多数に叩かれた」ことが影響していることがある。そのような状況では，C子にSNSとのつきあい方を考えさせる必要が生じるが，その際，単に禁止するのではなくC子がSNSによって補完していたもの，つまりC子にとっての肯定的な意味や期待をSNSではない場で得られるようにする必要がある。

　個人を特定できるSNSは，対人関係のトラブルや反社会系の主訴に対応しており，匿名性の高いSNSは対人コミュニケーションが苦手な生徒や非社会系の主訴に対応している。この分類を基本として，問題がどのSNSと関連し影響があるかを検討する必要がある。また，現実に所属する学校・友人・家族などに不安定な状況が認められる場合，SNSとの関連を視野に入れて精査・確認すべきである。

現実のシステムとSNS上のシステムの差異を検討する

　現実のシステムとSNS上のシステムに違いがあるのか，との疑問を持たれた方も多いだろう。クラス単位ではなく，それぞれのケースを考えた場合，現実のシステムとSNS上のシステムを構成するメンバーには大きな違いはないが，関係のあり方に大きな差が生じている。

　生徒らが所属する現実の友人システムで最も重要となるのは，日常を共有することである。一緒に見て，一緒に感じ，一緒に考える時間を共有していくことを通して関係を構築する。そこで必要なスキルは「協調性」である。しかし，SNS上の友人システムにおいて最も重要となるのは，「タイミングを合わせること」と「リアクションすること」である。

　例えば，学校生活上の現実の友人システムは，常にクラスというシステムの一部であり，学校というシステムの一部である。学校生活を送るには友人システムに属していても常に友人システムを優先できない。それは友人システムを構成している

全員が同じ状況であるため，友人システムを優先できずとも何の問題もない。しかしSNS上の友人システムには異なるルールが存在している。例えば，SNS上で「Dがクラスのグループにリアクションしているのに，友人グループにはリアクションをしていなかった」場合，その状況について友人グループを構成している他の生徒に，Dに対するいくばくかの不安や猜疑心が生まれる可能性がある。

　現実の友人システムでE子がその場に居ないためにリアクションできなかったことは何ら問題にはならないが，SNS上の友人システムで友人グループに属している他の生徒がリアクションしているのにE子がリアクションを返さなければ，E子に対する否定的な認識が生じる可能性がある。対面状況では，誰かの発言に対するリアクション（沈黙も含めて）にタイムラグは起こり得ないが，SNSではリアクションを「返信する」ことがルールとなっている。E子のようにリアクションにタイムラグが生じてしまうのは致し方ないことであるが，そのようなタイミングのずれ（＝ルール違反）への対処が遅れると，他の生徒の間で「E子は自分たちをないがしろにしている」といったところまで感情的なもつれがエスカレートし，SNS上にE子を抜きにした別の友人グループが生まれてE子への不平不満が増幅されていくリスクがある。

　また，対面状況では言語的な反応のみならず非言語的な反応も含めて相手の反応が理解されるが，SNS上では送信によって反応するしかない。SNSでも絵文字やスタンプ機能で文字メッセージを補うことができるが，対面のやりとりでの非言語反応ほど多様なものではない。スタンプだけのリアクションでは意味合いが伝わりきらないばかりか，「適当に返している」と受け取られる可能性すらある。したがって，自分の反応を明確に伝えるための「語彙力」や「国語力」だけでなく，文章とスタンプをうまく関連させるための「構成力」も重要な要素となる。

　SNS上の友人システムを円滑に続けるためには，できれば現実の友人システムで「相手はどんな人か」を相互に理解しようとしている初期の段階のうちに，SNS上でのタイミングとリアクションの仕方を友人システムを構成する生徒間で共有できるとよい。例えば「口が悪いかもしれないけど勘弁して」「文章書くのが苦手だから，スタンプだけで返すこともあるよ」「放課後や休日は○○があるから返信遅くなる」といった簡単な内容の共有で十分である。このような事情を事前に共有しておくことは，SNS上でシステムを共に作っている他の生徒の反応をどのように理解し，またタイミングのずれをどのように判断すればよいかなどを考える際の助けとなり，何も参照するものがないなかで否定的な憶測が膨らむことを予防する効果がある。

　SNS上の友人システムにおける関係のトラブルに，スクールカウンセラーの立場で対応するときも，このような現実の友人システムとSNS上のシステムの動き方の

違いを考慮した上で，SNS上の友人システムを円滑に機能させていくために「システムのメンバー間で何を共有できるとよいか」という視点を持てるとよい。

　なお，SNS上のシステムは現実のシステムと異なり，ある意味で明確な目的が存在していることにも注意が必要である。SNS上の友人システムは，所属する生徒間の親睦を深め情報を共有することを目的としている場合が多い。そのような場合はあまり気にする必要はない。しかし，そのシステムが「クラスの他の生徒や，グループに所属している特定の生徒の愚痴を共有すること」を目的としている場合，SNS上にそのシステムが存在していることそのものがケースの展開に影響を与えている。そのため，ケースに関係するSNS上の友人システムの存在を確認する際は，そのシステムがいかなる目的を持っているものであるかを把握するよう努めることが肝要である。

SNS時代のコミュニケーションパターン
───相互作用上の課題を検討する

　SNSが隆盛の昨今は，思春期における同世代の他者との深い交流が，「詳しいことはSNSで」と，対面でなされるものではなく，画面を通した間接的なものとなる。対面状況では社交性を重視し，場面に適応的な表面的な話題に終始して，個人的・内面的な話はSNS上でなされるという住みわけが現在の生徒にはより強くある。もちろん，直接対面の場で愚痴を言いあっている場に遭遇することもあるが，その前にSNS上でのやりとりがあり，SNS上に何らかのシステムが形成された上での場面である可能性の方が圧倒的である。

　このような状況における生徒たちのコミュニケーションを考えた場合，そこにはいくつかの共通する課題があり，それがSNSを生活の重要な要素として活用している世代に生じる臨床的課題の背景となっている。

ストレス耐性との関連

　第一に，「対面でのコミュニケーション場面におけるストレス耐性の低さ」が挙げられる。これはすべてのケースではないし，対人関係上のストレスを必要以上に大きなものとして受け取るのは思春期の特徴でもある。しかしSNSの普及により「深い話はSNSで」という雰囲気が当然のようにできつつある。かつては対面で行われていた情緒的・感情的な会話は，画面を通してやりとりされる。対面で他者と情緒

的・感情的な話をする機会が少なくなり「対面で他者の感情を受けとめる機会」は減る傾向がある。

　また，現代の人間関係は，SNSがそうであるように「大丈夫なら持続するが，ダメなら切る」が基本となりつつある。これまでは，できあがった人間関係は維持し持続するが基本であり，関係の負荷が強い場合は「どうやって折り合いをつけるか」を考えることが普通であった。しかしSNSで有効な対応は「自分と合わなければサヨウナラ」であり，「合わない相手，ストレスになる相手と折り合いを模索してまで関係を継続する必要はない」と考える傾向が強い。その結果，対人関係上のストレスを抱える耐性が育っておらず，ストレスを与えてくる相手，ネガティブな感情を抱いた相手と関係を継続するモチベーションは低い。

　児童・生徒同士の人間関係のトラブルが発生した場合，スクールカウンセラーは，まず対人関係ストレスへの耐性の程度を把握し，そもそも耐性が低い場合は向上を検討すべきである。また対人関係に関する問題は，当人がどの程度関係を維持・継続しようとしているかを検討する必要がある。つまり「関係に折り合いをつけたいがどうすればよいかわからない」場合と，「関係を継続する気はないがどうすればよいかわからない」場合を区別しなければならない。

対面とSNSでのコミュニケーションの違い

　第二に「対面状況での反応の乏しさ」が挙げられる。SNS上のコミュニケーションには時間差があり，受け手はメッセージを受け取り，返信を考え，文面を作成し反応する。その機序は受け取ったメッセージがどれだけ情緒的で緊張度が高いものであっても変わらない。ただし，SNSでは相手から向けられる批判や指摘や，情緒的・攻撃的な言動を消化して，たとえば「とまどい」を含む返信を作成しなくてはならない。

　対面状況のコミュニケーションは瞬時の決断と即興の対応を迫られる。場を共有しているため，緊張度の高い場面でも相互に調整し合う機会があるが，言語的な反応と同時に「とまどい」の反応を示して，相手に理解の文脈を提示しなければならない。そこで混乱やストレスを感じると，「引く」「ノリが悪い」反応しか返せない状況に陥る。

　人間関係の背景に対面とSNSのコミュニケーションの混同があるような場合には，スクールカウンセラーは，当人と相手の傾向を把握した上で，対面での交流がスムーズに行えるように方向づけることが有効である。問題の解決のためには，SNSのような時間差・考える時間を対面状況のコミュニケーション場面にどう作るかを考え

てみるとよい。

コミュニケーションスキルの獲得

　第三に,「コミュニケーションスキルに関する困難」が挙げられる。SNSとの関連では,「主張する」「聞く・聴く」「他者との距離感をつくる」「人を選ぶ」スキルの不足によって対人関係上のトラブルが生じることがある。

　「主張する」スキルは,自らの意向や考えを他者に伝える際の「伝え方」「その言い回し」や「言葉の選択」に関係する。加えて,「タイミング」や「主張の範囲」など,主張の場面の設定に関するスキルも含まれる。SNS上の大前提は,短文で主張することである。SNS上では「長文は重い」と敬遠されるため,文脈の補足にはスタンプや絵文字などの機能を用いるが,意図した結果に結びつかず,自分の言いたいことがうまく伝わらないこと,誤解されることなどは当然起こる。

　臨床的問題の背景にこのようなコミュニケーションに起因する不全感があるようならば,自分の気持ちを端的かつ具体的に伝えるための自分なりの工夫を見つけられるように援助することが有効である。また,SNS上だけで主張を終えるのではなく,対面場面のコミュニケーションによって自分の主張がうまく伝わっているかを確認し,必要な補足をするよう促す必要がある。

　「聞く・聴く」スキルは,話を聞く際の受容や共感だけでなく,どこまでを受け入れ,どこからを聞き流すか,第三者との関係を考慮した上での反応の仕方を指す。また「他者との距離感をつくる」スキルは,人間関係において,どの程度の関係を形成するのか,関係を維持しながら状況や場面によって臨機応変に変動させることである。

　教室で築いた関係性をSNSの場に持ち込んでしまい,自分には別にやりたいことがあるのに,学校と同じような関係でやりとりしていくうちにストレスを溜めてしまう生徒がいる。仲良くなるために最初は頻繁に連絡を取り合うことも相まって,なかなか望む距離感に移行できないことがある。その際には,本人が相手との間にSNS上での適切な距離を築くことができるよう,相手と何をどのように共有できればよいか検討するなどの対応が功を奏する。

　最後に「人を選ぶ」ことである。学校システムはクラス単位で仲間意識をつくり協調的な関係を形成することをルールとしているが,個々人の関係性の構築に関しては,相性やコミュニケーションの取り方,そして今や,生活スタイルの違いなども考慮し,どの程度仲良くしたらよいか,どのような関係を築けばよいかを適宜判断する必要が生じる。

それぞれのスキルトレーニングは，そのスキルがいかに周囲とのコミュニケーションにおいて重要か，そのスキルの向上にどのようなよい影響があるかを対象となる生徒と共有して行う。

「揉めさせ屋」がいるかを検討する

「揉めさせ屋」は，呼び名は違えど学校臨床でよく耳にするものである。この「揉めさせ屋」をシステム論的に定義すれば，「生徒システムにおいて，大なり小なりトラブルに至る可能性がある相互作用を関係者と繰り返している特定の生徒」と表現できる。SNSが一般化する以前から，思春期以降の対人関係においては，「揉めさせ屋」呼ばれるような生徒はいた。しかし，現代の「揉めさせ屋」は，SNS上で知り得た情報を活用して関係に影響を及ぼす可能性があるため，事態はより深刻なものとなる。「揉めさせ屋」が，深刻な状況に結びつきやすい女子高生のケースを挙げる。

> 同じ友人グループに所属しているF子とG子は，教室でも仲が良く多くの時間を共有していた。このグループにはほかにも数名の女子生徒がおり，全員仲が良く，SNSでもグループ・個人間を問わず多くのやりとりを行っていた。その中にH子という生徒がいた。ある日，H子はSNSのやりとりで，F子のG子への愚痴とも取れる書き込みを見た。その後H子は，F子の愚痴の部分だけを切り取って「F子がこう愚痴ってたよ」とG子に伝えた。G子は，F子がそのように思っていたとは知らなかったので混乱し，F子とどう関わればよいかわからず，翌日はあまりF子と仲良く関わることができなかった。F子はG子の変化に気づいたが，なぜそうなのかわからずH子に相談した。H子は「どう思っているか聞いとくよ」とF子に伝え，G子とSNSでやりとりをした。やりとりの中でG子は「F子とどう関わったらいいかわからない」と伝えた。H子はF子に「G子はF子とどう関わったらいいかわからないんだって」と伝えた。F子はG子にそのように思われる理由がわからず，「私のことを勝手に決めつけている」と考え，翌日F子はG子によそよそしい対応で通した。その様子からG子は「F子はやっぱり私のことよく思ってないんだ」と確信した。そのような関係が続き，F子はG子への苛立ちを強め，G子はF子とどう接したらよいか深く悩むようになった。この間にSNS上では，F子とG子のやりとりはなくなっていき，反対にF子とH子，G子とH子のやりとりは頻繁になっていった。

「揉めさせ屋」とされる生徒も少なくない割合で「悪意なく」そのように動いてい

る。本人は「親切心」や「心配だから」こそ,そのような動きをしたことが,結果的に火をつけ油を注ぐことになってしまっている。H子は担任に,「自分は友人間で陰口があるのは好きではないし,何かお互いに嫌な部分があるのなら早めに何とかしたほうがいいと思ったからG子に伝えた」と話したが,これは言い訳ではなく本当にそのように考えて行動している。当然対面状況でも,発言の切り取りと伝達の過程で誤解の連鎖が起りうるが,SNSは更にその状況を時間的・空間的に重層化してしまうのである。

　生徒システムが円滑に機能していくためには「揉めさせ屋」とされる生徒への対応は必要不可欠であり,「揉めさせ屋」とされる生徒の意図を無下にすることなく,生じている状況を生徒自身が自ら振り返り理解できるようにすることが必要となる。このようなケースでは,トラブルの渦中にある生徒間(例でいうとF子とG子)で生じている誤解や,相手に対する不信感を払拭できるような機会を設けることを優先的に考える。臨床的な問題になっていて緊急性の高いケースに限っては,その橋渡しを行うことが可能であれば,スクールカウンセラーが対応を行ってもよい。しかし,このようなケースへの対応の主体は,あくまで担任を中心とした教職員である。担任らが有効な対応ができるよう,対応の仕方について情報を提供し,「揉めさせ屋」とされる生徒も含めて,協働的に解決を模索する役割を取ることが望ましい。

SNS上の関係への期待と実際の反応を検討する

　匿名性の高いSNSやオンラインゲームでは,児童・生徒は「本人が期待する何かを得ること」を意図し,継続的に活用している。臨床的な課題のある児童・生徒においても,例えば,不登校の生徒が「寂しさを埋めるため」や「人と関わるため」にSNSでの交流を行っていたり,現実世界で他者に遅れをとっていることにストレスを感じている生徒が,SNS上やオンラインゲーム上でフォロアーやフレンドからの「肯定的な評価や反応」を求めていたりと,その目的は多様であるが,その期待がどの程度達成されているかは,ケースの展開に影響を与えるものである。この点を考える際,個々のケースにおいて次の二つのことに注意する必要がある。

　まず,「本人がどのような経緯でSNS上の他者との関係に期待を向けるようになったか」である。個々のケースで見られる経緯は「現実の関係において本人なりに試行錯誤をしたが,それを得ることができずにSNSの場が代償となっている」場合と,「期待していたが,なかなか得る機会がなかったものをSNS上で偶然得ることができたことで,継続的に求めるようになった」場合がある。

　前者の場合,「本人が現実での他者との相互作用に消極的になっている可能性」や

「SNSにおいては他者から評価される自分を演じている可能性」や「期待するものがSNSで得られているために，現実での試行錯誤をあきらめて状況が悪化している可能性」が考えられる。後者の場合，「SNSが欲しい他者との関係を得られる居場所的な機能を果たしている可能性」や「努力せずにそのような関係が得られる状況に慣れ，要求がエスカレートしている可能性」が考えられる。

共通して「現実とSNS上の関係に大きなギャップが生まれ，バランスが取れなくなる可能性」や「SNSで肯定的な関係と結果が得られるため，現実の相互作用を肯定できない枠組みが強められている可能性」が考えられる。

このように，SNSに期待を寄せるようになった経緯は，ケース理解のために有用な情報である。本人にとってSNSの利用が問題解決のために有効な影響を与えていないと考えられれば，「SNSからどの程度距離を取らせればよいか」「現実場面でどのような相互作用を行えるようになればよいか」という対応方略を考える必要が生じる。

次に考えるべきことは，「本人のSNS上での振る舞いに，安全（個人情報も含め）が担保されているか」である。SNSでは，どんな人かわからない相手との相互作用は当たり前であるが，本人がSNS上の関係に期待を持っているように，相手にもSNSに何らかの期待がある。SNS上の相互作用は，フォローされたらフォローし返すギブ・アンド・テイクが基本であり，「相手が自分の期待に応えてくれたら，自分も相手の期待に応えなけらばならない」と感じる文脈的縛りがある。そのため，応答の負担が本人の能力を超えてしまう場合がある。特に女子生徒は，過剰な期待にも応じてしまう傾向があり，「SNS上でかまってくれた相手に自分の裸の写真を送ってしまう」「SNS上で寂しさを埋めてくれた相手から性的なハラスメントを受ける」ような問題が起こる。

一方で，どんな人かわからない相手との関係が，SNS上でのやりとりを超えて，電話で話したり直接会ったりに発展してしまう危険性もある。「SNSで仲良くなったら会うのもOK」と軽く考えてしまうが，性別や年齢に違いがある場合，生徒が何らかの被害やトラブルに遭遇する可能性ももちろんある。

また，SNSやオンラインゲームでのやりとりは，現実では誰もが当たり前に行っている「オブラートに包む」作業が行われないことも多い。たとえば，「SNS上に存在するアンチは，現実世界のアンチよりあからさまで攻撃的である」ことが多く，そのような相手との繋がりは多大なストレスになる。また，オンラインゲームは対戦形式のゲームであるため，より攻撃的な言葉が飛び交いやすい。嗜める者がいないため言葉がエスカレートする側面もある。小・中学生が，現実の世界ではおよそ言わ

れる機会がない「雑魚が！」「もうやめろ！」という言葉を知らない他者から浴びせられる状況では，身体的・物理的な安全は確保されていたとしても，精神的な安全は確保されていないと考えるべきである。

　SNSやオンラインゲームの使用にあたっては，本人の安全が，物理的・身体的にだけでなく精神的な部分においても確保されているかを把握すべきである。安全性が確保されていないと判断される場合，教職員や家庭，関係機関との早急な連携が必要となる。学校臨床において守秘義務は重要だが，生徒の心身への重大な危険と判断された場合はその限りではない。速やかに情報を共有し，連携できる体制を構築しておくことが急務である。

SNSでの特殊な問題

　匿名性の高いSNSでは，多くの生徒が複数のアカウントを所持している。「本アカ」（＝メインのアカウント），「裏アカ」（＝愚痴などをいうためのアカウント），「闇アカ」（＝病んでいる状態について言及するアカウント）のようにアカウントを目的によって使いわけ，この使いわけに基づき，フォロワー（＝内容を閲覧できる他者）を選んでいる。「リアルで関係のある人は本アカでフォローして，裏アカは本当に信頼できる人かぜんぜん関係ない人だけフォローしている」と，生徒から聞く機会は多い。つまり，基準を設けて関係を選択している生徒が多くいるということである。

　親しい友人の裏アカを知らなかった生徒が，もしほかからその存在を知れば，相手に選択されなかったと判断して，「本当は」自分は信用されていなかったと猜疑心を抱くことになる。さらに，「自分のことを書かれているかもしれない」と考え，自分であることを隠して裏アカを閲覧しようと試みることすらある。匿名性の高いSNSが現実と関係している場合は，「フォローされているか否か」だけでも，現実の生徒間の関係性に大きな影響を及ぼすことになる。

　そして，現実に関係がある相手について投稿した裏アカが，意図的にあるいは偶然に相手に閲覧されてしまうことも起こりうる。閲覧されている本人が相手に伝えるつもりがなく，伝えていないはずのことを相手が知っていることになる。本人からすれば「突然相手の対応が変わったように感じる」状況であり，相手への不信感がさらに否定的な投稿を促進する。

　このような状況では，両者の間のわだかまりを解くのは容易ではなく，一度生じてしまった不信感は（否定的な投稿は事実であり）なかなか払拭できない。このような状況が生じる可能性が少しでも減るよう，教職員との連携のもとで，生徒たち一人ひとりがSNSの利用の仕方を考えることを促す機会を持ち続けることが唯一の対策である。

ネット時代のスクールカウンセリングの留意事項

時代に耐えうる知識があるか

学校臨床に限った状況ではないが，今や相談に来る児童・生徒は，「症状を調べたら，○○という精神疾患に当てはまりました」「チェックリストをやってみたら自分は○○でした」など，自らの症状や状態についてネットで調べ，知識をもってカウンセリングを受けにくることが少なくない。

しかし，「自分の症状について知識をもっていること」は，カウンセリングを行う上で弊害となる場合が多い。思春期から青年期のケースでは，自分で調べた症状や状態像への囚われが強いが，本人が考える症状とカウンセラーが見立てた状態像は必ずしも一致するものではない。そのためカウンセラーは，自らの見立てに基づいて対応を行うために，必要であれば生徒の抱える「自分は○○だ」という認識を変化させる必要が生じる。最低限本人が確信している認識に反駁できるだけの準備は必要である。

このような傾向は，生徒のみならず教職員や保護者においても見られる。保護者面接やコンサルテーションでのいらぬ衝突を招かないためにも，精神医学的な知識や主要な臨床心理学的アプローチの知識は常に更新しておく必要がある。

専門家としての十分な対応ができているか

専門知識や医療・サービスの情報の入手が容易になったのと同時に，各々の専門家の情報も調べることができるようになった。スクールカウンセラーに限らず，かつて，カウンセラーの対応についてクライアントから受ける評価は，担当がかわって前任者と比較される程度であった。しかし，ネットやSNSが普及した現在では，カウンセラーの印象や対応の違いは（その精度はどうあれ）集約され共有されて，評判として比較されるようになった。

さらに留意が必要なのは，「SNS上の専属カウンセラー」である。例えば，「闇アカ」を所持している生徒などは，SNS上で悩みを共有できる相手を探している。共有できる相手を見つけてしまうと，その相手は生徒にとっての「専属カウンセラー」の役割に位置づけられることがある。この専属カウンセラーは，多くの場合「本人と同じかそれに近い悩みや症状・状態の経験者」であることが多く，自分も経験している／していたことに受容や共感を示すのだから，その効果は決してバカにできるものではない。経験にもとづく「有効な治療」や「有効なカウンセリング」「効く薬の種類」まで示唆され，ついには「本人が受けてきたカウンセリングの評価」ま

でしてくれる。こうしたSNS上の「専属カウンセラー」は，本人にとって重要な存在であることは疑いようもなく，スクールカウンセリングを行うにあたって無視できない。

スクールカウンセリングに従事する以上は，自分なりの自己研鑽を怠らないことはもちろんのこと，自分が他の多くのカウンセラーと比較されているかもしれないことに留意し，専門的な対応だけでなく，言語や非言語を含めた振る舞い方一つひとつに注意を払うことが必要となっている。

相談室は密室ではなくなった

これまで，多くの生徒はカウンセリングでどのような話をしたかを周囲に語ることはほとんどなかった。「カウンセラーの雰囲気」や「カウンセリングの感想」は，これまでも生徒間で共有されることはあった。しかしSNSの普及で，これまであからさまに語られることのなかった「カウンセリングでどんな話をしたか」さえも共有される可能性に留意する必要が出てきた。生徒がSNS上でカウンセリングの内容に言及することは起こり得る。カウンセリングについて言及しているアカウントの投稿を閲覧できる人はそれを知ることができるし，これからカウンセリングを受ける生徒は積極的に知りたがるだろう。

例えば，支援者の基本は個別的な対応であり，あらゆる介入はケースバイケースである。ケースによって「頑張ることが大事」と伝えることもあれば，「頑張らないことが大事」と伝えることもある。介入には背景と文脈があり，それをクライアントと共有するからこそケースバイケースの対応は有効となる。そのため「何と言われたか」だけを比較しても意味がない。しかし，例えば生徒から情報収集し仮説設定した上で，「頑張らないようにしてみよう」と生徒に伝えたところ，「でも先生，別の子には頑張りが大事って言いましたよね。SNSで見た。私は頑張れないように見えてるんですか？」と問い詰められることも起こる。

こうした状況では，第一に「カウンセリングの情報が他の生徒と共有される可能性があるのか」を情報収集の段階で把握できるように努めることである。共有される可能性があるならば，生徒間で，可能な限り使用する枠組みや言い回しに齟齬が生じないようにすることや，介入はオーダーメイドであり，他の生徒にも汎化できるものではないことについて，生徒が理解できるような言い回しで説明しておく必要がある。また，介入によって生徒間の相互作用にどのような変化が生じるかを考えるだけでなく，その介入が生徒間で共有された場合に生じる枠組みや相互作用を考慮して，戦略を設定することを意識できるとよい。

いずれにしても，スクールカウンセラーは「相談室は密室ではなくなった」ということに留意しておく必要がある。

おわりに

　SNSやオンラインゲームなどインターネット環境は，学校臨床の場面にも大きな影響を与えている。しかし，学校臨床においてはSNSやネット環境をどのように考えるべきかに関して，明確な議論の場さえも整っているとは言い難い。本章では，インターネット環境がどのように生徒たちの関係や日常に影響を与え，臨床的課題に繋がりうるか，いくつかの視点から検討してみたが，こうした問題の解決は，スクールカウンセラー・教職員・保護者が連携して行えるようにしていくべきである。

文献
総務省（2018）．平成29年度通信利用動向調査報告書（世帯編）．

第Ⅳ部 支援の留意点——システムズアプローチのバリエーション

第6章

教員のエンパワーメント

廣橋 諒一

はじめに

　学校現場では，大小かかわらず日々さまざまなトラブルが生じるが，教員はその対応に追われて疲弊してしまうことが少なくない。その上，毎日の児童・生徒への学習指導やその準備，保護者や地域への対応，各種打ち合わせに教材研究，中学生以上になれば部活動指導などと業務内容は幅広く，オールラウンダーとしての能力が求められる。

　そのような教員に対するサポート体制について，中央教育審議会（2015）は，「チーム学校」という名称で教員の役割整理と多忙な業務内容の改善を目指している。さらに「チーム学校」は，これまで主に教員という一職種のみで構成されていた学校現場に，心理専門職や福祉専門職などの人材を配置していくことで，教員の負担を減らすと同時に，多様な視点で児童・生徒に対応していくことを目的としている。

　しかし，どれだけ教員の業務を減らし，他の専門職を増やしたとしても，教員が中心となって学級運営を行っている限りは，児童・生徒への対応や関わりへの迷いや悩み，不安は当然生じるものと考えられる。さらに，教員が抱くこの気持ちが適切に処理されない場合，目の前で生じている問題に行き詰まり感を抱くこととなる。

　そこで，ここでは教員を支える方法の一つであるエンパワーメント（empowerment）についてシステム論の視点から取り上げ，その有効性や留意点について検討してみたい。

エンパワーメントとは

　エンパワーメントという言葉は当初法律用語として使用され，17世紀には「権利や権限を与えること」を指していたと言われている。第二次世界大戦後のアメリカで，公民権運動やフェミニズム運動のなかで盛んに用いられ，社会的に差別を受けたり抑圧された人々が権利や権限を獲得していく過程で，エンパワーメントの概念は広まっていった。

　このエンパワーメントの発展に大きな影響を与えたのが，貧困層への識字教育を展開したブラジルの教育思想家パウロ・フレイレ（Paulo Freire, 1921-1997）である。フレイレ（Freire, 1970）は，抑圧者と被抑圧者の関係性の視点から平等や公平性の実現について論じている。抑圧者と被抑圧者の双方が抑圧構造から解放される必要性を述べ，そのためには抑圧構造の意識化と対話による相互変容が重要であることを指摘した。

　また，エンパワーメントの概念は家族療法の発展にも影響を与えている。1970年代以降，家族療法も公民権運動やフェミニズム運動の影響を受け，家族療法特有の治療構造や理論に対する批判が高まることとなった。治療者が家族システムを変化させる，という治療者とクライエント・家族間での階層性と，指示的な介入によって治療が展開していくプロセスに疑問が示され，1980年代後半以降，家族療法の認識論や治療プロセスに変革がもたらされた。その結果，「家族と治療する」という協働的（collaborative）な視点，さらには，クライエントや家族には自ら困難を乗り越え，前に進んでいく力が備わっており，それを引き出して援助していくというエンパワーメントの視点を用いた治療態度が志向されることとなった。

　このようにエンパワーメントは，抑圧構造から抜け出し，本来個人が行使できるはずの権利や権限を獲得することから始まり，家族療法においては個人に内在している力を治療者・クライエント間の相互的なやりとりを通して発揮できるようになることとして用いられるようになっている。

　また，吉川（1996; 1999a; 1999b）は，学校現場のシステムズ・コンサルテーションにおいて，コンサルタントとコンサルティである教員との間の相互作用を活性化させることで，教員をエンパワーメントし，対応の可能性を広げることを狙いとしたアプローチを行っている。

　これらのことからも，問題に巻き込まれて対応に苦慮している教員のエンパワーメントは，行き詰まり状態から，再び多様な視点で問題を観察できる状態を引き出すことになる。つまり，システム論からみたエンパワーメントとは，コンサルティと

なる教員とコンサルタントの，問題をめぐる協働的・相互的なやりとりの結果生じるコンサルティの主体的で肯定的な変化である。

エンパワーメントを行う上でのポイント

では具体的にエンパワーメントを行うためにはどのようなことが必要となるだろうか。フレイレ（Freire, 1970）が相互変容の重要性を述べたように，エンパワーメントを行うには教員が再び行動しようと思える力を引き出すための相互的なやりとりが重要である。そこで，エンパワーメントを行う際，具体的にどのようなことを行い，どのようなことに配慮する必要があるのかについて整理する。

コンサルティの解決努力に理解を示す

コンサルテーション場面において，コンサルティである教員が問題に行き詰まり，対処方法がわからず，無力感に陥っていることは少なくない。行き詰まりを感じている教員は，日々児童・生徒と接しているため，柔軟に視点の変更ができず，ある一定の視点でしか問題が捉えられなくなってしまっている。

そのため，コンサルティをエンパワーメントするためには，まずこれまでコンサルティが行ってきた対応に肯定的な関心を向けることが必要である。コンサルティ自身は，それまで最善だと考える対応を行ってきたが，結果的にそれがうまくいかず，悪循環に陥り行き詰まっている。コンサルテーションの場にコンサルティが来ること自体が変化の始まりであるとすると，そのことを理解しないままにコンサルティの解決努力を非難することがあれば，よりコンサルティの無力感を強めるだけでなく，二度とコンサルテーションの場に訪れてくれることはないかもしれない。つまり，コンサルティの解決努力に理解を示すことは，コンサルティと良好な関係を形成し，エンパワーメントを行う上でのコンサルタント側の基本的姿勢といえる。

原因探しから解決指向へ

学校現場では，問題が起こると，「どこに問題があったのか」原因探しが行われる。原因探し自体が悪いわけではないが，それが問題状況を膠着化させてしまうことが往々にして見られる。たとえば，教室に落ち着きのない児童・生徒がいた場合，「児童・生徒の発達上の課題」「家庭で親から十分な養育と愛情を受けていない」「担任の指導力不足」といった原因が特定される。原因が特定されることで解決に向かうこともあるが，問題状況はさまざまな背景や要因が複合した結果生じているため，

本当の原因や全ての原因を特定し説明することは困難である。場合によっては，原因とされた人に責任を負わせたり，原因探しが悪者探しとなって本来協働すべき関係者間の関係が悪化してしまうこともある。したがって，問題状況が膠着しているときは，問題場面に焦点を当てても，コンサルティが問題解決に向けた意欲や自信を取り戻すには至りにくい。コンサルティ自身は，これまで解決努力を繰り返してきてもそこから抜け出せなかったことで，現状を行き詰まり・膠着と意味づけている。そのため，問題場面から解決に焦点を当てることで，膠着した状況に変化を起こすことが可能となる。

　これまでコンサルティがどのように状況を乗り越えてきたのか尋ねたり，コンサルティが意識していなかった少しの変化をコンサルタントとの間で広げていくことで，コンサルティにも希望が生まれ始め，柔軟に問題状況を捉え直すことができるようになる。つまり，これまで一定の視点からのみ捉えられていた問題状況を，コンサルティが別の視点から捉えられるように視野を広げていくことがコンサルタントの役割である。それによって，コンサルティが持てる力を自由に発揮できるようにエンパワーメントされるのである。

学校内の役割や立場に対する配慮とリソースの活用

　学校という場は，公務分掌によって各教員の役割や立場が決められた組織である。そのため，コンサルティの立場や役割に配慮した視点がなければ，コンサルティをエンパワーメントするどころか，より無力感を高める結果につながりかねない。また，各々の役割や立場についてコンサルタントが理解しないままに，コンサルティにとって有益だと思われる対応を提案したところで，学校内に余計な混乱をもたらし，コンサルタントへの不信感を生むだけである。

　しかし，学校という場はさまざまな能力を持った人材が集うリソースの場であり，コンサルティ自身もまたリソースをもつ存在である。そのため，役割や立場を理解して，どの文脈においてコンサルティのリソースを有効活用するかという発想の転換を行うことができれば，コンサルティをエンパワーメントすることが可能となる。そのためには，基本的な学校システムに関する知識を把握して，さらにその学校の文化や地域性まで理解しておくことが必要である。そのことが多様なリソースを活用するための資源となる。

　また，その役割と立場とリソースの配置のなかで，コンサルティ自身が持つリソースを有効に引き出し活用することが，コンサルティの視野を広げ，エンパワーメントする一助になる。

問題に対する新たな枠組みの導入

　前述のように、日々児童・生徒と接しているコンサルティが問題に行き詰っているときは、問題に対する視点を柔軟に変更することが難しい。しかし、コンサルタントの立場からは客観的な視点で問題を捉えることができる。コンサルタントは、問題に対するコンサルティの視点に新たな視点や枠組みを提示し、リフレイミングすることで、コンサルティをエンパワーメントすることができる。

　ある学校で管理職から以下のような相談を持ちかけられた。クラスメイトとコミュニケーションがうまく取れずにトラブルを繰り返す生徒がおり、保護者は担任の対応の悪さを、学校はその子どもの発達特性と保護者の養育能力を問題としていた。その管理職は、トラブルが起こるたびに校長室で生徒の気持ちが落ち着くまで一緒に遊び、落ち着いたら教室へ戻すという対応をとっていたが、トラブルが続くことで困り果て、対応に自信をなくしていた。

　コンサルタントは管理職の対応やこれまでの経過について詳しく聴取した上で、これまでの対応を評価し、むしろ校長室での対応は他者とのコミュニケーションが苦手な本人にとってコミュニケーションスキルを学ぶよい機会になっていることを説明し、ぜひ継続してもらいたいと伝えた。その後、管理職はその生徒に教員から注目されるような役割を依頼することで肯定的な評価を受ける場を設けたり、管理職が主導して、その生徒と他の生徒たちが一緒に遊ぶ場面を設けたりするようになった。すると次第にトラブルは落ち着き始め、問題とされていた生徒も、トラブルがあれば管理職のもとに相談に来るようになり、そこでトラブルについて振り返り、対処スキルを得て、実行し始めるに至ったのである。

　このように、コンサルティの問題への対処にコンサルタントが新たな枠組みを提示し、リフレイミングすることで、コンサルティが新たな視点を手に入れ、新たな行動に取り組む力を発揮できるのである。

エンパワーメントの責任

　エンパワーメントを行うということは、コンサルタントとコンサルティの間で解決に向けた相互作用を活性化させることで、問題に巻き込まれて悩み、行き詰っていたコンサルティに行動を起こしてみようと思える力を与えるものである。しかし、吉川（1999b）が、「コンサルティのエンパワーメントについての責任は、コンサルタントにある」と指摘しているように、エンパワーメントがコンサルティにどのように作用しているかを、コンサルタントは常に把握する必要がある。コンサルテーションの場で話し合われた内容から、どのように問題に取り組むかを選択するのはコンサ

ルティの責任である。しかし，問題に対して行き詰まり，悩んでいるからこそコンサルテーションが行われていると考えると，その解決への意欲向上の責任はコンサルタントにある。

　さらに，コンサルティが選択した事例への取り組みの予後についても，コンサルタントはその責任の一端を負うべきである（吉川，1999b）。コンサルティ自身は，相談に持ち込んだ事例に対する責任を負っている。その責任を踏まえると，コンサルタントにも無責任な解決の押し売りや勝手な方向づけは許されない。そもそもエンパワーメントが協同的に行われることを考えると，コンサルティの選択した取り組みが行き詰まりにどのように機能し，影響しうるかということを考慮しておくことは当然のことといえる。

おわりに

　日々の多忙な業務に追われている教員にとって，生じた問題にゆとりを持って向き合うことは容易ではない。教員を支える立場のコンサルタントがそこに階層性を持ち込み，あれこれ指示を行ったり，対応のまずさを非難したりするように教員と関われば，たちまち教員は疲弊し，「チーム学校」としての機能も無効化されてしまう。学校現場では，コンサルタントとコンサルティである教員との対話を通して教員が解決の活路を見出せるようになることが必要であり，それこそがエンパワーメントとなる。そのため，問題への対応に苦慮している教員が，いかに動きやすくなるかをコンサルタントが意識することが，システム論からみたエンパワーメントを行う上での重要な視点であると考えられる。

文　献

Freire, P. (1970). Pedagogia do Oprimido. Herder & Herder. 三砂ちづる（訳）(2011). 新訳・被抑圧者の教育学. 亜紀書房.
中央教育審議会 (2015). 答申：チームとしての学校の在り方と今後の改善方策について.
吉川悟 (1996). 教育現場で望まれている「解決」とは――「さざなみ教育相談」を通して見た学校精神保健へのサポートシステムのあり方. 日本心理臨床学会抄録.
吉川悟 (1999a). システムズ・コンサルテーションの概念. 吉川悟（編）. システム論からみた学校臨床. 金剛出版, pp. 205-216.
吉川悟 (1999b). システムズ・コンサルテーションの学校臨床での利用. 吉川悟（編）. システム論からみた学校臨床. 金剛出版, pp. 217-234.

著者 (五十音順)

赤津玲子（あかつ・れいこ）龍谷大学文学部

伊東秀章（いとう・ひであき）龍谷大学文学部

大平 厚（おおひら・あつし）カウンセリングルーム IRIS

金丸慣美（かねまる・なるみ）広島ファミリールーム

唐津尚子（からつ・ひさこ）システムズアプローチ研究所／中西心療内科・内科医院

黒沢幸子（くろさわ・さちこ）目白大学人間学部心理カウンセリング学科／KIDS カウンセリング・システム

佐伯ちひろ（さえき・ちひろ）龍谷大学大学院文学研究科

志田 望（しだ・のぞむ）龍谷大学 非常勤講師

髙橋規子（たかはし・のりこ）故人・心理技術研究所

田中智之（たなか・ともゆき）龍谷大学 非常勤講師

中野真也（なかの・しんや）東京福祉大学心理学部

廣橋諒一（ひろはし・りょういち）龍谷大学文学部

村上雅彦（むらかみ・まさひこ）広島ファミリールーム

森 俊夫（もり・としお）故人・東京大学大学院医学系研究科精神保健学分野／KIDS カウンセリング・システム

吉川 悟（よしかわ・さとる）龍谷大学文学部

渡邊 整（わたなべ・ひとし）カウンセリングルーム IRIS

編者

吉川 悟（よしかわ・さとる）

1958年 滋賀県生まれ。1984年 和光大学人文学部卒業。1986年 大手前ファミリールーム職員。1988年 システムズアプローチ研究所を設立し所長。1997年 コミュニケーション・ケアセンターを設立し所長を兼任。2005年より龍谷大学文学部教授。

日本家族療法学会元副会長，日本ブリーフサイコセラピー学会元会長。臨床心理士・公認心理師・家族心理士・医療心理士。

|主な著書　『家族療法──システムズアプローチの〈ものの見方〉』（単著，ミネルヴァ書房，1993年），『システム論からみた学校臨床』（編著，金剛出版，1999年），『システムズアプローチによる家族療法のすすめ方』（東豊との共著，ミネルヴァ書房，2001年），『ナラティヴ・セラピー入門』（高橋規子との共著，金剛出版，2001年），『セラピーをスリムにする！　ブリーフセラピー入門』（単著，金剛出版，2004年），『システム論からみた援助組織の協働──組織のメタ・アセスメント』（編著，金剛出版，2009年），『システムズアプローチ入門』（中野真也との共著，ナカニシヤ出版，2017年）

赤津 玲子（あかつ・れいこ）

1965年福島県生まれ。福島県浜児童相談所心理嘱託，神戸ファミリールーム，スクールカウンセラー，心療内科勤務。2012年龍谷大学文学部講師，2015年より龍谷大学文学部准教授。教育学博士。臨床心理士，公認心理師。日本ブリーフサイコセラピー学会理事。

|主な著書　『システム論からみた援助組織の協働──組織のメタ・アセスメント』（分担執筆，金剛出版，2009年），『対人援助における臨床心理学入門』（分担執筆，ミネルヴァ書房，2014年），『みんなのシステム論』（編著，日本評論社，2019年8月刊行予定）

伊東 秀章（いとう・ひであき）

1984年大阪府生まれ。2014年龍谷大学大学院文学研究科博士課程修了。神戸ファミリールーム，スクールカウンセラー，精神科・心療内科などに勤務。2017年より龍谷大学文学部講師。博士（教育学）。臨床心理士，公認心理師。

|主な著書　『システム論からみた援助組織の協働──組織のメタ・アセスメント』（分担執筆，金剛出版，2009年），『みんなのシステム論』（分担執筆，日本評論社，2019年8月刊行予定），『臨床言語心理学の可能性』（分担執筆，晃洋書房，2019年9月刊行予定）

システムズアプローチによる
スクールカウンセリング

システム論からみた学校臨床 [第2版]

2019年7月10日　印刷
2019年7月20日　発行

編著者｜吉川 悟・赤津玲子・伊東秀章

発行者｜立石正信

発行所｜株式会社 金剛出版
〒112-0005　東京都文京区水道 1-5-16　電話 03-3815-6661　振替 00120-6-34848

印刷・製本｜太平印刷社

装幀｜岩瀬 聡

ISBN 978-4-7724-1707-5 C3011

©2019 Printed in Japan

JCOPY 〈(社) 出版者著作権管理機構 委託出版物〉

本書の無断複製は著作権法上での例外を除き禁じられています。複製される場合は，そのつど事前に，出版者著作権管理機構（電話 03-5244-5088, FAX 03-5244-5089, e-mail: info@jcopy.or.jp）の許諾を得てください。

ジェノグラム
家族のアセスメントと介入

［著］＝モニカ・マクゴールドリック　ランディ・ガーソン　スエリ・ペトリー
［監訳］＝渋沢田鶴子　　［訳者］＝青木 聡　大西真美　藪垣 将

●B5判　●並製　●368頁　●定価4,800円＋税
●ISBN978-4-7724-1648-1 C3011

家族の歴史と構造を記録するための基本フォーマット。
著名人の家系を通して家族の構造／機能の多様なパターンを学び，
人間関係のシステミックな理解を身につける。

解決のための面接技法［第4版］
ソリューション・フォーカストアプローチの手引き

［著］＝ピーター・ディヤング　インスー・キム・バーグ
［訳］＝桐田弘江　住谷祐子　玉真慎子

●B5判　●並製　●420頁　●定価6,000円＋税（学習用DVD付属）
●ISBN978-4-7724-1464-7 C3011

特徴的な質問と基盤となる技術を網羅した
解決構築アプローチの最も信頼できるテキスト
待望の第4版。

不登校・ひきこもりのための行動活性化
子どもと若者の"心のエネルギー"がみるみる溜まる認知行動療法

［著］＝神村栄一

●A5判　●並製　●192頁　●定価2,800円＋税
●ISBN 978-4-7724-1692-4 C3011

子どもと若者のエネルギーをためる具体的な方法は？
キーワードは「行動活性化」！
すぐに使える実践集。